Abweichende Meinungen zur deutschen Einheit

Peter Decker / Karl Held

Abweichende Meinungen
zur deutschen Einheit

DDR kaputt
Deutschland ganz 2

Der Anschluß

Eine Abrechnung mit der neuen Nation und ihrem Nationalismus

Resultate Verlag

Resultate Gesellschaft für Druck und Verlag
wissenschaftlicher Literatur mbH
Barerstr. 60
8000 München 40

Verantwortlich Dr. Karl Held

Druck und Vertrieb:

MHB Gesellschaft für Druck und Vertrieb
wissenschaftlicher Literatur mbH
Amalienstr. 67/Rgb.
8000 München 40

ISBN 3-922935-32-X

01000

Inhalt

Vom Aufstieg einer neuen europäischen Weltmacht

*

Von der „realsozialistischen" Gesinnungskontrolle zur demokratischen Meinungsfreiheit

Die Weltanschauung des „wissenschaftlichen Sozialismus"

*

Zur Vermeidung von Mißverständnissen

Das vorliegende Buch setzt Überlegungen fort, die im Resultate-Verlag unter dem gleichen Titel – „DDR kaputt, Deutschland ganz" – Ende 1989 erschienen sind und vor allem in der noch existenten DDR in großer Auflage zur Kenntnis genommen wurden.

Auch dieses Buch ist kein Gedichtband; es will keinerlei Gefühlen, Ängsten und Hoffnungen „Ausdruck geben". Es zielt auch nicht auf die verständnisinnige Aufbereitung der Sorgen, die sich – mit mehr oder weniger guten Gründen – auf beiden Seiten der offenen deutsch-deutschen Grenze eingestellt haben. Es will schlicht darüber *aufklären*, was das Aufgehen des einen deutschen Staates im anderen bedeutet – und insofern auch darüber, *zu welchen Sorgen die „Währungs-, Wirtschafts- und Sozialunion" Anlaß gibt.*

Dieses Buch bietet also eine *Alternative* – zu einem Umgang mit der beschlossenen „Wiedervereinigung", der in der DDR üblich ist. Dort ist man nicht nur der Überzeugung, daß „die Einheit kommt", sondern auch dafür. Deswegen sind die Bürger neugierig auf ihre künftigen Lebensbedingungen, von denen sie sich manches Gute *erwarten*, wie ihre Entscheidung für die DM-Demokratie zeigt. Von denen sie andererseits auch einiges *befürchten*, weil sie auch von gewissen „Härten" der „Marktwirtschaft" gehört haben. Diese Zweifel sind ein Zeugnis dafür, daß die zum ersten Mal wahlberechtigten Bürger der DDR den Weg gefunden haben, *sich jeglicher Alternative zu berauben*. Laut und deutlich haben sie Partei ergriffen für den Übergang ihrer Gesellschaft in die „Marktwirtschaft" und die Verwandlung ihres Staates in eine Zusatzabteilung der BRD, um sich dann und dabei zu erkundigen, inwieweit ihre Interessen Berücksichtigung finden oder auf der Strecke bleiben. Mit dem Kampfruf „Wir sind das Volk!" hat das Volk die Macht in die Hände der zuständigen Politiker und Geschäftsleute gelegt, die ihm jetzt seine Fragen praktisch beantworten. Fragen, die seit dem Theater über die „Umtausch"-Regelung eindeutig als solche nach Schadensminderung kenntlich sind.

Mit dem Dialog zwischen zwei einheitsbeflissenen Regierungen, von denen die eine sich noch auf die Zwischenrufe ihres besorgten DDR-Volkes einläßt, wenn sie es ganz verantwortlich der „überlegenen" westdeutschen Art, Staat und Geld zu machen, überantwortet, hat unsere Alternative nichts zu schaffen. In die Pose des Ratgebers und Helfers werfen sich die Figuren und Wahlvereine zurecht, die um Wahlstimmen, Vertrauen und so Zeug nachsuchen, damit sie eine Macht werden, bei der man sich notgedrungen erkundigen muß, worauf es sich einzustellen gilt. Daß deren Verlautbarungen *„praktisch"*, also wie nützliche Hinweise wirken, ist kein Wunder. Schließlich erklären die gewählten Politiker und Parteien beider Staaten dem Volk nicht, was es mit der „Einheit" auf sich hat – sie stellen sie nämlich her und richten damit die neuen Lebensbedingungen ein, an denen sich das Volk der DDR zu bewähren hat.

Umgekehrt bietet die Erklärung der „Einheit" *diese* Art der „Orientierung" nicht; das rechtfertigt jedoch keineswegs den Einwand, es wäre ihr keine „praktische Alternative" zu entnehmen. Dieser Einwand sagt lediglich etwas über die Bereitschaft aus, Mitteilungen unter dem Gesichtspunkt zu schätzen, daß sie Handreichungen für gelungene Anpassung darstellen. Es wird für nützlich erachtet, denen Gehör zu schenken, die aufgrund ihrer Ermächtigung das Sagen haben und mit jedem ihrer Sätze die Notwendigkeiten verkünden, die *sie* herbeiverhandeln und -regieren. Daß es zur Beachtung dieser „Notwendigkeiten", zum Vergleich zwischen den politischen Varianten, mit denen sie verkauft werden, keine Alternative gäbe, ist das hartnäckigste Gerücht, das 1990 in der DDR umgeht.

Die Rede ist von gewissen Haltungsfehlern beim „aufrechten Gang", der angeblich in der DDR zum guten Ton gehört. Da betont ein Volk betrübt und stolz zugleich, was es alles *„mitgemacht"* hat. DDR-Bürger gefallen sich in der Rolle von armen, aber ehrlich gebliebenen Menschen, die völlig unverdient alles mögliche haben ertragen müssen – aber nur, um sich bei West-Medien, West-Politikern und ihren östlichen Statthaltern die besorgte Frage zu erlauben, was sie denn demnächst wohl alles mitzumachen hätten. Bereit zum Dienst an DM und Demokratie, entdecken sie wirkliche wie erfundene Probleme, mit denen sie fertigwerden müssen und wollen. Den gar nicht grundlosen Verdacht, im einig Vaterland schlecht zu fahren, übersetzen viele schon wieder in Vorzüge des alten DDR-Ladens, in dem sie doch wahrlich zu kurz gekommen sind.

Gegen diesen Gebrauch des politischen Verstandes, der Regierungen und Systeme wie *„Angebote"* besichtigt – die sie nicht sind – und darüber versäumt, worum es im alten Staat ging und im neuen geht, wendet sich der vorliegende Versuch der Aufklärung. Er zeigt, *warum* Demokratie und „Marktwirtschaft" so manches Interesse des zum Überlaufen bereiten Volkes zuschanden werden lassen – weil andere Interessen die gültigen sind. Er wendet sich *polemisch* gegen die offizielle Propaganda in bezug auf die „Lösung" sämtlicher „Fragen" der deutschen Einheit. Dafür steht der Titel *„Anschluß"* – denn um nichts anderes als eine Annexion handelt es sich. Daß zu deren Vollzug kein Krieg vonnöten war, sich vielmehr eine Fluchtwelle und Wahlen als nützlich erwiesen haben, taugt wenig als Einspruch gegen diesen schlichten, aber wahren Befund.

1. Kaum umstritten dürfte die Behauptung sein, daß sich seit Herbst 1989 in deutschen Landen eine Blüte des *Nationalismus* abspielt. Wenn Tausende mit Fahnen durch die Straßen rennen und die Volkszeitung „Bild" ihre Buchstaben schwarz-rot-gold einfärbt, hat sich eben die Liebe zur und das Recht der Nation dazu Bahn gebrochen. Dies ist unserer bescheidenen Auffassung nach freilich kein Grund, dieser unverwüstlichen Einstellung und den ihr entspringenden Werken Anerkennung zu zollen. Eher schon halten wir es für geboten, die enormen Leistungen dieser längst wieder als „natürlich" geltenden Haltung zu überprüfen: Wie schaffen es erwachsene Men-

schen, sich das Interesse ihrer Nation zueigen zu machen? Gehen ihre Interessen mit denen des Staates zusammen, für den sie so begeistert geradestehen? Kurz – *lohnt* sich der Nationalismus eigentlich, und für wen?

Das Ergebnis, zu dem eine solche Betrachtung des deutschen Wahns im Jahr 1990 führt, fällt recht eindeutig aus. Die *Kritik des Nationalismus* dürfte für seine Liebhaber und Nutznießer allerdings kein Problem sein – sie werden ihr mit dem Hinweis „begegnen“, daß zur Zeit in Deutschland so gut wie nur Nationalisten unterwegs sind; so daß man gegen den Nationalismus, der eine „Realität“ und „Kraft“ *ist*, nicht ankommt: Es kommt darauf an, ihn auszunützen und sich auf ihn zu berufen. Das Dumme ist nur, daß schon längst feststeht, *wofür* diese Einstellung überhaupt bloß auszunützen ist.

Zum Zuge gekommen ist diese „Kraft“ ausgiebig bei den ersten freien Wahlen in der DDR – und zwar mit einer bemerkenswerten Abweichung von ihrem üblichen Wirken. Die wählenden wie die wahlkämpfenden Nationalisten haben sich nicht für die *eigene* Nation starkgemacht, sondern für eine *andere*. Dieser in der Tat außergewöhnliche Nationalismus verdankt sich ebenso außergewöhnlichen Berechnungen – woher sie kommen und was sie taugen, haben wir untersucht, weil es von praktischem Interesse ist.

2. Die *Wahlen* hat ein auf seine Mündigkeit eingebildetes Volk zum Anlaß genommen, diejenigen zu benennen, die künftig für seine „Bevormundung“ Sorge tragen sollen. In aller Form hat es neue DDR-Politiker in die Volkskammer entsandt; dem Inhalt nach haben die Wähler eine Politik an die *Macht* gebracht, die das Regieren zielstrebig an die Bundesrepublik abtreten soll und will. Die Nachfrage nach Stimmen war bei den Wahlkämpfern aus dem Kaufhaus des Westens mit dem Versprechen angekurbelt worden: „Wir übernehmen euer Land!“ Und die Wähler haben das wie ein Sonderangebot genommen. Ermächtigt wurden Parteien, die dem Einzug bundesrepublikanischer Macht und Währung

garantiert keine Hindernisse in den Weg legen. Das war so schwer nicht, weil sich alle „großen" Parteien – einschließlich der PDS – sowieso zu nichts anderem als zum Anschluß beauftragen lassen wollten.

Seitdem wird das Leben in der DDR gemäß den Maßstäben, die in Bonn und in westdeutschen Geschäftskreisen gelten, gründlich umgekrempelt. Daß dabei das *Recht* umgestellt wird und eine neue Ordnung mit ebenso neuen Erlaubnissen wie Verboten Einzug hält, wird von den Bürgern einerseits begrüßt – soweit sie der Vorstellung anhängen, daß damit das alte Un-Recht weichen muß. Andererseits gewahren sie auch, wie mit dem Recht auch zwischen *gültigen Interessen* und solchen unterschieden wird, die es zwar gibt und sich sehr gerecht ausnehmen, die aber keine Garantie durch die Staatsgewalt – die das Recht setzt und wahrt – genießen. Sie bemerken, daß das hochgeschätzte bürgerliche Recht lauter *Eigentumsfragen* regelt. Also nicht nur die politische Macht den Techniken der Demokratie gemäß organisiert, sondern auch die „ökonomische Macht" eindeutig verteilt.

3. Soviel ist mittlerweile in der DDR klar: Mit der *Inkraftsetzung des Privateigentums* verändern sich wesentliche Bedingungen des ökonomischen Lebens für die Bürger der DDR. Das Arbeiten, Kaufen, Wohnen, Sparen – alles funktioniert plötzlich ein bißchen anders; und daß die Veränderungen nicht gerade solche zum Guten sind, bildet den Grund für mancherlei Vorbehalte, mit denen man im östlichen Deutschland den fälligen Anschluß begleitet.

Seltsamerweise wird die Sache mit dem Privateigentum, die vornehmlich im Zusammenhang mit Haus und Garten, Wohnung und Miete zur Sprache kommt, nicht ernstgenommen. Davon, daß mit dem „unschuldigen" Rechtsverhältnis – alles gehört halt wem und jede Nutzung brauchbarer Gegenstände ist eine Frage der ausschließlichen Verfügung des Eigners – *die ganze Ökonomie kapitalistisch* wird, scheinen die bevormundeten Opfer jahrzehntelanger ML-Indoktrination keineswegs überzeugt zu sein. Sie rufen nach „*Marktwirtschaft*" und verbinden damit die Vorstellung effektiven Wirtschaftens mit ganz viel Reichtum als Ergebnis. Sie halten das westliche System für eine *Methode*, durch die einfach für jedermann viel mehr herauskommt – und die dazugehörigen Gegensätze für eine Nebensache, auf die die Aufmerksamkeit der Zuständigen gelenkt gehört. Sie können es kaum erwarten, daß *„die DM kommt“* – und wollen nichts davon wissen, welche ihren Interessen feindlichen Agenturen sie damit ins Recht setzen, wenn das Geld zum Maß allen (privaten) Reichtums wird; wenn sich Produktion, Verteilung und Konsumtion an einem in DM bezifferten Ertrag ausrichten, den sie bewirken.

Die *politische Ökonomie des Anschlusses*, die Analyse der Umstellung, durch die aus der DDR eine lohnende Erweiterung der BRD wird, mag denen überflüssig erscheinen, die mit ihrem Geld und ihrer Gewalt die „Währungsunion“ organisieren. Denen, die als Material eines Zugewinns an Reichtum und Macht der BRD vorgesehen sind, kann die Kenntnis der Sache, um die es geht, so gleichgültig nicht sein. Denn die „Erfahrungen“, die ihnen bevorstehen, verdanken sie alle einem Programm, in dem sie als *Mittel* gelungener Geschäfte zugerichtet werden und als Bürger einer neuen Nation für diese geradestehen dürfen.

Auch dieses Kapitel, das sich mit dem Grund und Zweck der „Wiedervereinigung“ befaßt und deren Kritik darstellt, richtet sich *polemisch* gegen die im Volk verbreitete Einstellung zur Verwandlung der DDR in einen Geschäftsbereich der europäischen Führungsmacht BRD. Diese Einstellung ist zugleich eine *auf* den Anschluß, zu dem als „pro und contra“ nur noch der matte Gesichtspunkt des „zu schnell“ oder „zu langsam“ in Betracht gezogen wird. Niemand befaßt sich ernsthaft mit der *Qualität der Umwälzungen*, obgleich 16 Millionen offen als mehr oder minder brauchbare Objekte wirtschaftlicher und politischer Macht verhandelt werden.

Die beiden ebenso zugänglichen wie verläßlichen Quellen für *Wissen* über die sog. *„Marktwirtschaft“* werden bei den Fanatikern wie von den Skeptikern in Sachen Einheit sträflich vernachlässigt. Dem *„real existenten“ Kapitalismus* der BRD will das Volk – und die neue Garde der politischen Nomenklatura auch – einfach nicht die Antwort auf seine Fragen entnehmen, wenn es sich danach erkundigt, womit es künftig zu rechnen hat. Auf die in unmittelbarer Nachbarschaft praktizierte Geschäftstüchtigkeit starrt es mit unverhohlener Bewunderung, weil sie Reichtum und Effizienz garantiert. Dahinter verschwinden durchaus bekannte Eigenarten dieses Reichtums und seines Funktionierens, als wären sie nur der erträgliche Preis der neuen Freiheit. Wenn dann die unerwünschten „sozialen Folgen" zur Sprache kommen, die von der „Marktwirtschaft" befürchtet werden, so werden sie eher als Möglichkeiten denn als Notwendigkeiten verhandelt. Offenbar hält man in der DDR auch sehr wenig von der zweiten „Quelle" für sichere Kenntnisse über den Kapitalismus: Die theoretische Erklärung dieses Systems, die *Marx* geliefert hat und im SED-Staat reichlich und billig verfügbar ist, erfreut sich der brutalsten Verachtung. Als ob Marx für die Gründung und die Umtriebe der SED verantwortlich wäre, nur weil diese Partei bei der Ausübung ihres Gewaltmonopols den alten kommunistischen Denker zur Berufungsinstanz erhoben hat, ist seine Kapitalismuskritik zum Wegwerfobjekt verdammt worden. Ein Versäumnis, durch das der Blick auf „Alternativen" in der Tat gründlich verstellt wird.

4. Der politische Verstand, der sich stets bemüht, die „Realitäten" anzuerkennen, versteht sich als theoretisches Hilfsmittel zur Anpassung. Der Bürger deutet die Werke derer, die kraft ihres Amtes und Geldes dazu „die Realitäten" schaffen, ziemlich verkehrt – nämlich als gute bzw. schlechte Gelegenheiten, sich schadlos zu halten. Im Falle der „Wiedervereinigung" verpaßt diese auch „praktisch" genannte Sicht der Dinge sogar den ganz und gar ungemütlichen *imperialistischen Charakter* des Projekts. Es hilft aber gar nichts, die Vokabel „Imperialismus" – die ja im Wortschatz des vergeigten realen Sozialismus ihren festen Platz hatte – zu verwerfen und die Mehrung von *Reichtum, Recht und Macht des neuen Deutschland* mit lauter niedlichen Kennzeichnungen zu verharmlosen. Die

gängigen Bilder vom „Zusammenwachsen", von der in der deutschen Menschennatur angelegten „Verbrüderung" haben nichts mit der Rolle zu tun, die die gewöhnlichen „Menschen" im ganzen Deutschland zu spielen haben. Sie sind als leistungsfähiges Inventar einer europäischen Großmacht vorgesehen, die sich auf Kosten anderer Nationen Geld und internationalen Einfluß verschafft. Wie sonst hätte mit der Entscheidung, die „Union" herbeizuführen, gleich die Frage nach der Stellung in der EG, nach den Rechten und Pflichten gegenüber den Konkurrenten auf dem Weltmarkt auf die Tagesordnung kommen können? Und die aufgeregte Debatte mit Ost und West über die *militärische Ausstattung und Position des gesamtdeutschen Staates* spricht doch auch nicht dafür, daß die neue Nation an den internationalen „Kräfteverhältnissen" nichts verändert!

Wenn die „Wiedervereinigung", noch ehe sie fertig ist, zur weltpolitischen Affäre wird; wenn von währungs-, kreditpolitischen und militärischen Fragen keine einzige ausgespart wird, weil eine erweiterte BRD einfach mehr *Mittel* hat, um sich durchzusetzen; wenn der Einsatz dieser Mittel gleich als legitimes Interesse, als *Recht* Deutschlands zum diplomatischen Verhandlungs- und Streitfall der höchsten Mächte wird – dann ist eines ganz bestimmt keine Frage: Wer wem da zu Diensten ist, die Nation den „Menschen" oder die dem Staat, der die Weltlage aufmischt!

5. Die Dienste, die von den „Menschen" im geeinigten Deutschland künftig gefragt sind, machen ihre neue *Freiheit* aus. Die DDR-Bürger, die in diesem Geschäft noch neu sind, müssen sich daran gewöhnen, daß sie jetzt keinem Kommando mehr, sondern lauter Sachzwängen gehorchen. Den neuen Lebensumständen entsprechend dürfen sie sich auch einen neuen Reim auf all das machen, was sie müssen. Sie stehen vor der Aufgabe, sich *von der realsozialistischen „Gesinnungskontrolle" zur demokratischen Freiheit* hinzuarbeiten.

Einen ersten unbeholfenen Schritt in die richtige Richtung vollzieht das Volk schon in der Zeit des Übergangs. Es ergeht sich in ausgiebigen Beschimpfungen der Mächte, denen es sich seit 1990 entzogen weiß und überhaupt nicht mehr verpflichtet fühlt. Eine davon heißt *Stasi*. Dieser Geheimdienst, in der alten DDR gar nicht sehr geheim, sondern allgegenwärtig, ist für aufrichtige Überläufer in das Reich der Freiheit nicht bloß ein handfester Bestandteil des alten Gewaltapparats. „Stasi" ist in der Übergangs-DDR zum *Argument* geworden. Er steckt hinter allem, wirkt weiter und verunglimpft vor allem die neue Nomenklatura der demokratisch geläuterten Politik. Statt allein die Nachfolgeorganisation der alten Staatspartei, die *PDS* zu belasten. Die Kritik an dieser Verkörperung alles Bösen macht den zweiten Bestandteil der Umschulung aus, die das tapfere Volk an sich vornimmt. Sie kürzt sich auf den energischen Vorwurf zusammen, man wüßte ja, wessen Nachfolger die sind. Der Antrag lautet „Nichtzulassung zur demokratischen Konkurrenz", so daß die Begeisterung über die Verfügbarkeit von westlich gesponsorten Wahlvereinen unübersehbar ist. Im Vorwurf des „Wendehalses" wird der PDS nichts von dem angekreidet, was sie tut, sondern vorgerechnet, daß sie von den demokratischen Manövern der neuen Politik ausgeschlossen ist. Daß sie vorerst dennoch im Geschäft bleibt, verdankt sie den Vorbehalten bezüglich der Härten des Anschlusses, zu deren Fürsprecher sie sich in Konkurrenz mit den fahnenschwenkenden Fraktionen gemausert hat.

Seine Meinungen bezieht der befreite Bürger – nicht nur über das Gespann Stasi/PDS, sondern insgesamt – ab sofort aus der *Bildzeitung*. Dieses freiheitliche Blatt bietet Orientierung in allen Lebenslagen, weiß Tüchtige von Versagern zu scheiden, kennt die Pflichten eines jeden Standes, von Herren wie Knechten. Es verlangt geradezu von jedem Stand seine Schuldigkeit, von der politischen Prominenz genauso wie von nackt abgebildeten Filmsternchen; von Edeka-Managern wie von Straßenbahnfahrern. Insgesamt müht sich diese Zeitung, die in der DDR auf heftigen Anklang stößt, um den *Anschluß in ideologischer Hinsicht*.

Die Weisheiten der offiziellen Lehre von gestern, der *Histo-*

mat mit seiner einfältigen Berufung auf die „Geschichte", auf die „Realitäten", brauchen als staatsdienlicher Denksport deswegen nicht abzudanken, auch wenn die einschlägigen Bücher in den Reißwolf kommen. Daß einer jeden Figur und jeder Sache *der Erfolg recht gibt* und den besten Existenzgrund ausmacht, den man sich denken kann, gerät auch im Springerblatt und seinem deutschen Wahn nicht in Vergessenheit. Die Bequemlichkeit, auch weiterhin alles in der gewohnten Parteilichkeit betrachten zu dürfen – nur die Nation, der man sich verbunden weiß, ist eine andere –, weiß man von Thüringen bis an die Ostsee schon jetzt zu schätzen. Beschwerden darüber, daß damit eine gewisse geistige Verrohung verbunden ist, daß eine so bornierte Weltanschauung wie der neue deutsche Nationalismus nur das Parteibuch nützlicher Idioten sein kann, sind noch nicht laut geworden.

Sie stehen in diesem Buch.

Vom Zusammenwirken praktischer Politik mit der Einstellung nützlicher Idioten

„Deutschland!" – das ist übriggeblieben von dem Aufruhr unzufriedener Bürger in der DDR gegen ihre Staatspartei und deren „realen Sozialismus". Die einen kennen gar keine andere Parteilichkeit mehr als die schwarz-rot-goldene; andere halten da vieles für übertrieben und kurzsichtig, ein vereinigtes Groß-Deutschland für problematisch und manches an der alten DDR für erhaltenswert. Vom großen Konsens in der nationalen Sache, vom Vers „Deutschland einig Vaterland", mag sich aber keine politische Kraft in der DDR mehr ausschließen – und im Westen, der schon länger frei ist, ist Politik schon immer für die Nation gemacht worden, und zwar für die erst noch richtig „wieder"herzustellende gesamtdeutsche Großnation. Die „demokratische Revolution" gegen die SED-Herrschaft hat mit dem alten Staatssozialismus aufgeräumt, und kein „menschlicher Sozialismus", keine „ökologische Basisdemokratie", überhaupt kein Wunschtraum der alten DDR-Opposition ist an seine Stelle getreten. Ganz etwas anderes, als die Demonstranten der ersten Stunde sich gedacht haben, hat sich als einzig wirksamer politischer Standpunkt durchgesetzt und eint Ost und West, noch bevor die „Wiedervereinigung" praktisch durchgezogen ist: „Deutschland!"

Das gleiche ist in den anderen Staaten des ehemaligen Ostblocks passiert. Die Parteien des „realen Sozialismus" haben ihrer Art, Wirtschaft und Staat zu organisieren, entsagt; sie selbst oder ihre antisozialistischen Nachfolger zerschlagen mit ihren Reformen alle bisher gültigen Funktionsweisen ihrer Gesellschaft in der absurden Hoffnung, dann müßte es ganz von selbst mit stabiler Demokratie und blühender „Marktwirtschaft" losgehen. Und dabei sind sie sich über genau einen politischen Hauptprogrammpunkt im Klaren: Es geht um ihre Nation. Das, was mit dem Namen des jeweiligen Staates bezeichnet ist, soll voll zu seinem Recht kommen, wo das Etikett „sozialistisch" aus dem Staatsnamen gestrichen wird – es wird ja eben in der Absicht gestrichen, die nationale Sache zu der ihr gebührenden *absoluten* Geltung, jenseits aller Verfahrensfragen und sozialen Zwecksetzungen der politischen Gewalt, zu erheben. Dieser Absolutismus des Nationalen ist die eigentliche Errungenschaft der „demokratischen Revolutionen", die die Reformsozialisten des Ostblocks allenthalben hinterlassen haben.

Der politische Standpunkt, der sich so vollständig im Namen der jeweiligen Nation zusammenfaßt, ist in einer Hinsicht eine klare und eindeutige Sache: Er ist, wenn auch noch kein detailliertes Programm, so doch *die* oberste Richtlinie für die *Ausübung politischer Herrschaft.* Die Nation für das erste und wichtigste Anliegen halten; keine Unterscheidung auf der Welt so ernst nehmen wie die zwischen In- und Ausländern und zwischen dem Gelände innerhalb und dem außerhalb der nationalen Grenzpfosten; bei jeder wirtschaftlichen Tätigkeit nicht einfach auf den Profit, sondern auf dessen Nationalität achten, insbesondere auf die Nationalität der Währung, in der er gemacht wird, sowie auf den nationalen Ursprung und Zielort der ge- und verkauften Waren; über alle privat-menschlichen Belange – vom Kindersegen bis zum Rentnerhaushalt, von der Arbeitswelt bis zum Bücherlesen, von der Umweltvergiftung bis zur Jugendkriminalität – national Buch führen und das für die einzig sachgerechte Betrachtungsweise halten; Sport und Kulturleben, Dichtung und Wissenschaft unter den Gesichtspunkt eines immerwährenden Leistungsvergleichs der Nationen stellen: Alles das *ist Staatsinteresse*, also auch der einzig angemessene praktische Standpunkt und die passende Weltsicht derer, die die Staatsgewalt ausüben. Denn die Staatsgewalt *ist national:* Sie ist die hoheitliche Macht über ein Stück Erdoberfläche und eine Anzahl Einwohner; sie schreibt allen Betätigungen ihrer Bürger Grenzen des Erlaubten vor; sie hat ihren Daseinszweck darin, sich als diese Gewalt zu stärken; sie verfolgt diesen Daseinszweck in Konkurrenz zu den anderen Staatsgewalten; und sie benutzt dafür ihre Bürger und die Erträge der von denen geleisteten Arbeit als ihre Machtmittel. Das ist sie: die nationale Sache, um die es jeder Staatsmacht geht. Sie erfolgreich durchsetzen zu wollen, das ist *Nationalismus von oben* – ein sehr praktischer, erfolgsorientierter Standpunkt, der zahlreiche Arbeitsplätze schafft, nämlich für Machthaber und Staatsdiener.

Daß die Nation den maßgeblichen Bezugspunkt aller anerkannten gesellschaftlichen Interessen hergeben sollte und den einzig wahren Gesichtspunkt für die richtige theoretische Sortierung des Weltgeschehens, diesen Imperativ gibt es freilich noch in einer ganz anderen Weise, nämlich als Standpunkt der regierten Bürger. Und dieser *Nationalismus von unten* gibt Rätsel auf. Denn was ist daran praktisch, lebenstüchtig und erfolgsorientiert, wenn ein normaler Landesbewohner für nationale Interessen parteilich ist und in ihrem Namen und für sie fordernd auftritt? Was hat er in seinem praktischen Alltag mit nationalen Bilanzen zu tun – außer so, daß er in der einen oder anderen Summe als verschwindend kleiner Posten vorkommt –, und wo hilft ihm die Scheidung der Menschheit in In- und Ausländer bei der Bewältigung seines Lebens? Was hat ein Inländer richtig erkannt, wenn er nationale Gedanken denkt, also vom mutmaßlichen Gewinn oder Schaden „seiner" Nation her urteilt? Wer würdigt seine Theorien, wer richtet sich danach, wem könnten sie überhaupt nützen und wobei? Tatsächlich weiß ja sogar irgendwo ein jeder, daß die Leistungen, die „der Alltag" einem normalen Gesellschaftsmitglied abverlangt, in keiner Hinsicht anders oder geringer werden, wenn er sich zum Standpunkt des nationalen Überblicks aufschwingt – offiziell findet so etwas ja auch recht selten statt, als gar nicht alltägliches Bekenntnis. Aus eigenem Antrieb und mitten im Straßenverkehr oder am Fließband nach „Deutschland!" zu rufen und schwarz-rot-goldene Fahnen zu schwingen, ist weder üblich noch beliebt; jeder weiß, daß das nahe an der Verrücktheit wäre. Und doch ist gleichzeitig jeder Bürger bereit, seine privaten Sorgen mit irgendeiner vom nationalen Gesichtspunkt aus definierten Problemlage zu identifizieren und umgekehrt nationale Unterscheidungen, z.B. zwischen In- und Ausländern, nationale Interessen, z.B. an einer positiven Handelsbilanz, nationale Fragen, z.B. nach einem Grenzverlauf, und anderes mehr so aufzufassen, als wären das die praktischen Angelegenheiten, die ihn in seinem Privatleben wirklich umtreiben. Ansonsten ganz normale Bürger sind dazu fähig, aus gegebenem Anlaß – meist einem solchen symbolischer Natur – ihre Parteilichkeit für die nationale Sache als Gefühl zu empfinden; das gilt sogar als normal und ist es offenbar auch. Und wenn es ans Nachdenken über Politik geht, dann ist so gut wie nie ein Urteil zu haben, das nicht von dem Ethos beseelt wäre, eine nationale Problemlage erfassen und lösen zu helfen. Was spricht für soviel prinzipielle Parteilichkeit? Welchen guten Grund kann der Nationalismus der regierten Mannschaft für sich vorweisen?

Eins steht jedenfalls fest: Die wirklichen politischen Vorhaben und Unternehmungen der Nation fallen deswegen noch lange nicht in die Entscheidungskompetenz der guten Patrioten. Die wirkliche nationale Sache bleibt die Angelegenheit der professionellen Machthaber, die sie definieren und für ihre Durchsetzung einstehen. Über das wirkliche und wirksame Programm, das mit dem Namen der Nation aufgestellt ist, über die wirkliche Politik, die „Deutschland!“ heißt, ist alles gesagt, wenn klargestellt ist, um was die Führer der Nation sich kümmern und wie sie das tun. Über den Nationalismus des regierten Volkes steht damit umgekehrt fest: Er ist eine durch und durch widersprüchliche Angelegenheit. Denn er ist die prinzipielle Parteilichkeit *für* nationale Zwecke, die *über* die Leute beschlossen werden; eine Parteilichkeit, die sich gar nicht aus der Prüfung eines bestimmten Anliegens ergibt, sondern von den Machthabern ihren tatsächlichen Inhalt verpaßt kriegt – mit dem der patriotische Bürger dann sogar wieder unzufrieden sein mag und darf. Es handelt sich um eine Parteilichkeit ohne Hand und Fuß, ohne Sinn und Verstand, die regelmäßig schief liegt, wenn sie sich mit einer bestimmten

Erwartung, womöglich einem materiellen Anspruch verbindet. Voll auf ihre Kosten kommt sie allenfalls in der luftigen Welt der Symbole, wo die Parteilichkeit selber zum Genuß gerät – materiell nützlich ist sie ausschließlich für die praktizierenden Nationalisten an der Macht, die ihr einen Freibrief für ihr Regierungsgeschäft entnehmen.

Die nationalen Interessen I:

Vom Internationalismus der regierenden deutschen Nationalisten

1. Die führenden Leute des demokratischen Deutschland verstehen sich darauf, dem Nationalismus eine Absage zu erteilen. Jedem anderen nämlich. Für sich haben sie die Aufgabe herausgesucht, „den Grenzen das Trennende zu nehmen", also nicht zu dulden, daß der Beginn eines fremden Hoheitsgebiets ein Hindernis – für was auch immer – darstellt. Deutsche Politiker denken eben ganz grundsätzlich über die Schranken hinaus, die ihrer Zuständigkeit durch die Existenz fremder Souveräne gezogen sind. Sie begutachten solche Abgrenzungen von oben herab und kommen nicht umhin, ihre Gültigkeit im Prinzip zu verwerfen. Grenzen sollen nichts aufhalten – nämlich nichts von den Anliegen, für die sie einzutreten haben. Worin diese bestehen, warum sie keinerlei Begrenzung durch fremde Staatsgebiete vertragen und ob das überhaupt für sie spricht, das sind alles keine Fragen. Es geht ganz einfach um die Erleichterung des für Deutschland schwer erträglichen Zustands, daß die *deutsche Zuständigkeit* an den deutschen Grenzen enden soll, wo doch viele von den Dingen, für die deutsche Politiker zuständig sind, das Wachstum ihrer Wirtschaft z.B., gar nicht an diesen Grenzen aufhören, sondern auch auf der anderen Seite viele interessante Voraussetzungen, Mittel und Betätigungsfelder finden.

Umgekehrt müssen die Grenzen, die deutsche Politiker zu bewachen haben, so manches aufhalten; ausländische

Arbeitslose z.B. oder auch bestimmte Billigwaren, Flüchtlinge und unverzollte Zigaretten und überhaupt die Zuständigkeit fremder Mächte. Politiker empfinden das aber nicht als Widerspruch zu ihrer grundsätzlichen Grenz-Kritik. Der Wille, den bestehenden Grenzen das Trennende zu nehmen, steht anderen Figuren und Mächten als ihnen eben nicht einfach zu. An denen entdecken sie nämlich sofort das egoistische nationale Sonderinteresse, das ihre auswärtigen Kollegen mit der Durchlöcherung deutscher Linien und legitimer Schutzmaßnahmen zum Erfolg führen wollen. Dagegen müssen sie ihr Land verteidigen. Am besten aber nicht bloß durch eigene Abgrenzungen, sondern dadurch, daß sie ihrerseits über ihre Grenzen hinaus regieren, bei den übrigen souveränen Mächten auf die richtige Sicht der Dinge hinwirken, ihre eigenen Interessen in die – „wohlverstandenen" – Eigeninteressen ihrer Partner hineinpflanzen und bei Bedarf klarstellen, wie sehr unbelehrbare Regierungen sich selber schaden, wenn sie an ihren Grenzen Hindernisse für die von Deutschland ausgehenden Interessensverflechtungen errichten.

2. So etwas tun die regierenden deutschen Demokraten selbstverständlich nur in betonter *Friedensverantwortung* – denn sie wissen, wie sehr sie mit ihrem Kampf gegen trennende Grenzen in die nationale Sache anderer Staatsgewalten eingreifen. Sie selber sind ja die ersten, die sich von anderen Regierungen auf gar keinen Fall Bedingungen für ihr Tun und Lassen diktieren lassen wollen und die deswegen auch im tiefsten Frieden für *Waffen* einen unverzichtbaren Sinn und Zweck wissen, nämlich den, „nicht erpreßbar" zu werden. Das klappt natürlich nur, wenn ähnliche Bedenklichkeiten anderer souveräner Mächte mit eigener Erpressung zuverlässig gebrochen werden können. Es geht darum, daß andere sich gefallen lassen, was man selbst sich nie gefallen ließe, sondern mit der Einschätzung beantworten würde, daß da jemand offenbar nur „die Sprache der Gewalt" versteht. Das macht die „Bewahrung des Friedens" zur immerwährenden Aufgabe; und die lassen deutsche Politiker sich weder abnehmen, noch

lassen sie sich in ihre Friedensstiftung unbefugt hineinreden, schon gar nicht von denen, die Frieden geben sollen. *Sie* haben *sich* den Auftrag erteilt, daß „von deutschem Boden nie wieder Krieg, sondern nur Frieden" auszugehen hat; und es versteht sich für sie von selbst, daß sie diesem Imperativ nie und nimmer auf die Weise nachkommen können, die der große sowjetische Nachbar in den letzten Jahren als einzigartige Neuerung in die Weltpolitik eingeführt zu haben scheint, nämlich so, daß sie sich aus allen womöglich kriegsträchtigen Konfrontationen und Konflikten auf der Welt verabschieden und strikt heraushalten. Mit eigener Friedlichkeit ist es nicht getan, wenn es darum geht, daß andere Staaten willig kooperieren, und zwar vor allem dann, wenn man ihre Nachgiebigkeit gegenüber eigenen Interessen auf eine Probe der härteren Art stellt.

Deswegen und in diesem Sinne haben sich die Bundesdeutschen von Anfang an ohne Zögern mit einer hochgerüsteten eigenen Armee an der Abschreckungspolitik des westlichen Militärbündnisses beteiligt. Dessen Mitglieder sind sich nämlich einig in dem Standpunkt, daß nur ein einseitig erzwingbarer und erzwungener Friede ein sicherer Friede ist, Friedensverantwortung also im Grunde ein westliches Monopol auf militärische Gewalt erfordert – liest man diesen Tagesbefehl von hinten nach vorn, nämlich so, daß überlegene westliche Rüstung nichts als Friedensverantwortung sei, dann hat man schon die ganze berühmte „westliche Wertegemeinschaft" der NATO.

Diesem Anspruch auf einen Weltfrieden, den deutsche Waffen als Teil der westlichen Weltaufsichtsmacht einseitig sichern, ist durch den einseitigen Rückzug der Sowjetmacht aus Ost- und Mitteleuropa noch lange nicht Genüge getan; denn der ist freiwillig, und das bedeutet vom nationalen Sicherheitsstandpunkt aus: er ist widerruflich, also unzuverlässig. So bleibt es Sache der NATO, ab sofort – statt dem „Schutz vor russischen Invasionsarmeen" – die „Unumkehrbarkeit des Reformprozesses" im Osten mit eigenen Mitteln zu garantieren. Ein Geheimnis ist es den deutschen Friedenspolitikern also nicht, daß es für die Sowjetunion durchaus außenpolitische Gründe gäbe, den „Reformprozeß umzukehren" – schließlich tun sie ja alles, um daraus eine Neuordnung Europas auf Kosten der sowjetischen Macht zu machen. *Deswegen* mögen sie sich nicht auf den erklärten sowjetischen Willen verlassen, den militärischen Rückzug aus Europa zuende zu führen; für gesichert halten sie die neue Lage nur insoweit, wie sie ihre Veränderung aus eigener Kraft unmöglich machen können. Bei allen Reformen am Feindbild – aus der Rolle des Feindes hat der Westen seinen großen militärischen Gegenspieler im Osten noch lange nicht entlassen. Der Friede, den die Führer der freien Welt um jeden Preis sichern wollen, braucht wie bisher die überlegenen Waffen.

Ihren besonderen Anteil an dieser Friedensverantwortung – die eigentlich unteilbar ist, mit Aussicht auf Erfolg bis auf weiteres aber eben nur im Rahmen des westlichen Bündnisses wahrgenommen werden kann – begründen deutsche Politiker gern mit der Geschichte. Die Nation, in deren Kontinuität sie stehen wollen – übrigens ohne daß sie angeben müßten, welche nationalen Interessen sie eigentlich mit Bismarck, Stresemann und Hitler gemeinsam haben –, hat früher mehrfach in großem Stil kriegerisch herumgewütet. Daran erinnern Kanzler und Minister der BRD selbst und mahnen sich zu ganz besonderer Vorsicht, gerade so, als müßten sie die Macht, die sie in Händen haben und sonst niemand, fortwährend sorgfältig vor abenteuerlichen Entgleisungen bewahren und davor, daß doch wieder bei Gelegenheit „vom deutschen Boden Krieg ausgeht" – müßten nicht sie und ihresgleichen ihn dann veranstalten? Mit diesem seltsamen Gestus der bitter nötigen Aufsicht über die eigene „schwierige" Nation wird den Nachbarn, die in der Vergangenheit unter ihr zu leiden hatten, keinerlei deutsche Zurückhaltung in irgendeiner Sache versprochen. Es wird im Gegenteil klargestellt, daß denen auf alle Fälle *keine* Aufsichtsbefugnis über den deutschen Friedenswillen zukommt, weil die schon an die Machthaber dieser Nation selbst vergeben ist. Aktive Friedensverantwortung gibt es eben legitimerweise bloß in einer Richtung: Sie geht von den kriegserfahrenen Deutschen aus und erstreckt sich auf die Frage, welche „berechtigten Sicherheitsbedürfnisse" den andern und der weltpolitischen Gegenseite zustehen.

In der gegenwärtigen Situation des gründlichen Umsturzes aller europäischen Kräfteverhältnisse fühlen sich die Macher der neuen deutschen Nation ihren Nachbarn gegenüber zu einem Dementi von derselben Art verpflichtet: Es ginge ihnen um nichts weniger als um ein „deutsches Europa"; ihr Ziel sei vielmehr ein „europäisches Deutschland". Das heißt nun freilich nicht, daß die anderen europäischen Staaten eingeladen wären, darüber mitzubestimmen, was fortan aus Deutschland werden soll. Den Polen z.B. steht es überhaupt nicht zu, ein Junktim herzustellen zwischen der Schaffung des großen Deutschland und ihrer Westgrenze; und ihre Beteiligung an den unvermeidlichen Verhandlungen mit den ehemaligen Siegermächten erscheint in Bonn als ganz abwegig. Noch weltfremder für deutsche Demokraten die sowjetische Idee, über die Herstellung eines einzigen deutschen Staates eine gesamteuropäisch-nordamerikanische Volksabstimmung abzuhalten; sie ist gleich mit Stillschweigen begraben worden. Die Formel vom „europäischen Deutschland" ist eben alles andere als eine deutsche Bereitschaftserklärung, das eigene Programm dem Votum anderer anheimzustellen. Sie formuliert eine Beschwichtigung: Kein europäischer Staat bräuchte sich Sorgen zu machen und eine deutsche Hegemonialmacht zu fürchten. Das ist die diplomatische Ausdrucksweise für eine glatte Abfuhr an alle betroffenen Nachbarn und Konkurrenten: Die sollen sich gefälligst aus der Etablierung der neuen deutschen Gesamtnation heraushalten; denn die deutsche Regierung sorgt schon selbst dafür, daß das alles „in den europäischen Rahmen eingebettet" wird – so wie sie ihn sieht und haben will – und daß alle legitimen Interessen von dritter Seite gebührend berücksichtigt werden. Wer sich da ungebeten einmischt, bloß weil er sich betroffen fühlt, wird bestimmt, aber höflich zurechtgewiesen.

3. Eine entsprechende Zurückhaltung der deutsche Seite, was die „europäische Zukunft“ der anderen Staaten des Kontinents betrifft, verbietet sich von selbst; schon allein deswegen, weil die endlich „nach Europa heimkehrenden“ Nationen nichts nötiger brauchen als deutsche *Hilfe*. Zu der sind die führenden Leute der deutschen Wirtschaftsmacht gerne bereit. Allerdings müssen sie – damit ihre Hilfe überhaupt greifen kann, nicht in einem „Faß ohne Boden“ versackt und schon gar nicht für untaugliche Entwicklungsexperimente verschleudert wird – ihre auswärtigen Kollegen dazu anhalten, die nötigen Bedingungen bei sich herzustellen. Ein freier Markt muß sein, mit freien Lohnarbeitern und freien Unternehmern, freien Löhnen und freien Preisen, freiem Import und Export und der Gewähr, mit investiertem und verdientem Geld frei und erfolgreich spekulieren zu können. Hilfe kann nur nützen, wenn in den unterstützten Staaten die Bundesrepublik mit ihrem wirtschaftlichen System herrscht; zumindest soweit, daß die hierzulande gültigen ökonomischen Interessen und Abhängigkeiten auch auswärts zu unwiderruflichen Sachzwängen werden. Dann und nur dann bieten D-Mark-Hilfen nämlich die Gewähr, daß sie im fremden Land auch Nutzen stiften. Erstens für jeden Geldanleger und für den bundesdeutschen Staat, der seine D-Mark-Investoren weltweit betreut; zweitens für den andern Staat insofern, als der damit einen eindeutigen Daseinszweck geschenkt bekommt mitsamt der Chance, an die nötigen Mittel für befriedigendes Funktionieren heranzukommen. Fortan dient er nämlich der Benutzung seines Landes und seiner Leute durch die kapitalkräftigen Helfer aus dem Heimatland der D-Mark, betätigt sich also als Instrument der bundesdeutschen Staatsaufgabe, dem D-Mark-Kapital weltweit freie Bahn und ungehinderten Zugriff zu verschaffen. Für die politische Absicherung dieser neuen Staatsräson haben deutsche Politiker gleichfalls Hilfe anzubieten: Beim Aufbau demokratischer Herrschaftsformen mit garantiert konstruktiven Wahlergebnissen kennen sie sich aus.

So werden auch die neulich noch sozialistischen Staaten einbezogen in die ökonomische Besichtigung der Welt, die aller Herren Länder dem Maßstab unterwirft, ob sie über Import und Export zum Partner der heimischen Wirtschaft taugen, ob sie zu einer weitergehenden Zusammenarbeit fähig oder willens sind, also wie sie sich lohnen. Dabei beherrschen die Führer des demokratischen Deutschland seit jeher die Kunst, die Vorteile für ihr nationales Wirtschaftswachstum in den gemeinsamen Nutzen der Partner zu übersetzen, und das um so dringlicher, als das Interesse der fremden Nationen die Höhe jener Ziffern, auf die es ankommt, immer wieder beschränkt. So steht beim Schacher um Zölle, Lieferbedingungen, Zahlungsweisen, Kredite und Investitionen die Beschwerde über die Abhängigkeit an, in der man sich vom Partner befindet – und Abhängigkeit erweist sich als dasselbe wie ein unverzichtbarer Nutzen, auf dessen Erstattung durch den fremden Staat Deutschland bestehen muß. Die Staatenwelt wird sortiert nach den Formen der Brauchbarkeit, die sie sich jeweils aufherrschen läßt: Ihr Umgang mit Geld, Ware und Kapital wird gewürdigt als guter Wille zur Zusammenarbeit, als Störung nützlicher Gepflogenheiten oder als untragbarer Verstoß gegen die Freiheit des internationalen Geschäfts, auf das doch alle angewiesen sind. Und solche Beurteilungen sind keine Meinungen von Beobachtern des Weltgetriebes, sondern die angewandte Vernunft von Staatenlenkern, die den Weltmarkt durch ihre Entscheidungen *gestalten*.

4. Ein letztes Kapitelchen für sich im praktizierten Internationalismus deutscher Politik sind die Bewohner fremder Staaten, die *Ausländer.* Es gibt ja staatliche Interessen, die es gebieten, auch für diese Leute die Grenzen, und zwar sogar die deutschen, „durchlässig“ zu machen. Geschäftstüchtige Geldbesitzer sind jederzeit willkommen, Touristen mit Geld auch, Arbeitskräfte ohne Geld gelegentlich und je nach dem; auch Soldaten aus dem verbündeten westlichen Ausland sollen wegen übergeordneten Sicherheitserwägungen herein; usw. Es treibt sich also kein Ausländer innerhalb der deutschen

Grenzen herum, ohne daß es einen politischen Grund dafür gibt. Damit sind diese Leute aber noch keineswegs gleichberechtigt ins gesellschaftliche Leben der Nation eingemeindet. Alle üblichen Interessen, die ein moderner Bürger von *seinem* Staat erlaubt bekommt und die dadurch zu seinen Rechten werden, verstehen sich gar nicht mehr von selbst, wenn ein solches Rechtssubjekt außerhalb der Zuständigkeit seiner Regierung sein Wesen treibt. Denn vom Staat her betrachtet sind Ausländer mit ihren *privaten Bedürfnissen* nichts als Inhaber von *Rechten,* die *nichts gelten,* weil *er* sie nicht gewährt hat; sie sind insofern *Repräsentanten* eines fremden Rechts, auf deren Anspruchshaltung genauso kritisch zu achten ist wie auf diejenige ihrer Obrigkeit. Ob und inwieweit solchen Bedürfnissen ein Recht zugestanden wird, ist denn auch logischerweise Sache von Verhandlungen und Vereinbarungen zwischen den Regierungen. Und eins ist klar: Je „durchlässiger" die deutschen Grenzen für ausländische Staatsbürger werden, um so mehr rechtliche Sonderbehandlung braucht es für diese Menschengattung, die sich dadurch auszeichnet, daß sie sich im Prinzip erst einmal nichts von all dem herausnehmen darf, was sie zu Hause als ihr gutes Recht betrachten mag.

Umgekehrt kann übrigens wieder nicht dasselbe gelten: Wo deutsche Bürger unterwegs sind, da ist im Prinzip die deutsche Rechtshoheit mit ihnen; und was die ihren Subjekten gewährt, das läßt sie durch die Souveränität anderer Staaten keineswegs in Frage stellen. Auch so herum ist es eine Sache staatlicher Macht und des Kräfteverhältnisses zwischen den Nationen, wie sehr Inländer es durch eine fremde Staatsgewalt negativ zu spüren kriegen, daß sie selber – Ausländer sind.

5. Die führenden Leute des demokratischen Deutschland verstehen sich darauf, ihre Politik an lauter supranationalen Pflichten auszurichten. Sie sagen den trennenden Grenzen den Kampf an und dehnen die Grenzen ihrer Zuständigkeit nach außen aus. Sie betonen ihre europäische Verantwortung

und verbitten sich damit jede Einmischung anderer in ihre Regierungsgeschäfte. Sie beteuern ihren unbedingten Friedenswillen und buchstabieren ihn als das Ringen um eine bedingungslos abschreckende militärische Überlegenheit. Sie bieten der Welt ihre wirtschaftliche Hilfe an und stellen die politökonomische Nutzbarkeit fremder Länder her. Und so weiter.

Sie machen sich für lauter handfeste *Interessen* stark: für die Interessen der geldbesitzenden Klasse, die in der deutschen Heimat genug verdient, um damit in der ganzen Welt noch viel mehr verdienen zu können; und für das Interesse der Staatsmacht, die sie vertreten, von fremden Staatsgewalten zweckmäßige Dienste erzwingen, Widerspruch brechen zu können. Zum Einsatz für diese Interessen gehört die Berufung auf supranationale *Pflichten,* die haargenau eben das gebieten, hinzu. Denn das ist nicht bloß ideologisch verlogen; damit weisen die regierenden Weltpolitiker die Interessen ihrer Partner und Konkurrenten zurück und erheben alles, wofür sie einstehen, in den Rang von *Rechten,* die andere Souveräne zu respektieren haben. Und damit kündigen sie eine *Drohung* an.

So verrät die *Methode,* nach der moderne Staatsmänner ihre weltpolitischen Aktionen begründen und durchführen, einiges über das Ausmaß an Freiheit, das sie als Souveräne genießen. Niemandem sonst ist es im bürgerlichen Leben gestattet, sein Interesse als Argument für die Anwendung von Gewalt geltend zu machen – den Repräsentanten des Staates ist so etwas selbstverständlich. Auch die Drohung mit Gewalt im Namen des Eigennutzes gegen andere, die sich der „Einmischung" in die eigene „Einflußsphäre" schuldig machen, können sich nur Volksvertreter leisten, ohne in den Verdacht zu geraten, den freien Willen und die Menschenwürde zu mißachten. Was im gesellschaftlichen Leben *innerhalb* des Staates jedem Individuum versagt ist und von der öffentlichen Gewalt als Verbrechen verfolgt wird, der Gebrauch von Gewalt und die Kunst der Erpressung zur Erreichung eines Vorteils, das gilt im Verkehr *zwischen* Staaten als gute politische Sitte. Und daß sie in der Verfolgung ihres nationalen Interesses, bei der Sorge um die Mehrung des Reichtums, *pflicht*gemäß handeln, also die moralische Legitimation besitzen, die gesamte Staatenwelt samt Völkern ihren Berechnungen zu unterwerfen, unterscheidet Staatsmänner des 20. Jahrhunderts auch gewaltig von gewöhnlichen Bürgern. Sie sind von allem, was andere tun und lassen, *betroffen;* ihre außenpolitischen Maßnahmen stellen sie dar als *Reaktion* auf Geschehnisse in der Welt, auf ihnen passende oder unliebsame Werke anderer; will sagen: sie handeln in der Gewißheit, *daß sie alles angeht.* Ihrer Zuständigkeit sind keine Grenzen gesetzt, weil die Welt das Material ihrer Souveränität *ist.*

Der deutsche Wahn I:

Von Feindbildern und Feindschaften

Staatsmänner, und demokratische schon gleich, handeln auch außenpolitisch stets im Namen des Volkes. Sie tun nichts, ohne sich auf ihre Bürger zu berufen und sie an ihren Vorhaben und Sorgen zu beteiligen. Sie vertreten grundsätzlich *„unsere* Interessen“ und meinen damit keineswegs bloß sich und die Inhaber der grenzüberschreitenden Ansprüche, die sie zur nationalen Rechtssache machen; sie schließen die Gesamtheit ihrer Staatsbürger in ihr „unser“ mit ein.

Das ist sehr großzügig von ihnen. Denn praktisch sind die normalen Mitglieder einer Nation von der Aufstellung und Durchsetzung nationaler Interessen zwar allemal mehr oder weniger betroffen; praktisch beteiligt sind sie aber nicht an der Zurechtweisung fremder Souveräne, an der Beschaffung von Freunden in der Staatenwelt, an der Kontrolle über Feinde, an der Einmischung in die Interessenslage anderer Staaten usw. Sie hätten dazu auch wenig beizutragen: Grenzüberschreitende materielle Interessen gehen ihnen ganz einfach ab.

Ein gutes und gebildetes Volk tut dennoch sein Bestes, um

sich wenigstens mit den Mitteln der Phantasie die Anliegen und Probleme anzueignen, die seine Politiker ihm als die „unseren“ ans Herz legen. Und da die verfolgten nationalen Interessen nun einmal nicht die seinen sind, solidarisiert es sich um so mehr mit den Rechtsstandpunkten seiner Herrschaft – nach dem Motto: *Dem Recht, dem der gute Bürger gehorcht, sollen auch alle anderen Folge leisten.* Ein Volk sieht ganz prinzipiell die Notwendigkeit ein, bei auswärtigen Mächten, ganz einfach weil es sich um auswärtige Mächte handelt, die nicht deutscher Jurisdiktion unterstehen, auf unberechtigte Ansprüche aufzupassen und deutsche Positionen zu wahren. So aufgeklärt vermag es der Außenpolitik seiner regierenden Herren mit viel Verständnis zu folgen.

1. Vor allem in den *Gewaltfragen,* die die Beziehungen der Staaten zueinander, sogar die friedlichen, nun einmal beherrschen. Grundsätzlich stehen auswärtige Regierungen und Völker, weil sie sich weder ihre Fähigkeiten in Bonn genehmigen lassen noch ihre Interessen dort abholen, in dem Verdacht, letztlich nur „die Sprache der Gewalt“ zu verstehen. Der andere Grundsatz, daß „Gewalt kein Mittel der Politik“ sein darf, verträgt sich sehr gut mit diesem Gebot zu bewaffneter Vorsicht; denn er gilt selbstverständlich für alle anderen. Nur eine idealistische Minderheit im Volk gerät an dieser Stelle ein wenig durcheinander; sie mißversteht die diplomatische Form, in der ihr Staat *allen andern* die *Drohung* zustellt, daß sie stillzuhalten haben, nämlich die Berufung auf eine *allgemeine Pflicht* der Staaten zu Friedfertigkeit und Gewaltlosigkeit, als Anerkennung einer *Verbindlichkeit* für die *eigene* Nation. Auch diesem nationalen Pflichtbewußtsein bereitet es aber kaum Schwierigkeiten, die anderen Staaten als potentielle Rechtsbrecher zu durchschauen und die eigene Staatsgewalt in der – allenfalls unzureichend oder verkehrt wahrgenommenen – Rolle des berufenen Aufpassers zu sehen, der letztlich so wenig wie irgendeine Polizei ohne Gewalt auskommt. Überlegen genug muß sie nur sein.

Aus diesem Grund sind in einem weltpolitisch mitdenkenden Volk Aufwendungen für den Militärapparat niemals unpopulär, ebensowenig wie militärische Einsätze, vorausgesetzt sie verlaufen erfolgreich und bestätigen, daß die Führung sich angemessen auf ihre ordnungsstiftende Funktion vorbereitet hat. Nur an diesem Maßstab beurteilt eine nationale Öffentlichkeit auch die Rüstung und ihren Preis; Kritik gibt es nur als Vorwurf der Verschwendung, und der ist nur dann seriös, wenn der Ertrag an staatlicher Macht zu wünschen übrigläßt. Ob das der Fall ist, entscheidet in einer demokratischen Nation der Parteienstreit; wer Wahlerfolg hat, behält recht. Das ist sehr passend. Denn zu einem objektiven Urteil, womöglich über den wirklichen Zweck einer Rüstung, ist das Volk ohnehin nicht berufen; wohl aber zu einer freien Meinung des Inhalts, daß für die Macht der Nation nur die effektivsten Mittel gut genug sind, und daß eine der konkurrierenden Führungsmannschaften da schon die richtige Entscheidung treffen wird.

2. Gewisse Probleme bekommen Patrioten unweigerlich mit der fortlaufenden Anwendung des Grundsatzes, daß alle anderen Staaten das deutsche Recht unbedingt zu respektieren haben, im Alltag der Außenpolitik. Die sieht nämlich nur selten so aus, wie ein gewaltbereites Rechtsempfinden es sich verspricht.

Schlagendes Beispiel dafür ist die Ost- und Deutschlandpolitik der Bundesregierungen in den letzten zwei Jahrzehnten. Einerseits galt die DDR immer als ein einziges Unrecht gegen den bundesdeutschen Standpunkt, in Bonn würde die gesamte Nation vertreten; andererseits wurde mit diesem „Gebilde" diplomatisch beinahe normal umgegangen, Handel und Kreditverkehr abgewickelt, einvernehmlich verhandelt usw. Beides war leicht vereinbar vom Standpunkt des deutschlandpolitischen Interesses, den nun einmal existierenden anderen deutschen Staat mit den schlagkräftigen Mitteln normaler Außenpolitik zu beeinflussen, ihn am bundesdeutschen Vorbild auszurichten, zu zersetzen, zu schwächen und einem „Wandel durch Annäherung" zu unterwerfen; fraglich war allemal nur, ob das eingesetzte Mittel der „Umarmung" dem Erpressungsziel jeweils mehr nützte oder mehr widersprach. Für den Nationalismus von unten war diese Politik jedoch immer ein prinzipieller Widerspruch, weil sie sich mit dessen zu einem festen Feindbild ausgearbeiteten Rechtskategorien nicht verträgt. Wo die Politik Nachgiebigkeit und Kompromisse als Mittel der Schwächung und Erpressung einer souveränen Gewalt einsetzt, da kann der nationale Rechtsstandpunkt nur eine Preisgabe ursprünglicher Positionen ausmachen. Dementsprechend hat sich das deutschlandpolitische Volksempfinden über die Jahre auseinandersortiert in ein ziemlich beleidigtes Unrechtsbewußtsein und in die Gewohnheit, den bundesdeutschen Rechtsanspruch aufs ganze Deutschland nicht mehr sonderlich ernst zu nehmen – bis der rasante Erfolg der alten Deutschlandpolitik für neue Klarheit gesorgt hat. Die geduldige, höfliche Zersetzungspolitik hat dem fast schon beiseitegelegten Feindbild in ungeahnter Weise Recht gegeben: Der Unrechtsstaat hat kapituliert und braucht nur noch für die Abwicklung seiner Kapitulation als erstmals wirklich legitimes Völkerrechtssubjekt anerkannt zu werden.

Ähnliche Widersprüche werden dem Bürger, der „unsere" Interessen im Ausland im Auge zu behalten versucht, laufend zugemutet; aber demokratische Bürger sind es ja gewohnt, daß sie dauernd die Lügen von gestern vergessen und durch neue ersetzen sollen. Die Ölscheichs zum Beispiel waren bis zur „Ölkrise" ziemlich malerische, uninteressante, deutschfreundliche Gesellen. Mit der Erhöhung ihrer Ölabgabepreise wuchsen sie schlagartig in das Feindbild des Blutsaugers hinein, der „unsere" Abhängigkeit von ihrem Rohstoff in der verwerflichsten Weise ausnutzt, so daß das deutsche Volk geschlossen zusammenstehen und sogar ein paar Sonntage lang aufs Autofahren verzichten mußte. Das geschürte nationale Rechtsbewußtsein hätte gewaltsames Durchgreifen gegen den Feind verlangt – statt dessen fanden sich dieselben Scheichs als Geldanleger bei „unseren" Banken, als Waffenkäufer bei „unseren" Rüstungskonzernen ein und wurden zuvorkommend bedient. Die öffentliche Meinung wurde daran gewöhnt, mehr die vom deutschen Standpunkt aus anerkennenswerte Leistung der Öl-Fürsten beim Anheizen des Afghanistan- und des Golfkriegs in Rechnung zu stellen...

Wie beim Ölpreis, so ergeht es dem mitdenkenden Patrioten bei so ziemlich allen ökonomischen Außenaffären seiner Nation. Denn die wirkliche Interessenslage auf dem Weltmarkt bleibt für jemanden, dessen materielle Interessen über ein bißchen Geldverdienen und billig Einkaufen nicht hinausreichen, undurchsichtig; mit Schreckbildern wie dem von einer kaum noch bezahlbaren nationalen Import-“Rechnung“ soll sie dennoch sein Rechtsbewußtsein beschäftigen. So weiß dann z.B. jeder: Eine „starke D-Mark“ ist eine ökonomische Notwendigkeit für die Nation und damit gutes deutsches Recht. Aber wann hat sie die richtige Stärke? Mal steht sie zu hoch, weil „die Amerikaner“ – zu deren Charakterbild dann auf einmal technologische Rückständigkeit und ein bequemes Über-die-Verhältnisse-Leben gehören – ihren Dollar „verfallen“ lassen. Dann sinkt sie wieder zu sehr, weil alle möglichen finsteren Gestalten – bis gestern noch willkommene Geldanleger – gegen „uns“ spekulieren...

An allen Fronten des zivilen Konkurrenzkampfes der Nation ist Parteinahme gewünscht; aber nichts ist eindeutig und haltbar genug für die allemal sehr prinzipiell angelegten Bilder von der Freund- und Feindlage, an denen sich das patriotische Gemüt allein orientieren kann. Konstant ist nur der Verdacht, daß „das Ausland“ sich im Prinzip dauernd an „uns“ bereichern will. Deswegen sind auch nie die Kosten sonderlich populär, die einer Regierung beim Hineinregieren in fremde Staaten entstehen und die sie gerne großzügig als „Hilfe“ deklariert. Diese diplomatisch berechnende Sprachregelung ermuntert den heimischen Bürger am Ende nur zu völlig verfehlten Vergleichen zwischen seinen privaten Geldnöten, in denen ihm keine Regierung „hilft“, und den Finanzbedürfnissen fremder Potentaten, für die die eigene Regierung „Milliarden“ aus ihren „leeren Kassen“ hervorzaubert. Eine idealistische Minderheit im Volk fällt auf denselben Schwindel andersherum herein und glaubt an eine Pflicht der eigenen Nation, mit ihrem Reichtum den Armen dieser Welt ohne Berechnung und sogar wirksam zu helfen. Mit der Mehrheit kann sie sich dann, solange das Thema auf der demokratischen Tagesordnung bleibt, darum streiten, ob „wir" zu großzügige oder zu knauserige Wohltäter der auswärtigen Menschheit sind. Mit der Wirklichkeit hat beides nichts zu tun.

Das macht aber auch nichts. Denn zum Eingreifen sind die patriotischen Meinungen, wie immer sie ausfallen, ohnehin weder bestimmt noch geeignet. Das befriedigte oder beleidigte Gefühl für das Recht der Nation kann und soll allenfalls seinen Beitrag zur Wertschätzung der Außenpolitiker leisten, denen ein Bürger alles Mögliche zwischen Ausverkauf und Rettung der nationalen Interessen zutraut. Das trägt dann wieder bei zum Entschluß, den einen oder anderen durch eine demokratische Wahlstimme zur Fortführung der Geschäfte ermächtigen zu helfen; und je nach Ergebnis war es dann Verrat oder Recht.

3. Ein wenig handgreiflicher wird die Parteilichkeit für die nationale Sache gelegentlich dort, wo ein Bürger mit den Bewohnern fremder Staaten in irgendeinen gesellschaftlichen Kontakt kommt. Denn da ist die Chance hoch, daß die politische Meinung mit dem Privatleben wirksam durcheinandergerät.

Der Unterschied selbst, auf den Inländer stoßen, wenn sie, wirklich oder bloß durch Zeitungsinformationen, mit Ausländern aneinandergeraten, ist ein für allemal nur der staatsrechtliche: Es handelt sich um Leute, die ihre Rechte einem fremden Staat verdanken, mit ihren Rechtsansprüchen – und in anderer Gestalt darf sich sowieso kein Bedürfnis sehen lassen in unserer zivilisierten Welt – fremdes Recht repräsentieren, dem der inländische Souverän eine bedingte Gültigkeit zuerkennt oder auch nicht. Diesen dürren Begriff des Ausländers braucht kein einheimischer Staatsbürger zu wissen, um daraus das patriotische Urteil über solche Leute herauszuhören: Denen kommt grundsätzlich keines der Rechte zu, in deren naturwüchsigem Besitz ein Inländer sich fühlt. Und dieser „Befund" ist höchst interessant – für Staatsbürger, die sich andauernd mit Rechtsinstanzen und mit ihren gleichfalls sehr rechtsbewußten Mitbürgern auseinanderzusetzen haben. Allenthalben stoßen ja Interessen und Ansprüche aufeinander, die sich nicht einfach als Bedürfnisse verstehen, sondern als Rechte, die die höchste Gewalt gewährt; die also das Recht der anderen anzweifeln und für sich ein besseres in Anspruch nehmen. Was man Konkurrenz und, moralisch abwertend, „Ellbogengesellschaft" nennt, ist ein Gegeneinander von Interessen, das aus dem Berechtigungsbewußtsein aller Beteiligten seine Schärfe, seine Gehässigkeit – und seine Dauerhaftigkeit bezieht. Dieses Rechtsbewußtsein gewinnt natürlich ungeheuer, wenn der Gegenüber ein Subjekt mit prinzipiell zweifelhaften Rechtsansprüchen ist. Für das Konkurrenzverhältnis zwischen modernen Staatsbürgern ist das ein viel wichtigerer Gesichtspunkt als jede Betrachtung der widerstreitenden Interessen selbst und der wirklichen, materiellen gesellschaftlichen Gründe für ihr Gegeneinander; daß über Entlassungen und Einstellungen noch allemal durch die Unternehmer entschieden wird und über Wohnungen und Mieten durch die Haus- und Grundbesitzer nach Maßgabe ihrer Gewinnmöglichkeiten, zählt überhaupt nichts gegen den patriotischen Wahn, man hätte alle einschlägigen Schwierigkeiten, und die mit der Beschaffung von Freundinnen und mit verstopften Autobahnen gleich noch dazu, den Ausländern mit ihrem zwielichtigen Rechtsstatus zu verdanken. Der Grund dafür liegt in der modernen Errungenschaft, alle gesellschaftliche Gewalt als staatliches Recht abzuwickeln. Denn zwischen zivilisierten Rechtssubjekten geht es darum, sich durchzusetzen; und das „Argument" dafür ist das Recht, in dem man sich weiß – auch wenn das Recht, das die Justiz einem verschafft und das die staatlich vorgeschriebene wirkliche Waffe im bürgerlichen Konkurrenzkampf ist, mit dem stolzen Rechtsgefühl eines guten Bürgers keineswegs automatisch zusammenfällt.

Das ist in Wahrheit noch nicht einmal bei Auseinandersetzungen mit Ausländern der Fall. Denn wenn Auswärtige sich mit ihren zivilen Rechten im Inland betätigen, dann auf Grundlage dessen, daß der einheimische Staat ihnen das Recht dazu verliehen hat. Die politischen Gründe, aus denen eine Regierung das tut, sind aber nie das Interesse der Inländer, die ihre Streitigkeiten durchzustehen haben; deswegen heben sie das nicht auf, was das staatsbürgerliche Rechtsbewußtsein sich über die Figur des Ausländers gemerkt hat, nämlich daß der eigentlich kein Recht hat. Dem Ausländer gegenüber fühlt ein Inländer sich im Recht, ganz jenseits der Gesetzeslage, und das in sämtlichen Belangen, in denen es ums Rechthaben und -behalten geht, also in allen. So sehr weiß ein guter Bürger sich der Rechtsgewalt seines Staats verbunden, daß er die Welt nicht mehr versteht und die nationale Rechtsordnung für zerrüttet hält, wenn in der bürgerlichen Wirklichkeit die Justiz mit seinem patriotischen Berechtigungsempfinden gar nicht Schritt hält. Da kommt es dann vor, daß ein Nationalist schon mal nicht mehr auf Abhilfe durch die Obrigkeit wartet, sondern selber seinen Beitrag zur Klarstellung oder Korrektur der geltenden Rechtsverhältnisse leistet und handgreiflich wird.

Damit liegt der gute Bürger freilich gleich schon wieder schief. Denn ihre Rechtsordnung, auch die für und gegen Ausländer, läßt die Staatsgewalt sich auch von ihren fanatischen Anhängern nicht aus der Hand nehmen. Sie bremst deshalb die Ausländerfeindschaft, die sie ihren Bürgern eingibt, dort wo sie tätlich wird. Und schon findet sich wieder eine Minderheit von Idealisten, die daraus für sich den Auftrag ableiten, ideologische Gegenpositionen in Umlauf zu bringen; insbesondere den müden Gesichtspunkt, Ausländer wären doch schließlich auch „Menschen wie du und ich“ – was in der Sache auch die nicht angezweifelt haben, für die Ausländer der letzte Dreck sind; denn das ist ein patriotisch-sittliches und kein anthropologisches Urteil. Immerhin ergibt sich daraus manch schöne Debatte darüber, ob es sich nicht doch um Menschen anderer Art handelt: Die einen deuten auf Andersartigkeiten und meinen Minderwertigkeit; die andern dementieren die Minderwertigkeit, indem sie, nicht ohne Herablassung, Wohlwollen für nationale Andersartigkeit zeigen, und wollen nicht merken, daß der Streitgegenstand ganz woanders angesiedelt ist als im Bereich der privaten Un- oder Liebenswürdigkeit von Ausländern – nämlich im Rechtsgefühl geborener Patrioten.

Per Saldo ist eins nicht zu leugnen: Ein gutes Volk gibt sich, durchaus mit Erfolg, Mühe, an seinen Stamm- und Schreibtischen geistig auf der Höhe der Probleme mit dem Ausland zu bleiben, die seine Führer ihm als die „unseren" bezeichnen. Es liegt zwar dauernd daneben, kann aber gar nicht viel falsch machen. Sein Nationalismus ist zwar mit dem wirklichen von oben inkommensurabel, im Endeffekt aber deckungsgleich.

Die nationalen Interessen II:

Vom Erobern

1. Seit Herbst 1989 sind die führenden Leute des demokratischen Deutschland intensiv damit beschäftigt, deutschen Nationalismus zu bekämpfen. Nämlich den des anderen deutschen Staates.

Dabei haben sie viele Helfer. Das Volk der DDR selbst hat sich dazu entschlossen, die bisher gültige Staatsräson seiner Republik als ein einziges großes Verbrechen zu verwerfen. Genügend Leute sind davongelaufen, um die Fortsetzung des alten Staatswesens unmöglich zu machen; zumindest hat die letzte „realsozialistische" Staatsführung ihre internationale Lage eingerechnet, und daß die Sowjetmacht sie preisgegeben hat, und hat kapituliert. So hatten es die westdeutschen Politiker von Anfang an leicht, sich als die bloßen Erfüllungsgehilfen eines unwiderstehlichen ostdeutschen Volksbegehrens darzustellen: beinahe überrumpelt durch einen massenhaften Asylantrag; in Zugzwang gebracht durch den Zerfall der DDR und den dringlichen Einigungswunsch der DDR-Bürger; voll ausgelastet mit der Bewältigung der Folgeprobleme, vor allem wirtschafts- sowie bündnis- und europapolitischer Art, die sich daraus ergeben hätten.

Mit diesem rührenden Bild von sich als Dienern am schwarz-rot-goldenen Einheitsbegehren der vielen guten Leute hüben und drüben stellen die Staatsmänner des demokratischen Deutschland freilich ihr Licht gar zu bescheiden unter den Scheffel. Denn immerhin haben *sie* das Volk der DDR als Befreiungs- und Asylfall definiert, haben daran durch alle Konjunkturen der Nachkriegspolitik hindurch festgehalten und alles Nötige getan – bis hin zu den nötigen Winken an die aufgeschlossene ungarische Regierung im „Flüchtlingssommer“ 1989 –, um am Ende die Hoheit des SED-Staats über seine Bürger zu brechen. Ohne ihr nachdrückliches Eingemeindungs-Angebot wäre der Volksaufstand gegen die alte DDR-Staatsräson nie zu einer Absage an die Existenz des ganzen Staates geworden. Gerade bei den Urhebern der Kritikbewegung mußten sie den Standpunkt bekämpfen, es könnte doch auch demokratische Alternativen zu einem Anschluß ohne Wenn und Aber geben; und der PDS mußten sie den Versuch kaputtmachen, zwischen den schlechten Seiten der SED-Herrschaft und der unveräußerlichen Staatsbürgerwürde des DDR-Menschen zu scheiden und einen DDR-Patriotismus ins Spiel zu bringen.

Vor allem aber brauchte die Führungsgarnitur des neuen Deutschland wahrhaftig nicht erst an der von ihr geweckten Ungeduld der schwarz-rot-goldenen Massen die wirtschafts-, europa- und weltpolitischen „Probleme“ zu entdecken, um die sie sich so nachdrücklich kümmert. Das „Drängen des Volkes“, auf das sich die Bonner Politiker so gerne der ganzen Welt gegenüber berufen, enthält ja ohnehin keinerlei sachdienliche Hinweise zu den Fragen einer Währungsunion, einer EG-Erweiterung, einer NATO-Mitgliedschaft usw. Alles das, worum es beim deutschen Einigungsprojekt wirklich geht, mußten sie schon betreiben, damit das Volk überhaupt etwas hat, wofür es sein kann. Von einem politischen „Zugzwang“, in den sie sich durch ihr fanatisiertes Volk hätten bringen lassen, kann also nicht die Rede sein. „Zwingen" lassen haben sich die Macher der deutschen Einheit ausschließlich zu den politischen Fortschritten, die sie wollen und für durchsetzbar halten; dementsprechend wurden die DDR-Wahlkämpfer instruiert und die Übersiedler, dieses bei richtigem Gebrauch durch die Machthaber unschlagbare Anti-DDR-Argument, kanalisiert. Was sie jetzt an „Folgeproblemen" des „Einigungsprozesses" – so als wäre der ein eigenständiges Subjekt – auftischen, sind nichts als ihre politischen Absichten: *Sie wollen* die Ausdehnung der westdeutschen Währungshoheit, die Beendigung des ostdeutschen Souveräns mitsamt all seinen vertraglichen Verpflichtungen gegenüber der Sowjetunion, die durchgreifende Neusortierung der europäischen Kräfteverhältnisse, die Neudefinition des NATO-Auftrags und Deutschlands als Militärmacht – alles das, was als neuer deutscher Standpunkt die Weltlage erschüttert und wovon die deutschen Massen, ob sie demonstriert haben oder nicht, nichts weiter zu bedenken brauchen und beim Verbrüdern auch gar nicht wissen wollen.

2. Es ist also deutsches *Staatsinteresse,* die DDR zu liquidieren und die BRD zu vergrößern. Woher dieses Interesse? Was spricht dafür?

Die offizielle diplomatische Begründung verweist auf ein supranationales „Problem", zu dessen Bewältigung die „(Wieder-)Vereinigung" ein schöner Beitrag wäre: die „Teilung" – des Vaterlands, seiner Hauptstadt noch einmal extra, des „alten Kontinents" überhaupt und letztlich der ganzen Welt. Diese „Teilung" schmerzt freilich nur, und genaugenommen erfüllte die Grenze zwischen der BRD und der DDR den Tatbestand einer „Teilung" bloß insofern, als eine mächtige Partei in der Staatenwelt den Standpunkt vertritt, gewisse Staaten müßten eigentlich viel enger zusammengehören und die beiden deutschen gleich ganz in einen einzigen Staat hinein. Ein Problem, „untragbar", „destabilisierend" und „ein Hindernis für dauerhaften Frieden" war das, was da „Teilung" hieß, ausschließlich deshalb, weil die BRD diesen Zustand um fast jeden

Preis überwinden wollte. Wenn nun die verlangten „Vereinigungen" von Berlin bis Europa durchgedrückt werden, so verschwindet damit kein anderes Problem von der Bildfläche als die bisherige unruhestiftende Unzufriedenheit der BRD mit der Existenz eines zweiten deutschen Staates.

Ideologisch gesehen ist es zweifellos besonders wertvoll, die Vergrößerung der BRD als Dienst an einem Auftrag auszugeben, den irgendeine andere Instanz stellen würde als die westdeutsche Republik selber und der etwas anderes bezwecken würde als eben ein größeres Deutschland. Logisch gesehen ist das aber eine Dummheit. Sachlich gesehen bleibt also die Frage: Warum ist die BRD eigentlich mit ihrer Größe unzufrieden, und warum soll aus den zwei deutschen Staaten auf Kosten des kleineren ein großer werden?

So gestellt – was freilich kaum jemand im Ernst tut –, bleibt diese Frage ohne Antwort. Und das aus gutem Grund. Denn die ehrliche Antwort wäre nur allzu banal: Da betreiben deutsche Staatsmänner die massive Vermehrung des geographischen und völkischen *Potentials ihrer Macht*. Was sie mit diesem zusätzlichen Potential anzufangen gedenken, ist ebenfalls keine Frage: Dasselbe wie bisher. Nämlich: mehr produktiven Reichtum und damit mehr Macht unter ihrem Kommando sammeln; so gerüstet andere Staatsgewalten noch erfolgreicher auf die Respektierung und Bedienung deutscher Interessen festlegen; auf diese Weise unter den noch konkurrierenden Mächten konkurrenzlos überlegen werden und die Konkurrenz mit den noch überlegenen, den Welt-Mächten aufnehmen – eine Konkurrenz, die wieder alles umfaßt: den nationalen Nutzen aus dem Weltmarkt, dessen Sicherung gegen fremde Ansprüche, Einfluß auf fremde Mächte, die Fähigkeit zu wirksamer Drohung gegen „Störenfriede" in aller Welt. Das ist ja sowieso das Staatsprogramm, das im Staatsnamen „Deutschland!" enthalten ist – und an dessen Berechtigung zweifelt kein guter Bürger, allenfalls einmal ein Spaßmacher aus der Kulturkritik, hinten im Feuilleton einer klugen Zeitung.

3. Frage und Antwort sind nur deswegen nicht ganz trivial und überflüssig, weil es seit dem Scheitern des letzten großangelegten Eroberungskrieges zwischen den wichtigen kapitalistischen Mächten unüblich geworden ist, auf dem Weg der geographischen Ausdehnung des Staatsgebiets um Machtpotential und Zugriffsrechte zu konkurrieren. Die USA haben mit ihren antisowjetischen Nachkriegsbündnissen ein solches Vorgehen der Beteiligten gegeneinander unterbunden und die dafür erforderlichen militärischen Kräfte gebündelt gegen die Sowjetunion mit ihrem Warschauer Pakt und ihren sonstigen Verbündeten gerichtet. Die Sowjetunion ihrerseits hat mit ihren Atomwaffen und anderen Streitkräften Expansionsversuche weder unternommen noch zugelassen.

Aus dieser Friedensordnung hat das westliche Deutschland für sich das Beste gemacht und war dabei sehr erfolgreich. Es hat sich wiederbewaffnet; zwar eingebunden in die NATO und insofern ohne volle Souveränität über das nationale Militär, dafür aber als zunehmend wichtiger Teil der Streitmacht, mit der der verbündete Westen den Rest der Welt einschließlich seines östlichen Gegenspielers unter das Diktat seiner Abschreckung gestellt hat. Dadurch haben sich die Bonner Regierungen dazu befähigt, sogar der Sowjetunion, ungeachtet ihrer Nuklear-Raketen und ihrer „erdrückenden konventionellen Überlegenheit" in Europa, sehr risikobereit, souverän, fordernd und mit druckvollen Verständigungsangeboten gegenüberzutreten. Dem Rest der Staatenwelt sind sie schon gleich so gekommen, und das ohne die Last eigener Truppenentsendungen nach Vietnam, Afrika oder anderswohin – so ließ sich die fehlende Freiheit zu autonomen auswärtigen Abenteuern gut ertragen. Im Geiste, mit Waffen und beim Kriegsgewinn war die BRD sowieso überall ganz vorne mit dabei, wo in den langen Friedensjahren nach 1945 herumgeschossen worden ist.

Auf der Grundlage solch idyllischer Friedensverhältnisse war das entscheidende Mittel deutscher Politik, sich in die Interessenslage fremder Staaten einzumischen und sie auf nützliche Dienste für Deutschland festzulegen, ziviler Natur.

Es besteht in der Stiftung wirtschaftlicher Abhängigkeiten, also in der lohnenden geschäftlichen Benutzung anderer Nationen als Lieferanten und Absatzmärkte, Schuldner und Kapitalanlagesphären, die auf Seiten der Partner einen wachsenden Bedarf nach gutem Geld erzeugt – nach dem westdeutschen zum Beispiel. West-Germany hat es dahin gebracht, daß mittlerweile alle Welt nach der Währung aus Frankfurt am Main verlangt und ihr damit zu ihrem Erfolg als Weltgeld verhilft.

Den Bonner Politikern macht dieser Erfolg das Leben leicht. Sie haben es nämlich auswärts mit lauter Kollegen zu tun, die an D-Mark-Kapital höchst interessiert sind, die deswegen der bundesdeutschen Wirtschaft ihr Land gern zu Füßen legen, und den Zugriff darauf lassen sich die Macher in Bonn auch noch wie eine politische Großzügigkeit bezahlen – mit lauter Garantien für die unwiderrufliche politische Unterwürfigkeit dieser Staaten. So fällt für die deutschen Weltpolitiker der Aufwand für ihre politische Einflußnahme in wunderbar bequemer Weise zusammen mit deren politökonomischen Erträgen. Dieser Erfolg hat sie zu Meistern gemacht – und nicht umgekehrt ihre Meisterschaft erfolgreich – im friedlichen Konkurrenzkampf der Nationen nach der gewinnorientierten Geschäftsordnung, die die USA, Schöpfer dieser Weltfriedensordnung, ihrem Geschöpf, dem Weltmarkt, mitgegeben haben.

An weltpolitischem Machtzuwachs hat es der Bundesrepublik also auch ohne „Wiedervereinigung“ wahrhaftig nicht gefehlt. Und darüber ist zu Zeiten, als Honeckers Staat sich noch einer sicheren Anerkennung erfreuen konnte und die Westdeutschen nach ihrem zivilen politökonomischen Rezept mit ihm verfuhren, der Schein aufgekommen, als wär's das auch schon: als wäre die „nationale Frage“ nurmehr eine nostalgische Erinnerung, und als hätte der Geist der Eroberung ausgedient im Zeitalter der Produktivitätsvergleiche und der Weltschuldenkrise. Nach einem grandios gescheiterten Weltkrieg und angesichts der enorm erfolgreichen Methode, fremde Souveräne nicht durch Beseitigung, sondern durch zivile Erpressung und supranationale Beziehungssysteme ins nationale Interesse der Weltmarktmacht BRD einzubinden, ist das Gerücht aufgekommen, „der Nationalstaat" – bzw. das „Modell" oder „Paradigma Nationalstaat", denn es handelt sich eher um ein gelehrtes Gerücht – wäre historisch überholt, weil, so die Begründung, alle wichtigen politischen „Probleme" heutzutage nationenübergreifend, wenn nicht global seien und deswegen sowieso nur noch in „internationaler Kooperation" angegangen werden könnten.

Unsinnig war diese Sichtweise schon immer. Denn sie übersieht ausgerechnet über der *Reichweite* der nationalen Interessen, die ein Staat wie Deutschland hat, deren Subjekt und Inhalt und vergißt ausgerechnet über der *Größe* der weltpolitischen „Probleme" diejenigen, die sie aufwerfen, dann haben und auf ihre Art lösen – nämlich zum eigenen nationalen Nutzen und unter Einspannung aller anderen. Der praktizierte *Inter*nationalismus moderner Staaten und speziell der *Supra*nationalismus des Konkurrenzkampfs, wie die Deutschen ihn führen, soll *kein Nationalismus* sein – eine interessante Ideologie zum imperialistischen Hineinregieren in auswärtige Staaten!

4. Jetzt freilich müssen die Liebhaber dieses weltbürgerlichen Gerüchts einen „Rückfall in überholte nationalstaatliche Denkschemata" befürchten. Denn sonst müßten sie zugeben, daß ihre verkehrte Weltanschauung einigermaßen blamiert ist durch die Entschlossenheit, mit der die deutschen Weltpolitiker die Annexion ihres östlichen Nachbarstaats betreiben.

Denen ist der *Standpunkt des Eroberns* jedenfalls kein bißchen fremd geworden in den letzten 40 Friedensjahren. Die Macht und Weltgeltung, die ihr Staat mit seinem NATO-Militär und seiner D-Mark errungen hat, hat sie nie „saturiert" – für eine kapitalistische Demokratie ohnehin eine abwegige Vorstellung. Sie haben noch immer wohl unterscheiden können zwischen der Funktionalisierung fremder Souveräne für deutsche Belange, wie sie mit dem Programm der „durchlässigen Grenzen" auf der Tagesordnung steht, und den Schönheiten einer direkten Ausweitung ihres souveränen Kommandos auf einen interessanten, hinderlichen Nachbarn. Wie weit auch immer die BRD mit ihren politökonomischen Annexionsbemühungen unter dem Titel Europa vorankommt: Die Beseitigung einer konkurrierenden Staatsmacht bleibt – übrigens auch da! – der Idealfall nationaler Machterweiterung, weil sonst ja doch immer noch ein nationaler Eigennutz in Rechnung zu stellen ist, der nicht restlos in den deutschen Benutzungsinteressen aufgeht; sogar bei der Liquidierung der DDR durch deren eigene neue Regierung ist das ja noch ein bundesdeutsches Ärgernis.

Die antisowjetische Nachkriegs-Weltordnung der USA hat den westlichen Verbündeten die Herstellung dieses Idealfalls nicht erlaubt. Dieser Friedensvorbehalt hat den Willen zum Erobern aber nicht getilgt. Er hat *diesen* Willen auf die Methoden der friedlichen Erpressung zurückgeworfen. Deswegen ist das Programm, durch Grenzverschiebung und -beseitigung größer zu werden, sofort wieder voll da und in Kraft, sobald es sich seine Chance verschaffen kann.

Im Zuge dieses Programms kommen die Erfolge, die die westdeutsche Macht im Rahmen des NATO-Friedens gesammelt hat, als politische Mittel zur Anwendung, und zwar in zwei Richtungen: Dem sowjetischen Gegner, der seine strategischen Linien zurücknimmt, *und* den westlichen Verbündeten muß, wie die Dinge – noch – liegen, die Zustimmung zur geographischen und völkischen Vergrößerung Deutschlands abgerungen werden. Denn deren Interesse ist es, den Bonner Nationalismus in seinem Eroberungsdrang zu bremsen und wenigstens auf Grenzen festzulegen, hinter denen dann Polen und die Tschechoslowakei beginnt.

Dabei ist es den verbündeten Konkurrenten wahrscheinlich klarer als dem nachgiebigen Gegner im Osten, worum es den deutschen Machthabern auf ihrer unkriegerischen Eroberungsfahrt namens „Wiedervereinigung“ wirklich geht und was auf dem Spiel steht. Schließlich vergrößert sich da nicht irgendein Land um irgendeine Provinz; es wird auch nicht eine herrenlose Staatsbürgerherde samt Gelände und zufällig vorhandenen Fabriken in Obhut genommen. Die wirtschaftliche Supermacht der EG und stärkste Kraft der europäischen NATO annektiert ihr östliches Gegenstück, die ehemalige sozialistische Exportnation und den sowjetischen Frontstaat DDR. Das ist ein Eingriff in die Kräfteverhältnisse zwischen sämtlichen Staaten Europas, mit Rückwirkungen auf den Rest der Staatenwelt, der dem Ergebnis eines gewonnenen Krieges durchaus gleichkommt. Deutschland macht damit nachträglich seine Weltkriegsniederlage rückgängig und damit den relativen und absoluten Kriegsgewinn aller anderen Nationen zunichte. Die Verbündeten verlieren an nationaler Konkurrenzposition, was die Deutschen gewinnen. Und die gar nicht konkurrenzfähige Staatenwelt trifft in Zukunft auf einen einzigen machtvollen deutschen Staatswillen, wo sie bisher versuchen konnte, ostdeutsche gegen westdeutsche Interessen ein wenig auszuspielen.

Und das alles ist kein Nebeneffekt einer guten Tat, von niemandem beabsichtigt und durch „europäische Einbettung" des ganzen Unternehmens von dessen eigentlichem, ach so unschuldigen Zweck zu scheiden. Die Verschiebung aller Kräfteverhältnisse ist der Witz der Sache. Deswegen haben die Nachbarn ja ihre Not mit der deutschen Vergrößerung, suchen nach Möglichkeiten einer Schwächung Deutschlands, die seinen Machtzuwachs ein bißchen kompensieren könnten – und bekommen es mit deutschen Weltpolitikern zu tun, die ihre Mittel kennen und nicht die geringste Hemmung haben, sie höflich und verschlagen oder auch plump und direkt einzusetzen.

Der deutsche Wahn II:

Vom Verbrüdern und seinen Tücken

Wenn sie die Annexion der DDR betreiben, sich dazu in aller Welt Zustimmung besorgen und Fakten schaffen, die „Sachzwänge" der Vereinigung nach sich ziehen, dann dienen die führenden Leute des demokratischen Deutschland ausschließlich einem hohen Ziel: dem „historischen Recht des deutschen Volkes auf staatliches Zusammenleben“, das im Bonner Kanzleramt aufbewahrt worden ist.

Und das brave deutsche Volk: Was sagt das zu diesem seinem „historischen Recht“?

In seinen beiden Teilen ist es teils begeistert, teils irritiert, jedenfalls recht verwundert – und in gar keiner Hinsicht Herr über die Gelegenheit zur Verbrüderung, die es da gefälligst wahrnehmen darf.

1. Das Volk der bisherigen DDR hat seine nationale Befangenheit der alten, 40 Jahre lang ja auch irgendwie vertraut gewordenen Republik vollständig entzogen und auf das neue Deutschland, die ausgedehnte Bundesrepublik, umgestellt. Das erste Hauptargument sind die unbezweifelbaren schlechten Erfahrungen, die wohl jeder mit der früheren SED-Herrschaft gemacht hat. Und dieses Argument ist seltsam. Es ist nämlich schon ein einzigartiger Fall, daß mit der Ablehnung der alten Regierungsweise und ihres Personals gleich auch schon die Absage an die nationale Zusammengehörigkeit im bisherigen Rahmen fix und fertig sein soll und außerdem ein fragloses Zugehörigkeitsbewußtsein zum neuen Deutschland vorliegt. Warum soll denn gleich der ganze Staat zumachen, wenn sich doch, wie „das Leben“ zeigt, durchaus auch in dessen Rahmen SED und Stasi davonjagen lassen und die Wirtschaftsreform losgehen kann, von der sich alle Bürger Wunderdinge erhoffen sollen? Zumal der Vorwurf, in dessen Namen der gesamte Umsturz geschieht, ja durchaus DDR-patriotisch lautet, nämlich: die bisherige Führung hätte das Heimatland zwischen Elbe und Oder heruntergewirtschaftet. So ein Vorwurf ist ein Ruf nach Besserung, und zwar durch eine andere nationale Führung. Er verrät keinerlei Einsicht von der Art, daß womöglich die Nation selbst der Fehler ist und weg muß. Dabei wäre das ja mal eine Erkenntnis: daß der staatliche Zwangszusammenschluß unter ehrgeizigen Staatsmännern *als solcher* der Grund allen Übels war und nicht bloß

die besondere Art der „realen Sozialisten", Staat zu machen und „die Wirtschaft" auf automatischen Wachstumskurs zu lenken. Dieser Gedanke wäre freilich auch völlig unvereinbar mit dem kollektiven Übergang des alten Staatsvolks in ein neues Staatswesen, das ja eine noch viel gigantischere Machtzusammenballung in den Händen souveräner und ehrgeiziger Politiker darstellt.

In der Absage an die DDR liegt somit eine widersprüchliche Mischung aus *Total*kritik und *Un*kritik vor: Alles, was gegen die SED-Herrschaft spricht, soll nicht bloß gegen die, sondern gegen die Existenz des Gemeinwesens selber sprechen, so als hätten sich die Einheimischen nicht auch schon unter Honekker mürrisch und treu eingerichtet wie die Bürger in jedem Staat; und das, wo der Umsturz gerade beweist, daß eine DDR auch ohne SED, mit neuen Polit-Karrieristen und anderer Wirtschaftsweise, zu machen wäre. Die Existenz des Staates insgesamt und das eigene Dasein als sein Bürger sollen verworfen werden, aber nur, um ein Dasein als kleiner Wicht in einem größeren Staat und dessen machtvolles Gewaltmonopol zu akzeptieren. Das ist ein Widerspruch, aus dem zumindest zwei Dinge ersichtlich werden: Kritik ist *nicht* der Grund für den Austausch der staatsbürgerlichen Loyalität, den die DDR-Bürger vorzunehmen haben; daß ihr Überdruß am SED-Staat zum kollektiven Staatswechsel ausartet, liegt überhaupt nicht an ihnen, sondern an der neuen Staatsmacht, an die sie alle nationalen Anliegen ihrer alten DDR überweisen wollen.

Was spricht für diese neue Obrigkeit?

2. Das DDR-staatsbürgerliche Motiv, zur BRD überzulaufen, ist kein Geheimnis: Es ist die D-Mark. Und das ist irgendwie auch sachgerecht. Denn sonst kann man ja im Rahmen einer revolutionierten DDR alles haben oder wenigstens probieren, wonach DDR-Bürger sich angeblich seit jeher über alles sehnen: Freiheit und eine Autoindustrie, Auslandsreisen und Menschenrechte, Zivildienst und das ZDF; sogar taufrische Staatsmänner, die einem Kohl oder Lafontaine allemal das

Wasser reichen könnten, wenn sie sich an den Besitz staatlicher Macht erst einmal gewöhnt haben... Nur die bundesdeutsche Währung mit ihrer tief bewunderten Schlagkraft: die wäre zwar auch zu kopieren, versuchsweise; aber direkt zu erreichen ist sie nur durch den staatlichen Zusammenschluß; so viel versteht noch jeder vom Zusammenhang zwischen nationaler Währung und nationaler Hoheit.

Die D-Mark als Ziel und als Lohn für einen Wechsel der nationalen Parteilichkeit: Das sieht aus wie Bestechung, ist es aber nicht. Zweifellos steht die D-Mark in der Rechnungsart der ostdeutschen Volksgenossen zusammenfassend und stellvertretend für alles, was sie entbehrt haben, ist also der Inbegriff ihres materiellen Interesses. Dieses Interesse selbst ist aber weit entfernt von einem Materialismus, der den lohnarbeitenden Massen guttun würde. Denkbar weit entfernt ist die Kalkulation mit der West-Währung von jedem Gedanken daran, in Zukunft Bedürfnisse und Arbeitsaufwand, gesellschaftliche Leistung und Erträge vernünftig ermitteln und organisieren zu wollen. Statt dessen unterwirft sie sich der staatlichen Vorgabe, daß jegliche Bedürfnisbefriedigung ihren Weg über das nationale Geld und die vorschriftsmäßigen Wege des Geldverdienens zu nehmen hat. Mit dieser Vorschrift werden sämtliche Bedingungen der Lohn- und der Preisgestaltung akzeptiert, die darin stillschweigend enthalten sind. Dabei ist es gar nicht so, daß diese neuen ökonomischen Existenzbedingungen bloß das Kleingedruckte zu einem feststehenden Gewinn wären: Wenn es um die Währung geht, dann geht es *ausschließlich* um die ökonomischen Sachzwänge, unter die der Staat seine Bürger setzt; verdient ist noch nicht eine müde Mark. Da muß ein jeder erst einmal zusehen, wie er mit seinen neuen Existenzbedingungen klarkommt, ob und wieviel Kaufkraft sich regelmäßig in seiner Hand sammelt. Dieser „Lebenskampf" geht ja erst los. Und was da losgeht, ist zuerst einmal der Zwang, sich in die Anforderungen des westdeutschen Kapitalismus einzufügen. Erträge werden nicht versprochen – und auch gar nicht gefordert. Denn zwar fassen DDR-Bürger ihr ganzes altes Elend im

Wunsch nach D-Mark zusammen; auf den Wunsch, geschweige denn die Forderung nach einer hinreichenden Summe, gar nach wirklichem privaten Wohlstand für jedermann, verfallen sie aber erst gar nicht.

„Bestochen" werden sie also allenfalls mit ihrer eigenen optimistischen Erwartung, daß sich für sie der Zwang zum D-Mark-Verdienen und zum D-Mark-Preise-Zahlen als Chance herausstellt und die Chance als Erfolg. Und das ist eben ein seltsamer Materialismus. Praktisch besteht er nämlich in der unbedingten Bereitschaft, sich brav einzuordnen ins neue Berufs- und Geschäftsleben, also in einer Glanztat staatsbürgerlicher *Unterwerfung*.

Daß sich das lohnt, will der Ostdeutsche am Westdeutschen sehen können. Da ist er sich so sicher, daß er weder eine ehrliche Rechnung aufgestellt haben will noch eine Aufklärung darüber, was privater Wohlstand und eine Weltwährung sachlich miteinander zu tun haben. DDR-Bürger verlassen sich einfach auf ihre Vorstellung, mit der D-Mark wären alle Voraussetzungen für ein schönes Leben auch für sie bereits erfüllt; jedenfalls alle Voraussetzungen, die ein Staat seinen Bürgern schuldet. Und *das* ist auch schon der ganze Anspruch, den sie stellen. Wenn sie nach der D-Mark rufen, wollen sie keine Kohle sehen, sondern ein *Recht* anmelden und eine *Beschwerde* einreichen: das Recht, haargenau dieselben Lebensbedingungen ausnutzen zu dürfen wie die Bundesbürger, und die Beschwerde, darum bislang betrogen worden zu sein.

Woher dieser vehemente Wunsch nach Gleichbehandlung mit den Einwohnern des Heimatlandes der D-Mark? Keinem anderen Volk der Welt gegenüber haben die DDRler sich diesen Vergleich herausgenommen und würden sie ihn sich so herausnehmen. Und das stellt endgültig klar, daß es von vornherein um Höheres geht als um einen bloßen Wohlfahrtsvergleich – unter einem solchen Gesichtspunkt wären im goldenen Westen ja ganz andere Entdeckungen zu machen. Der neidische Vergleich mit den D-Mark-Besitzern lebt davon, daß der DDR-Bürger sich zu ihm *befugt* weiß; im Namen einer

Identität mit den „reichen" „Brüdern und Schwestern"; nämlich der, *auch Deutscher* zu sein.

So gesehen brauchen die DDR-Bürger, für die die D-Mark ein schlagendes Argument für den Anschluß ist, gar nicht mehr überzulaufen. Sie bekennen sich zu einem Nationalismus, der immer schon darin bestanden hat, sich als verhinderte Bundesbürger zu begreifen; einem Nationalismus von Gnaden des bundesdeutschen Staatsbürgerschaftsanspruchs, nicht der eigenen Obrigkeit. Deswegen bringen sie es erst gar nicht fertig, ihre materiellen Bedürfnisse anders zu denken und vorzutragen denn als ihr gutes *deutsches Recht*.

Nicht viel anders verhält es sich, wenn sich DDR-Bürger, die nach eigenem Bekunden der D-Mark-Euphorie ihrer Volksgenossen skeptisch gegenüberstehen, selber zum D-Mark-Argument bekennen und behaupten, der Anschluß wäre unvermeidlich, weil ohne Westgeld die Wirtschaft der DDR unrettbar verloren wäre. Sachlich geprüft wird da wenig; auch wird gar nicht in Rechnung gestellt, daß hauptsächlich die erklärte Preisgabe der bislang verbindlichen Wirtschaftsweise die Nationalökonomie der DDR durcheinander und beinahe zum Erliegen gebracht hat. Vor allem aber ist die angeblich aus dem niederschmetternden Befund gezogene Konsequenz unehrlich. Denn eine Nation löst sich nicht auf, wenn ihre Ökonomie kaputtgeht – sonst wäre die gesamte „3. Welt" mit Anschlußkandidaten bevölkert –, sondern zwingt ihrer Belegschaft Verelendung und Sonderanstrengungen auf, um sich in der glorreichen weltweiten Marktwirtschaft zu behaupten. Den „Ausweg", sich an einen erfolgreichen Staat und dessen Weltwährung anzugliedern, *gibt* es nur, wenn und weil die stärkere Macht diesen Anschluß will und betreibt; und die schwächere Nation *geht* ihn nur, wenn und weil sie sich aufgegeben hat. Dieser Fall ist einmalig, aber er liegt in der DDR vor: Dort hat bereits die letzte „realsozialistische" Regierung auf die Währungsunion gesetzt, weil sie in der Preisgabe ihrer Geld- und damit ihrer Hoheit überhaupt den besten Weg zur nationalen Rettung gesehen hat – was „national" dann eben noch heißt. Warum sollten dann noch ihre Bürger für eine eigenständige konvertible DDR-Währung samt Staatsgewalt Partei ergreifen? Sie sind schon übergelaufen, wenn sie sich von dem Anschlußargument der „unüberwindlichen Wirtschaftsprobleme“ überhaupt beeindrucken lassen.

Was immer also den Übergang zu einem neuen Patriotismus begründen soll, hat den Charakter eines Zirkelschlusses: Der Grund ist bloß einer für Leute, die den Standpunkt der nationalen Identität schon eingenommen haben. Auch DDRler haben nicht das unmögliche Kunststück fertiggebracht und ein stichhaltiges Argument für die Nation entdeckt. Auch sie üben bloß die trostlose Kunst, sich den wirklichen Grund ihrer neuen Nation: die überlegene Macht des westdeutschen Staates, in Wohlstands- und andere Gesichtspunkte zu übersetzen. Mit ihrer neuen Parteilichkeit für Deutschland gehen die Bürger – wahrhaft revolutionär!! – schlicht davon aus, daß das Objekt ihrer unterwürfigen Zustimmung sowieso, ganz unabhängig von ihnen, zustandekommt. Sie stellen sich darauf ein, was ohnehin passiert. Das ist ihre neue Freiheit.

3. Gebremst wird der ostzonale D-Mark-Nationalismus durch Befürchtungen darüber, was die neue „Marktwirtschaft“ so mit sich bringen wird, vor allem an Mietsteigerungen, Arbeitslosigkeit und Streichung gewohnter Sozialeinrichtungen. Aus solchen Sorgen macht freilich kein DDR-Bürger noch einen Einwand gegen den Einmarsch bundesdeutscher Verhältnisse. Alles andere wäre auch unlogisch; denn es handelt sich um Folgeprobleme des Anschlusses, der damit unterstellt und akzeptiert ist. Die sozialen Bedenklichkeiten sind zu nichts anderem gut und auch nicht anders gemeint, als daß sie die stattfindende Übernahme mit einem „aber“ begleiten.

Dieses „aber“ verweist auf Unsicherheiten des persönlichen Lebens; aber die sind genaugenommen gar nicht sein Inhalt; denn auf persönliche Garantien wird gar nicht gedrängt. Was als Sorge um den „sozialen Besitzstand“ und als „soziales Gewissen der Einigung“ daherkommt, ist ein DDR-Patriotismus, der ausgerechnet mit dem Wunsch zur Abschaffung der eigenen Nation erst entstanden ist. Die zu bewahrenden „sozialen Errungenschaften", sachlich besehen nette Erleichterungen für ein Leben in ärmlichen Verhältnissen, stehen für den Ehrenstandpunkt, daß doch auch die DDR, und wenn nicht sie, dann doch die DDR-Bewohner in den verflossenen 40 Jahren einiges geleistet und zustandegebracht hätten, was sich neben dem mächtigen Nachbarn sehen lassen kann. Nicht die Wohlfahrt, die Würde der Leute ist gemeint, die lange genug dem nun liquidierten Staat gedient haben und nicht völlig um den *Sinn* ihres Dienstes gebracht werden dürften.

Dieser Nationalstolz am Ende der Nation ist freilich auch nicht auf Fortsetzung des Unternehmens gerichtet. Man möchte als ehrbarer Beitrag zum neuen Deutschland gewürdigt sein; gerade so, als hätten sich die DDR-Bürger durch ihre 40 Jahre DDR-Dienstbarkeit ein besonderes Anrecht auf ehrenvolle Heimholung in den größeren Staat erworben. Auch das eine Art, sich als Subjekt einer Sache zu fühlen, bei der einem bloß mitgespielt wird.

4. Den Bürgern der Bundesrepublik ist keine so große Umstellung abverlangt. Sie sind aufgefordert, in freier Selbstbestimmung am Triumph ihrer Herren teilzunehmen und die Erweiterung des nationalen Geländes und Menschenmaterials zu begrüßen.

Allerdings hat die nationale Verbrüder- und Verschwesterung auch hier ihren Haken. Einem nationalen Rechtsbewußtsein fällt es nämlich allemal schwer, den Rechtssubjekten einer anderen Obrigkeit, und das waren die DDRler bis eben ja noch, alle die Berechtigungen zuzubilligen, als deren vorrangiger bis exklusiver Inhaber ein Inländer sich versteht. Nur deswegen – und wieder nicht wegen einer stichhaltigen Überlegung zur wirklichen materiellen Lage – ist im Westen des vergrößerten Vaterlandes die Debatte recht populär, was „uns" die Wiedervereinigung kostet, und der Verdacht in Umlauf, die Zonis wollten es sich nur in der Hängematte der D-Mark bequem machen. Ganz genauso, wie die anschlußwilligen DDR-Bürger das westdeutsche Weltgeld als ihr gutes, jahrzehntelang versagtes Recht einfordern – und nicht als Summe, von der sich leben läßt –, so beharren die Eingeborenen der D-Mark-Demokratie auf diesem Inbegriff erfolgreicher nationaler Geschäftstätigkeit nicht als ihrem Vermögen, was auch bei den allermeisten lächerlich wäre, sondern als ihrem exklusiven Recht. Das soll sich daraus ergeben, daß sie, die Ostdeutschen aber nicht, jahrzehntelang dafür geschuftet hätten – an Angeberei, und zwar ausgerechnet mit jahrelanger Plackerei ohne lohnendes Ergebnis, stehen die freien Westler den Unterdrückten Honeckers in nichts nach, wenn es um das Recht geht, denen den freien Gebrauch der D-Mark, dieses Symbols bundesdeutschen Reichtums, nicht zu gönnen. Der Bundesbürger bekommt mit, daß seine Kapitalisten mit der DDR bis auf weiteres als Billiglohnland innerhalb der nationalen Grenzen kalkulieren, und schon fällt ihm sein armseliger Rechtsgrund dafür ein, daß das in Ordnung geht. Oder nur insofern wieder nicht, als am Ende die übereifrigen Zonis dem unschlagbar arbeitswütigen Westdeutschen seine D-Mark weg-verdienen, wie das, national betrachtet, die Türken und andere Ausländer schon seit langem tun... Ein guter Deutscher wird auch den Verdacht nicht los, daß die Umstellung von DDR-Sparkonten auf D-Mark irgendwie ein Geschenk wäre, von dem er sich nur vorstellen kann, daß am Ende er es mit seinem Sparbuch zu finanzieren hat; nette Menschen glauben denselben Unsinn und sind nur dafür, diese gute Tat zu tun. Weil das vorgestellte exklusive Recht auf Benutzung der D-Mark ausgedehnt wird, rechnet der „kleine Mann", gewitzt, gleich mit einer Schmälerung seines D-Mark-Einkommens – und das so fest, daß er sie sich am Ende auch ohne weiteres zumuten läßt.

Das alles und sogar der allmähliche Abschied von der bisher genossenen Verachtung der Zonen-Bewohner wären für das westdeutsche Staatsbürgergemüt leicht zu ertragen, wenn die vergrößerte Nation so richtig offensiv angeben könnte mit ihrem Durchbruch zur europäischen Führungsmacht. Deutschland als Länderklasse für sich, und das ordentlich gefeiert, das wäre ein überzeugender ideeller Lohn für überzeugte Patrioten. Dummerweise kommen da vorläufig noch die dummen diplomatischen Sprachregelungen in die Quere, mit denen die Bundesregierung den Kräfteverhältnissen Rechnung trägt, die sie erst noch verändern will, demnächst. Jubel über die deutsche Überlegenheit in Europa findet nicht statt, zumindest nicht ohne Dementi; und der patriotische Reiz von Grenzöffnungs-Festlichkeiten verliert sich auf die Dauer denn doch.

Um so mehr Mühe gibt sich die demokratische Öffentlichkeit, dem Volk den moralischen Genuß eines nationalen Sieges über das Böse zu gönnen: Jede Zeitung und jedes sonstige Organ erläutert ihrem Publikum, je nach dessen Geschmacksrichtung, die Verwerflichkeit des alten SED-Staats, die nur durch den vollendeten Anschluß völlig zu tilgen wäre. Die meisten Erläuterungen, nähme man sie beim Wort, machen so ehrenwerte Einrichtungen jedes Staates, auch der BRD, wie Verfassungsschutz, Korruption, Opportunismus der Unteren, Verlogenheit der Oberen, Waffenhandel und vieles andere mehr dermaßen schlecht, daß die Auflösung von Staatswesen bei der DDR nicht haltmachen dürfte. Das ist den ehrlichen Maklern des westdeutschen Anschluß-Nationalismus aber kein Problem. Sie verlassen sich voll darauf, daß die Unterscheidung zwischen Ungerechtigkeiten, die die Liquidierung der DDR, und Mißständen, die die Verbesserung der BRD gebieten, im staatsbürgerlichen Verstand von selbst passiert. Sie brauchen ja auch niemanden zu überzeugen; ihr Metier ist es, das fertige nationale Rechts- und vor allem Unrechtsbewußtsein zu bedienen. So malen sie die friedliche Eroberung der DDR als Triumph des Guten über den Stasi aus – was doch immerhin auch ein Lohn ist für die verlangte Großzügigkeit, sich mit den verachteten Zonis in der Phantasie zu einem neuen, größeren nationalen „wir" zu verbrüdern.

Die nationalen Interessen III:

Von Staatsaufgaben und dem sozialen Frieden

Die führenden Leute des demokratischen Deutschland legen Wert darauf, sich mit allen ihren Vorhaben und Unternehmungen ihrem Volk anzuschließen. Den Zusammenschluß suchen sie schon allein deswegen, weil sie ja keine Unruhestifter sein wollen, wenn sie ihres Amtes walten und die nationale Macht nach Kräften mehren. Denn damit organisieren sie immerhin für die Masse ihrer Bürger alltägliche Lebensbedingungen, die alles andere sind als Grund und Anlaß für nationale Begeisterung. In vielerlei Hinsicht muten sie ihrem Volk lebenslangen Ärger zu. Um so selbstverständlicher sind sie darauf aus, die Existenz von Gegensätzen zwischen ihrer Amtsgewalt und den Bedürfnissen der verwalteten Leute zu dementieren.

Das lockerste Dementi gelingt ihnen mit dem hemmungslosen Gebrauch des Wörtchens „wir“; nach Bedarf mit dem Zusatz versehen, der den Gesichtspunkt der großen Einheit benennt: „wir Deutschen“. Was nach diesem „wir“ kommt, macht freilich regelmäßig klar, daß in diesem Zusammenhalt stiftenden Fürwort zwei sehr gegensätzliche Seiten zusammengeschlossen sind. Sache der Regierenden ist es nämlich, Aufgaben zu stellen, von denen klar ist, daß es Sache der regierten Massen ist, sie zu erfüllen.

1. Aufgabe Nummer 1 ist es allemal, und in der so überaus zivilen Bundesrepublik schon gleich, daß *„unsere“ Wirtschaft* gelingt und wächst. Die Machthaber der Nation haben hierzu das Meiste schon dadurch beigetragen, daß sie alle Welt aufs Geldverdienen als Existenzbedingung festgelegt haben – eben das, was die herrschenden „realen Sozialisten“ drüben einst anders geregelt, also vom alleinseligmachenden „marktwirtschaftlichen“ Standpunkt aus „versäumt“ und ganz falsch gemacht haben. Das Geld verdienen müssen dann freilich andere Leute, weil die Staatslenker inzwischen schon bei ihrer

zweiten nationalen Hauptaufgabe sind: Sie müssen die Staatsgewalt zum Nutznießer der wachsenden Wirtschaft machen, sich als allgegenwärtige Abschöpfer in das allgemein gebotene Geldverdienen einnisten. Das ist insofern schwierig, als das Absahnen die Wirtschaft und ihr Wachstum nicht bremsen, geschweige denn schädigen darf – im Klartext: Die Leute, die „die Wirtschaft" heißen, weil sie nicht arbeiten, sondern arbeiten lassen, müssen beim Reicher-Werden bei Laune gehalten werden. Deswegen muß der Staat ihnen unter die Arme greifen, mit Sicherheiten für ihr Geschäftsleben, mit der Eröffnung von Verdienstchancen, mit einer geschickten Zuteilung von eingesammelten Geldern, mit Krediten und der Gewährleistung eines effektiven Kreditgewerbes, das aus Schulden Geschäftsmittel macht, und mit vielen anderen Diensten: Aufgabe Nummer 3. Hier sind sich Politiker und die „Betroffenen" ihrer Regierungstätigkeit ausnahmsweise in der Sache so einig, daß um die Details dauernd gestritten wird; ein solidarisches „wir" ist an dieser Stelle also durchaus angebracht. Etwas anders stellt sich die Sache dar, wenn die Inhaber der Staatsmacht sich voller Fürsorge ihrer vierten Hauptaufgabe zuwenden, nämlich der Betreuung der Vielen, die nicht „die Wirtschaft" heißen, weil sie weder ihr Geld noch sonstwen arbeiten lassen, sondern selber als Lohnkostenfaktor in den Fabriken und Büros der Nation antreten. Diesen Leuten muß nämlich eine finanzielle Vorsorge für alle absehbaren Wechselfälle in ihrem Arbeitnehmerleben – für Heirat und Krankheit, Familienzuwachs und Alter, Arbeitslosigkeit und Wohnungssuche – zuteil werden, weil die Erfahrung lehrt und sowieso längst klar ist: Ein Lohn, der sich für „die Wirtschaft" und ihr Wachstum auszahlt, ist solchen Fällen von vornherein nicht gewachsen. Also werden Sozialkassen und Haushaltsposten eingerichtet, die praktischerweise durch dauernde Abzüge vom Lohn gefüllt werden. Der Sozialminister, der für diese Sorte Zwangssparen zuständig ist, kann das „wir"-Sagen besonders gut; Kumpelhaftigkeit gehört geradezu zu seinem Berufsbild. Das ist auch nötig. Denn die „Arbeitsteilung" ist auch hier wieder so geregelt, daß die einen für ihre Funktionstüchtigkeit als emsige Lohnarbeitermannschaft einzuzahlen und von spärlichen Auszahlungen zu leben haben, wenn's darauf ankommt, während „unser" Minister unerschütterlich die volkswirtschaftlichen Gesamtkosten und betriebswirtschaftlichen Lasten dieses „Sozialbereichs" im Auge behält und sie zweckentsprechend „dämpft". Denn schließlich ist die Lebenssicherung der arbeitenden Massen, national verantwortlich betrachtet, nicht der Zweck der ganzen Sache, sondern ein Mittel, dessen Ausstattung man nicht übertreiben darf, weil es sonst zum Luxus wird.

Dieselbe „Aufgabenteilung" findet statt, wenn die führenden Leute der Nation sich ihren sicherheitspolitischen Notwendigkeiten, daheim und auswärts, widmen. Sie machen die Gesetze; sie sind sich sicher, daß deren Einhaltung durch Strafandrohung erzwungen und überwacht werden muß, weil sie damit vorhandene Interessen beschränken und das Interesse an Übertretungen wachrufen; also organisieren sie den nötigen Apparat und sorgen für dessen Bezahlung durch die beaufsichtigte Menschheit. Sie machen nationale Rechte nach außen geltend; sie wissen sehr genau, daß nichts davon ohne Rückhalt bei einem respektablen Gewaltapparat durchzusetzen ist; also kaufen sie die nötige Wehrmacht samt Rüstungsindustrie und wissen schon wieder, wie ihre Gesellschaft die dafür fälligen Sparhaushalte finanzieren kann, ohne „der Wirtschaft" zu schaden. Leute, die den Kopf hinhalten, brauchen sie auch: Deren Sache ist das Gehorchen, weil sonst kein Gewaltapparat funktioniert; sie selber tragen die Last des Befehlens.

Bei allen nationalen Anliegen, für die die führenden Leute im Staat einstehen, scheiden sich Organisatoren und Organisierte sehr eindeutig; von Interessenharmonie kann keine Rede sein. Das wird auch locker eingestanden: in der Rede von den „Sach*zwängen*", die regelmäßig alles und genau das gebieten, was einer beträchtlichen Anzahl von Leuten das Leben schwermacht. Das Eingeständnis ist freilich selbst schon wieder die Lüge; denn es tut so, als wären die Sachwalter der nationalen Sache und die geschädigten und verbogenen Interessen in gleicher Weise von unausweichlichen Funktionserfordernissen betroffen. Gewiß, so läßt die Sache sich hindrehen. Denn gelogen ist ja nicht, daß das Funktionieren eines kapitalistischen Gemeinwesens seine sachliche Eigengesetzlichkeit und seine objektiven Funktionserfordernisse hat – Marx hat da das meiste schon herausgefunden und für Einwände gegen diese Sorte von gesellschaftlichem Zwangszusammenhang gehalten. In der Hinsicht liegt das Gerede von den „Sachzwängen“ sehr viel richtiger als der ungerührt daneben vertretene demokratische Glaube an eine politische „Gestaltungsfreiheit“, die es den politischen Aufsehern der „Marktwirtschaft“ möglich machen würde, Wohltaten und sonst nichts zu spendieren, wenn sie ihre Sache nur richtig machen. Die Staats*aufgaben* liegen schon fest, wenn *Staat* sein soll. Verlogen ist allerdings der Gestus, als wären die Inhaber der staatlichen Gewalt genauso bloß ohnmächtige Opfer und Diener ungeliebter Sachnotwendigkeiten wie ihr Volk, das mit seiner kapitalistisch kommandierten Arbeit auch noch den Staat samt Haushalt unterhält. Verlogen ist das Getue, als wären Politiker dauernd auf der Suche nach „Gestaltungsfreiheiten“ ganz jenseits dessen, was ihr Amt ihnen – “leider“ – vorschreibt, und würden dabei – nochmals „leider“ – immer wieder scheitern. Schließlich ist die *Sache,* die sich den Betroffenen und Geschädigten als gesellschaftlicher *Zwang* bemerkbar macht, für die politischen Machthaber ihr einzig zweckmäßiges *Mittel.* Und es ist schon etwas absurd, wenn Leute sich zu den hilflosen Opfern und Anhängseln genau der gesellschaftlichen „Mechanismen“ erklären, die *ihr Interesse* zum sachlichen Funktionserfordernis des ganzen Ladens machen und so seine Erfüllung garantieren. In einer anständigen Nation geht eine solche Absurdität aber locker als einzig seriöser öffentlicher Gedanke durch – da bringen es ja sogar die Eigentümer und Manager des Kapitals fertig, sich als die Knechte ihrer eigenen Profitmacherei darzustellen...

2. Solche Verlogenheit ist auch sehr nötig. Denn auch das ist ein sachliches Funktionserfordernis des „marktwirtschaftlichen" Gemeinwesens, daß dessen arbeitendes Volk den Standpunkt der prinzipiellen Interessensharmonie einnimmt, also nirgends und vor allem bei sich selbst nicht Interessen gelten läßt, welche nicht vor der nationalen Interessenlage zurücktreten oder sich überhaupt aus ihr herleiten. Und für diese Sichtweise ist keine Ideologie so geeignet wie die von den Sachzwängen. Denn die ist wie ein Kompromiß, wie eine Übereinkunft auf halbem Wege: Die Politiker leugnen nichts ab, sondern geben zu, daß die Welt, die sie verwalten, voller ärgerlicher und schädlicher Zwänge ist; dafür sieht das Volk ein, daß diese Zänge unausweichlich sind und auch für die Machthaber gelten. Die sind ihrerseits so nett und geben ihrem Volk zu verstehen, sie hätten sich längst hingebungsvoll um alle Möglichkeiten gekümmert, den Laden besser zu regeln, aber nichts Praktikables gefunden; bis auf weiteres müßte man sich also gemeinsam mit dem Erreichten abfinden...

Diese Ideologie rechnet fest mit einer begründeten Unzufriedenheit der Massen und bekämpft sie, nicht indem sie die schlechten Erfahrungen abstreitet – dies die hilflose Lüge der „realen Sozialisten" –, sondern indem sie ihnen recht gibt und bloß einen kleinen Zusatz anbringt: Die Massen möchten doch ihre Unzufriedenheit als Teil der Sorgen und Nöte betrachten, die den gesamten Politikerstab von Haus aus belasten und umtreiben; sie dürften ihre Beschwerden jederzeit bei der Staatsgewalt einreichen und sich darauf verlassen, daß ihre geschädigten Interessen im Kampf der Politiker um politische Gestaltungsfreiheit am allerbesten aufgehoben wären. Und damit ist unter der Hand schon der ganze Übergang zum Standpunkt der unbehinderten Herrschaft gemacht. Demokratische Politiker appellieren geradezu an den Ärger ihrer Bürger – weil sie nämlich schon in ihrem Appell den Schaden der Leute in den Wunsch und Auftrag umdeuten, die Machthaber sollten sich gefälligst beim Regieren *von Rücksichten frei* machen, um „den Problemen" besser begegnen zu können. Zu der Freiheit, die sie im Kampf gegen die häßlichsten gesellschaftlichen Zwänge brauchen, gehört natürlich als erstes diejenige, verbindlich festzulegen, welche „Probleme“ es überhaupt gibt, welche die drängendsten sind und wo und wie sie am sinnvollsten anzupacken wären. Und schon stößt die professionelle Sachkenntnis der Machthaber unweigerlich auf die Staatsaufgaben 1 bis 4 und folgende, deren *Erfüllung* genau die Zwänge geschaffen hat, auf deren unangenehme Wirkungen für die Massen sie sich berufen, nämlich als guten Grund für ihre Freiheit beim Regieren...

So verdolmetschen die Führer der Nation ihren Bürgern *deren* sämtliche Sorgen als Probleme erfolgreicher nationaler Machtausübung und legen sie auf *ihre* Sicht der Dinge, nationalistisch von oben, fest. Damit nehmen sie natürlich in Kauf, daß ihr Volk dem „kritischen“ Gedanken zugänglich wird, fortbestehende Gründe zur Unzufriedenheit müßten dann ja wohl Anzeichen für nationalen Mißerfolg und ein Versagen der führenden Mannschaft sein.

Doch läßt sich dieses Argument auch wieder sehr schön umdrehen: Nach Bedarf beweisen die regierenden Leute mit ihrer Zufriedenheit mit den eigenen Leistungen jedem wohlerzogenen Bürger, wie unberechtigt dessen fortdauernde Unzufriedenheit letztlich ist. Auch das ist sehr gekonnt. Denn auch so werden die Nöte der Leute gar nicht bestritten; gelten dürfen sie aber nur als individuelle Notlagen, gewissermaßen als Ausnahmen von der Regel eines gelungenen nationalen Gemeinwohls; und daß dieser Erfolg vorliegt, wird von vornherein nicht an Mieten und Löhnen bewiesen, sondern an den prinzipiellen Errungenschaften der Staatsmacht, über die niemand einen so guten Überblick hat und folglich so kompetent Auskunft geben kann wie, wiederum, die regierenden Leute. Wenn die sich zufrieden zeigen, ist *das* der glaubwürdige Beleg, wie politisch belanglos, weil bloß individuell und zufällig und ausnahmsweise alle wirklichen Sorgen sind. Und wenn dann auch noch ein fremder Staatsmann den eigenen gratuliert, zählt die längste Liste von Bürgerbeschwerden nicht mehr viel.

Natürlich hat das Volk in der Demokratie auch die Freiheit,

sich dadurch nicht beeindrucken zu lassen. Eine Demokratie stellt sogar eine ganze Ersatzmannschaft extra dafür ab, die Glaubwürdigkeit regierungsamtlicher Selbstzufriedenheit in Zweifel zu ziehen – und gibt damit der Gefahr staatskritischer Unzufriedenheit erst recht eine nachdrückliche Wendung ins Konstruktive. Eine demokratische Opposition steht nämlich mit ihrer ganzen Existenz dafür ein, daß aus berechtigter Unzufriedenheit wirklich und endgültig nichts anderes folgen kann als der Wunsch nach Machthabern, die die staatliche Gewalt freier und erfolgreicher gebrauchen. Der offizielle Nationalismus von oben spaltet sich in – mindestens – zwei Spielarten auf, die sich gar nicht sachlich zu unterscheiden brauchen und das auch um so weniger tun, je reifer und erfolgreicher eine Demokratie ist. Personell, also was die Glaubwürdigkeit des nationalen Erfolgsversprechens betrifft, an dem sich jeder Privatmensch schadlos halten darf, gibt es ein doppeltes und dreifaches Angebot; da kann doch wohl jeder die Variante, also die Mannschaft finden, bei der er seine Sorgen vergleichsweise gut aufgehoben finden will, der er also recht geben mag. Wer immer noch zweifelt, disqualifiziert nach demokratischer Logik sich selbst – was sich auch höflich ausdrücken läßt: Der soll doch seinen eigenen Verein aufmachen und diejenige Verknüpfung zwischen privaten Sorgen und seriösem nationalen Problembewußtsein herstellen, die ihm paßt.

Tatsächlich gibt es auch immer wieder Minderheiten, die diese Zurückweisung als guten Ratschlag nehmen und als Frauen, Alternative, Jugendliche, Naturschützer oder entrechtete Landwirte ihre Partei gründen. Dort legen sie dann ihre staatsbürgerliche Probe in der Kunst ab, geschädigte Interessen in vernachlässigte Erfordernisse des nationalen Erfolgs zu übersetzen. Ihr Schicksal als nationale Kraft entscheidet der Parlamentarismus an ihrem Wahlerfolg; und für den stellt die Alternative sich so: Entweder sie beharren auf ihrem partikularen Interessenstandpunkt, blamieren damit ihre Berufung auf das Gemeinwohl erkennbar als Heuchelei und kümmern als politische Sekte dahin; oder sie ordnen ihr

Anliegen den wirklich gültigen Sachgesetzen des nationalen und „marktwirtschaftlichen" Gemeinwohls unter, repräsentieren nichts als eine weitere, im wesentlichen personelle Spielart des gültigen Nationalismus der Staatsmacht, lassen also ihr ursprüngliches Anliegen nur noch als Beweis für die Glaubwürdigkeit der Politik gelten, sofern nur sie daran mitwirken dürfen, und münden damit ein ins Fahrwasser der großen parlamentarischen Kirchen.

3. Das ist es, was man die *politische Kultur* einer Nation nennt. Und darin hat es das demokratische Deutschland weit gebracht. So weit immerhin, daß der bislang „realsozialistische" Nachbarstaat DDR sich diesem Vorbild anschließt; und zwar dermaßen, daß er gleich darin aufgehen will. Sogar die ehemalige Staatspartei hat sich belehren lassen, daß die demokratische Manier, das verlogene nationale „wir" zwischen Regierung und Regierten zu stiften, der Zufriedenheitslüge des „Arbeiter- und Bauernstaats" eindeutig überlegen ist. Gemeinsam mit der republikeigenen Opposition, die den Umsturz mit einer Chance für einen Staatsaufbau von unten verwechselt hat, beschreitet sie den ausgetretenen Weg der Vertrauenswerbung für die schleimigsten Sachwalter eines feststehenden Staatsprogramms.

Dessen Aufgabenkatalog, über dem „Deutschland!" und sonst nichts mehr steht, entnehmen die Erben des „realen Sozialismus" auch nicht mehr den alten Idealen von der „Herrschaft der Arbeiterklasse", sondern dem, was die Bundesrepublik an „Marktwirtschaft" und Sozialstaat aufgezogen hat. Die Sorgen der Bevölkerung um „soziale Besitzstände" sind drüben wie hüben vollständig übersetzt in die Schwierigkeiten der Politiker, den Zusammenschluß zwischen BRD und DDR über die Bühne zu kriegen: Wo Ostdeutsche sich vor Arbeitslosigkeit und Westdeutsche sich vor Lohndrückerei fürchten, da prognostizieren Wirtschafts- und Sozialpolitiker beider Seiten „volkswirtschaftliche Anpassungsprobleme", für deren Bewältigung „wir alle" Opfer bringen müssen. Und schon sind sie sich mit ihren Deutschen in Ost und West wieder einig –

mit der leisen Differenz, daß sie die Opfer inszenieren, die die guten Deutschen zu bringen haben. Zur Belohnung für ihr Volk setzen sie sich selber in Szene als umsichtig bemühte Manager des Volkswohls, die alles daran setzen und tagaus tagein dafür kämpfen, die Opfer nur höchstens so groß wie nötig ausfallen zu lassen. Daß mehr an Alternative nicht drin ist, beweisen nebenher die alternativen Mitglieder der politischen Kultur der Nation: Veränderungswille ist und bleibt eine Sache der Phantasie – sagen die „Veränderungswilligen" selbst und handeln danach.

Perfekt bedient wird also auch das Staatsinteresse an Demokratie: Die Machthaber tun nichts lieber, als sich denjenigen Sorgen ihres Volkes anzuschließen, die sie ihm bereiten, und sich in aller Bescheidenheit dafür danken und sich wählen zu lassen...

Der deutsche Wahn III:

Vom Fordern und Mitmachen

1. Gute Bürger: das sind solche, die nicht bloß nützliche Mitglieder der Gesellschaft sind, weil sie anders sowieso keine Überlebenschance haben, sondern die das auch wollen, also für ihre Nation parteilich sind.

Diese Parteilichkeit ist zwar geläufig; dennoch ist sie seltsam. Denn sie kommt nicht dadurch zustande, daß Leute für ihre Interessen Parteigänger suchen, um vereint stärker aufzutreten. Sie gilt einem Kollektiv voller Interessensgegensätze, dem ein Bürger sich gar nicht erst aus freier Wahl anzuschließen braucht, weil er sowieso dazugehört; nämlich kraft der hoheitlichen Gewalt, die den ganzen Laden beieinander hält. Demgemäß verfährt auch die Parteinahme für die Nation: Der Mensch sucht sich für das feststehende Kollektiv, in das er eingebunden ist, gute Gründe.

Und er wird fündig: Richtig betrachtet ist die Welt voller Belege dafür, daß ein Deutscher es mit seinem Deutschland gut getroffen hat. Für Franzosen spricht sie übrigens genauso für Frankreich, für Polen für Polen, überhaupt für jeden Staatsbürger ausgerechnet für seine Heimat. Gute Bürger wissen das sogar, ohne sich dadurch in ihrer speziellen Parteilichkeit irritieren zu lassen.

Eine ganze Abteilung von Belegen betrifft Goethe und Beethoven, schöne Landschaften und gemütliche Sitten – lauter Dinge, die *sachlich* mit dem nationalen Kollektiv, das um ihretwillen geschätzt werden soll, nun wirklich gar nichts zu tun haben. Wenn sie gefallen, dann sprechen sie für sich; vielleicht spricht das auch für sie. Es ist aber reine Willkür, die Gegenstände einer privaten Vorliebe dem staatlich organisierten Gesellschaftszusammenhang, mit dem man klarkommen muß, als dessen Glanztat anzukreiden. Und diese Willkür begründet nichts; sie lebt von dem schon gefaßten Beschluß zur Parteilichkeit und nimmt sich die Freiheit, lobende Beziehungen zwischen so inkommensurablen Größen wie Staat und Vergnügen herzustellen und Komplimente zu vergeben.

Die Vorstellung, es mit der eigenen Nation ausnahmsweise gut getroffen zu haben, kommt auch mit der Behauptung daher, man hätte ihr ein gutes Leben zu verdanken. Tatsächlich mag es das ja geben, daß einer, ohne nennenswerte eigene Mühe aufwenden zu müssen, der Gesellschaft, die um ihn herum Reichtum schafft, einen soliden Wohlstand verdankt. Sachlich gesehen folgt daraus aber nur die Frage, warum und wie und ggf. auf wessen Kosten die betreffende Gesellschaft solche glücklichen Existenzen hervorbringt. Ob das für die staatlich garantierte Einrichtung der Gesellschaft mit ihrer Eigentumsordnung spricht, ist zunächst mal noch offen; und für genau diese im Unterschied zu den anderen Nationen spricht es ganz sicher nicht. Wo übrigens gewisse Leute allen Ernstes Nationen praktisch nach den unterschiedlichen Vorteilen vergleichen, die sie jeweils bieten, nämlich als mehr oder weniger günstige Anlagesphäre für ihr Geld, da ist nie Patriotismus die Folge, sondern eine Investitionsentscheidung.

Die Überzeugung von der vergleichsweisen Vorteilhaftigkeit der eigenen Nation ist sowieso hauptsächlich bei den berühmten „kleinen Leuten“ anzutreffen. Sie lebt von der Vorstellung, wie schlecht man es in anderen, z.B. Entwicklungs-, Ländern getroffen hätte, wenn man dort so weit unten stände in der gesellschaftlichen Hierarchie wie zu Hause. Den heimischen Verhältnissen wird zugute gehalten, daß Armut und ein Dasein als Underdog sich da sehr viel besser aushalten ließen als in Ländern, wo Bedürftigkeit immer gleich Hungersnot bedeutet. Zunächst einmal steht da also fest, daß die geschätzte heimatliche Nation beträchtliche gesellschaftliche Abstufungen und Interessensgegensätze beherbergt und daß man selber auf einem der schlechteren Listenplätze gelandet ist, gemeinsam mit einem ziemlich großen Durchschnitt. Ein schlagender Grund, dafür zu sein, ist das nicht gerade.

Von der Sache her steht auch bei dieser Entdeckung, daß andere Staatsgewalten ihre Massen noch schlechter stellen, nichts als die Erkundigung an, warum das dort so ist. Wer statt dessen erleichtert aufatmet, weil er zu den Unglücklichen auswärts nicht gehört, will gar nichts wissen; der hat aber auch keinen Grund dafür herausgefunden, ausgerechnet der eigenen Nation dankbar zu sein. Er würde sich da allerdings auch schwer tun. Denn zu übersehen ist es ja nicht in der flotten demokratischen Öffentlichkeit, daß die Chefs der armseligen Länder, die ihr Volk so schlecht behandeln, ziemlich häufig bei den Wirtschafts- und Polit-Managern der reicheren Nationen zu Gast sind und sich dort Geld und Rezepte abholen, deren Anwendung vor Ort immerzu nichts bessert, sondern eine „katastrophale Lage“ nach der andern herbeiführt. Und das wirft ja auch ein gewisses Licht auf die Leistungen der eigenen Staatsgewalt: Deren Führer sind offensichtlich aktiv an der *Herstellung* desjenigen sozialen Elends in fremden Ländern beteiligt, für dessen *Ausbleiben* im eigenen Land man denselben Leuten dankbar sein möchte. Mindestens wäre daraus ja zu entnehmen, daß es um die *Vermeidung* von Armut nicht geht.

Von einer vernünftigen Bilanz als Grund für nationale Parteilichkeit kann also nicht die Rede sein, wenn Deutsche für

Deutschland sind, weil Polen und Neger schlechter daran sind – zumal die Bewohner solcher Länder den Beweis liefern, den auch die Deutschen noch vom letzten Krieg in den Knochen haben, nämlich daß der Patriotismus alles andere als konjunkturabhängig ist.

2. Tatsächlich ist es ja auch gar keine satte Zufriedenheit, die sich zu Wort meldet, wenn arbeit- und sparsame Deutsche sich froh mit darbenden Ausländern vergleichen. Der Verweis auf ziemlich prächtige Lebensverhältnisse hat den Charakter der *Angeberei*. Deren Inhalt ist die Klarstellung, daß man die gepriesenen Verhältnisse als eigenes Verdienst, die ganze Nation „irgendwie" als eigene Leistung verstanden haben möchte und sich *deswegen* jede schlechte Meinung darüber verbittet. Und das ist nun wirklich eine seltsame Art, Bilanz zu ziehen.

Es ließe sich ja ermitteln, wie in einer Nation der gesellschaftliche und private Reichtum zustandekommt, auf welchen Leistungen das Gewaltmonopol der politischen Herrschaft beruht, wer die Macher sind, welche Interessen sie vertreten und was am Regiert-Werden so aufregend ist. Aber dabei kommt nie und nimmer heraus, daß die regierten Massen sich da aus eigenem Plan und Beschluß ein wundervolles Gemeinwesen hingestellt hätten, in dem sie voll auf ihre Kosten kämen. Deswegen ist ein solches ehrliches Fazit auch gar nicht gefragt. Die Rechnung eines Patrioten führt auf der einen Seite eigene Leistungen auf, wirkliche oder angebliche Beiträge zum erfolgreichen Gang der nationalen Dinge. Auf der anderen Seite stehen keine Erträge, sondern nichts als ein *Recht*, ein durch die erbrachten Leistungen *wohl erworbenes;* ein Recht auf so vornehme Dinge wie den Dank des Vaterlandes – auf eine Schuldigkeit der Nation gegenüber ihrem braven Bürger, dem sie so vieles verdankt.

Nun ist ja sogar an der einen Seite der Rechnung etwas daran: Der Nutzen, den die Staatsgewalt sich aus der Arbeit ihrer Bürger besorgt, bleibt für die meisten tatsächlich ohne lohnenden Ertrag auf ihrer Seite. Es stimmt nur nicht ganz, daß die Lohnarbeit, aus deren Erträgen der Staat sich bedient, auf moralischer Basis verrichtet würde, also in der Absicht, sich Verdienste um die Nation zu erwerben. Ihr wirklicher Grund ist der banale Zwang der Lebensumstände, der Zwang zum Geldverdienen, unter den die Staatsgewalt ganz ohne Moral ihre Bürger setzt und dem der Mensch sich beugt, weil er keine Alternative sieht und solange er sich keine schafft. Ein Patriot versteht sein Verhältnis zu seinem Staat aber vornehmer: als ein moralisches Verpflichtungsverhältnis, in dem auf alle Fälle er das Seine getan und die Staatsgewalt sich verpflichtet hat. So nimmt sich seine wirkliche Abhängigkeit und Unterordnung schon viel anständiger aus. Der „kleine Mann“ wird zum moralischen Chef im Ring, die Welt steht auf ihm – wenigstens in seiner Phantasie, so daß sich in der Wirklichkeit gar nichts mehr zu ändern braucht. Sogar die Lohnarbeit wird zum frei erworbenen Verdienst, nämlich ums Gemeinwesen; was der wirkliche Lohn zu wünschen übrigläßt, kriegt die Staatsgewalt auf ihr moralisches Schuldenkonto angeschrieben und der diensttuende Mensch auf seine Ehre. Ausgerechnet die Abhängigkeit von der staatlichen Gewalt wird zum guten Grund für Zustimmung: So verfährt der Patriotismus.

Warum machen Menschen so etwas? Was haben sie davon? Materiell jedenfalls nur Schaden. Den Lohn, den das Gemeinwesen moralisch schuldet, zahlt niemand wirklich – er wird ja noch nicht einmal in Mark und Pfennig gefordert. Es besteht gar kein Interesse, daß die Staatsgewalt ihre angebliche Schuldigkeit abträgt; damit fiele ja die Geschäftsgrundlage und der Genuß weg, sie sich verpflichtet zu wissen. Der Ertrag besteht in nichts als der Vorstellung einer Pflicht der höchsten Gewalten, sich hinter ihren treuen Diener zu stellen. Das Mitglied der nationalen Manövriermasse rückt damit zum Inhaber tief berechtigter Ansprüche auf. Die sind ebenso immateriell wie grundsätzlich, ebenso inhaltsleer wie allgemein anwendbar. Und darauf kommt es einem solchen Menschen an.

Auch die Parteilichkeit des Nationalismus ist also berechnend; nur rechnet sie gar nicht auf gewinnbringende staatliche Leistungen, sondern spechtet – in bewußtem Unterschied dazu, also geradezu illusionslos – auf ein vorgestelltes enormes *Recht* darauf. Der Lohn des Patriotismus – und damit sein Grund – ist, daß ein Mensch, der „nichts geschenkt kriegt“ und deswegen auch „nichts geschenkt haben will“, zwar nichts Materielles fordert, aber sich den *Standpunkt des Forderns* traut. Das gedachte Recht, fordernd aufzutreten, mit nichts geringerem als der nationalen Rechtslage im Rücken, begleitet den guten Bürger durch sein armseliges Leben und macht ihn nicht reich, dafür unausstehlich.

Überflüssig zu sagen, daß dieses ansprüchliche Rechtsbewußtsein mit der wirklichen Rechtslage nichts weiter zu tun hat. Es ist auch ganz beliebig, wofür und gegen wen es in Anschlag gebracht wird. Sein Inhalt ist der Gesichtspunkt, unter dem ein patriotisches Subjekt seine Unzufriedenheit betätigt und seine Zeitgenossen beurteilt: Alle, die ihm nicht passen, sind unmöglich im Recht, haben es also ganz sicher an den selbstlosen Diensten fehlen lassen, mit denen ein guter Bürger sich sein Recht verdient; wahrscheinlich haben sie überhaupt nicht gearbeitet – denn das steht für den Patriotismus von unten fest, daß Arbeit den Menschen nie und nimmer reich und eben deswegen gut macht.

3. Aus diesem Rechtsanspruchsbewußtsein folgt konsequent die robuste Parteilichkeit, für die der Nationalismus ja bekannt ist; nämlich nach der moralischen Logik, daß man nichts auf eine Sache kommen läßt, um die man sich so viele selbstlose Verdienste erworben haben will. Das Recht auf Respekt vor den erbrachten Leistungen fürs Vaterland fordert Respekt vor dem Vaterland, für das sie erbracht worden sind – sonst wären sie ja am Ende sinnlos gewesen. Die Großartigkeit der eigenen Nation wird aus nichts als dem Recht ihrer Bürger gefolgert, sie für großartig zu halten; und dieses Recht wächst mit den Entbehrungen und Opfern, die einer aufzuweisen hat – entsprechend unerschütterlich ist die Parteinahme. Längst hat die sich freigemacht von jeder sachlichen Berücksichtigung dessen, was die zuständige Staatsge-

walt überhaupt will und treibt. Kein Patriot identifiziert die Nation, für die er ist, mit der tatsächlichen Politik, die er in ihrem Namen hinnimmt. Er erstreckt seine Parteinahme frei auf die öffentlich bekanntgemachten Konkurrenzanliegen und Probleme „seiner“ Nation – immer dieselben drei bis vier. Die läßt er sich, je nach dem, nahegehen wie eine wichtige Privatangelegenheit, obwohl es sich um Staatsaffären handelt, über die er nichts zu sagen hat, auch gar nicht bestimmen will, nicht einmal näher Bescheid zu wissen braucht; schon gar nicht, inwiefern sie sein Privatleben bestimmen und beschränken. Gute Bürger können persönlich beleidigt sein, und zwar über Parteigrenzen hinweg, wenn ihre führenden Leute beleidigt werden. Sie können stolz sein aufs „Made in Germany“, so als hätten sie alles selbst gemacht, und zwar unübertrefflich gut. Man argumentiert grundsätzlich als Rechtsanwalt der eigenen Nation; ganz normalen Leuten, die nicht so einfach „Hurra“ für „Deutschland!“ brüllen würden, passiert es, daß sie sich mit ihrem Staat und dessen Recht auf Erfolg und Anerkennung regelrecht *identifizieren* und von „wir“ und „unser“ reden, wenn sie die Staatsgewalt meinen, die über sie verfügt.

Wie in allen Charakterfragen, so gibt es im übrigen auch beim Nationalstolz zum Normalfall die intellektuelle Karikatur; Leute nämlich, die ihre eigene tief empfundene Vortrefflichkeit für eine patriotische Repräsentationsleistung halten, welche die Nation mit ihren überwiegend mittelmäßigen Mitgliedern ohnehin nie gutmachen kann. Solche besseren Leute können sich dermaßen mit ihrer Nation identifizieren, daß sie ihre Volksgenossen als ziemlich unwürdige Exemplare verachten und sich für ihr Vaterland wegen dessen schlechter Seiten – die gute sind ja sie – schämen. Sie nehmen sich gerne die Freiheit, in den vorgestellten besten Leistungen und Errungenschaften anderer Nationen Züge einer ihnen selbst viel verwandteren völkischen Kultur zu entdecken, und beweisen damit nur, daß der Kosmopolitismus und die dem Ausländerhaß komplementäre Xenophilie nichts als ein fortgeschrittener Nationalstolz sind. Aus lauter Identifizierungswahn fangen so selbstbewußte Bürger gelegentlich an, an ihrer Nation zu leiden. Je nach politischer Konjunktur erlauben sich die gleichen weltoffenen Gemüter dann auch mal wieder die Verklärung der eigenen, zu Unrecht verachteten Volkskultur zu einer tiefgründigen „nationalen Identität“, die sie in sich selbst verspüren, und gefallen sich als rustikale Edelfaschisten...

4. Die Parteilichkeit für den Staat, unbedingt wie sie ist, ist fordernd gegen dessen Macher. Sie verlangt gebieterisch, daß die Führer und die Repräsentanten der Nation ihre Sache gut machen: Die Regierenden sollen erfolgreich regieren, die Fußballer und Tennisspieler siegen, die Kapitalisten ihre D-Mark vermehren, Präsident und Kanzler einen guten Eindruck machen: *Darauf* will sich der Bürger mit seinen Diensten ein abgrundtiefes Recht erworben haben. Wenn Führung und Prominenz ihn enttäuschen, dann ist er nicht kuriert, sondern wird zum Fanatiker einer Besserung, die sein Rechtsbewußtsein befriedigt, und macht den Versagern moralisch den Prozeß.

Auch politische Idealisten, die die Welt ein bißchen verbessern wollen, denken nach diesem Muster. Was sie an Unheil entdecken, das begründet für sie den Vorwurf, die eigentlich Verantwortlichen hätten ihre Sache nicht gut genug erledigt, vielmehr verantwortungslos gehandelt. Das ist nicht nur sehr edel, sondern vor allem sehr national gedacht; denn angesichts ihrer schlechten Erfahrungen glauben und setzen sie unverdrossen auf die „eigentliche“ Übereinstimmung ihrer guten Anliegen mit der nationalen Sache, die die Politiker zu erledigen haben. Sie wünschen sich lauter gute Taten – und für die fällt ihnen immer nur die staatliche Gewalt, ausgerechnet, als das passende Subjekt ein; dabei wissen sie selbst und stören sich daran, daß die wirkliche Tagesordnung der Politik ganz andere Punkte umfaßt. Patrioten ohne sozialen Weltverbesserungsdrang treffen mit ihren Einschätzungen und Vorwürfen an die regierende Mannschaft deren wirklichen Aufgabenkatalog meist auch nicht viel besser; nur in einem Punkt kommen sie der Sache näher: Die verkehrte Gleichung zwischen allem denkbaren Guten auf der Welt und dem Erfolg und der Durchsetzungskraft ihrer Nation fassen die Rechten gleich von hinten her auf.

Nationalgefühl ist die Zustimmung zum Staat unabhängig von dessen Staatsräson und ohne Anspruch, über diese zu befinden. Deswegen entspricht ihm eine Führung, die unabhängig vom Volk und dessen Meinungen die Zwecke der Nation vorgibt. Der Stolz, Deutscher zu sein, kriegt von der Staatsgewalt seinen wirklichen Inhalt verpaßt, und die Machthaber kassieren mittels ihrer Vereinsfarben die bedingungs- und bedenkenlose Zustimmung ihrer Manövriermasse. So entsprechen sich Dummheit und Gewalt, und der Nutzen liegt ausschließlich bei der Gewalt und ihren Inhabern.

Wahlen, Macht und Recht im neuen Deutschland

Vom freien Wählen

Wenn gewählt ist, bilden die Politiker mit den meisten Stimmen eine Regierung. Die entscheidet dann über den Gebrauch der Staatsgewalt, mit der sie das Volk unter die Arbeits- und Lebensbedingungen stellt, welche der Sache der Nation dienen. Das dürfen die, weil sie gewählt sind. Die Wähler kommen in den Genuß, daß sie eine dauerhafte Berufungsinstanz für die Regierenden abgeben. Bis dann wieder Wahl ist, gehen sie mehr oder minder unzufrieden den Geschäften nach, die ihnen ihr Stand eröffnet.

Wenn dann wieder Wahl ist, präsentieren sich Parteien und Persönlichkeiten, damit man sie wählt. Mit dem Argument, sie würden von der Macht im Staat den denkbar besten Gebrauch machen, erklären sie sich zu Anhängern des Volkes. Sie geloben, daß sie das komplette Programm des Staatsapparates erledigen, wie es sich schön aufgegliedert in den Ressorts der Ministerien darbietet. Wirtschaftspolitik wollen sie machen, auf die Verteidigung achten, die Umwelt umhegen, das Recht pflegen und Straßen bauen lassen. All das zählen sie unter die selbstverständlichen *Dienste des Staates*, die sie als Politiker zu ihrer Lebensaufgabe gemacht haben. Sie besingen ihr spezielles Geschick bei der Bewältigung der Aufträge, die sie sich an Land ziehen wollen, und beschimpfen ihre Konkurrenten, sie wollten oder könnten das Amt nicht gescheit ausüben. Dabei berufen sie sich auf schlechte Erfahrungen der Wähler, ergehen sich in düsteren Prophezeiungen für den Fall, daß das Volk die falschen wählt – und rufen ein Mißverständnis hervor, das ihnen zupaß kommt. Die hofierten Wähler, auf deren Stimmen es ankommt, nehmen den Wahlkampf ein bißchen wie einen Wettbewerb, in dem Politiker

Leistungen versprechen, die sie im Unterschied zu den Konkurrenten *bereitstellen*. Alles, was der Staat *anrichtet*, was er aus seinen Bürgern *macht*, welche Rechte und Pflichten er *setzt* – der ganze schöne „Rahmen“ fürs Leben und Überleben erscheint da in rosigem Licht. Politik, die Kunst, Staat zu machen, kommt daher wie ein *Versprechen*, die „Probleme“ zu lösen, die sie dem lieben Volke schafft. Und das Volk, das die Wirkungen der Politik zu spüren kriegt, darf sich enttäuscht geben. Dabei kann man „Wahlversprechen“ gar nicht halten oder brechen – es gibt sie nämlich nicht, wenn um die Macht konkurriert und *um Ermächtigung gebeten* wird.

So banal lautet die Wahrheit, die ganze Wahrheit über die großartige Erfindung namens „freie Wahlen“, deren Übernahme in die DDR als sensationelle Neuerung gepriesen wurde. So bescheiden ist die Rolle, die dem Volk in der größten Errungenschaft der Demokratie zugedacht ist. So absurd ist es, wenn die ihrer Nation zugeteilten Wählermassen äußerst stolz von sich behaupten, „das Volk“ zu sein, von dem alle Macht ausgeht. Genau darum geht es ja, daß die Macht dort landet, wo sie hingehört. Und die zutiefst demokratische Definition von „Volk“ heißt schlicht: Das sind die, welche *die Macht erteilen*, der sie unterworfen sind. Den Personen und Parteien, die die Mehrheit wählt, stimmt das Volk nur bedingt zu – durch diesen Akt der zeitweisen Machtvergabe erklärt es sich aber unbedingt bereit, der Nation als regiertes Material zur Verfügung zu stehen. Der Vorzug liegt eindeutig auf seiten der Staatsgewalt – sie ist der Kritik entzogen, sie wird Gegenstand allgemeiner Sorge, gerade dann, wenn sich Unzufriedenheit regt und sich auf den Einwand „schlecht regiert“ zusammenkürzt.

Insofern ist es zwar richtig, wenn die Bürger der DDR das Bewußtsein vor sich hertragen, das Volk zu sein. Daß sie diese Tatsache zum Gegenstand ihres selbstbewußten Stolzes machen, geht allerdings weniger in Ordnung. Auch wenn sie ihrem alten Staat in den „unfreien Wahlen“ nur akklamieren durften und jetzt zum Ermächtigen der Regierung befugt sind, hält sich der Fortschritt doch sehr in Grenzen. Der Zugewinn an politischer Freiheit erstreckt sich auf ein *Verfahren*, die *Machtfrage im Staat* eindeutig und unwidersprechlich zu regeln.

Freilich stand die erste Anwendung des Verfahrens in der DDR im Zeichen einer Neuerung, die mit dem gewöhnlichen demokratischen Procedere nichts zu tun hat. Diese Neuerung – und nicht der leicht erlernbare Umgang mit Stimmzetteln – verdient es schon eher, als außergewöhnlich betrachtet zu werden.

Von der außergewöhnlichen Mission der neuen Staatsmacht

Die Ermächtigung, die die Wähler im März 1990 vollzogen, galt in aller Form der Besetzung der höchsten Ämter im Staate DDR. Und eine Regierung ist auch herausgekommen. Sie nennt die ihr erteilte *Macht* wie alle Demokraten seit dem Wahltag ganz stilvoll *„Verantwortung"* und könnte sich – eine flotte Koalitionsmehrheit ist geschmiedet – eigentlich ihrem Handwerk widmen.

Doch mit dem „Regierungsalltag" ist nichts. Der frei gewählte Souverän macht sich keineswegs souverän an die übliche „Arbeit", die aus lauter für alle Untertanen *verbindlichen Entscheidungen* besteht. Das Staatsprogramm, zu dessen Abwicklung das Volk die Besten herausgesucht hat, ist nämlich nicht in Kraft, so daß die Regierung gesetzgebend und verwaltend seine konjunkturgemäße Ausführung vornehmen könnte. Was bislang gemäß der Verfassung des „sozialistischen Arbeiter- und Bauernstaates" zum Regieren anstand, soll außer Kraft gesetzt werden. Sämtliche Regeln der alten Ordnung – vom Staatshaushalt über das Sozialwesen bis zum Lehrplan in den Schulen – unterzieht diese Regierung einer radikalen Kritik. Sie müssen weg und ersetzt werden, weil das überkommene System von Rechten und Pflichten, Diensten und Leistungen für untauglich erklärt wird. Die neue Staatsmacht hat nichts Geringeres vor als die *Abschaffung der alten Staatsraison* und die *Umwälzung der ihr unterstehenden Gesell-*

schaft. Sie vollzieht kraft ihres Amtes, was sonst nur eine *Revolution* vermag: *Sie verändert die Produktionsweise* des Landes und ordnet Produktion und Verteilung neuen Maßstäben unter. Dazu hat das Volk – dem Gerüchte in aller Welt nachsagen, eine Revolution veranstaltet zu haben – diese Regierung mit Macht über sich versehen. So hat es, was die Richtlinien der Revolution angeht, auch wenig zu melden – die Entscheidungsbefugnis ist der neuen Führung übertragen.

Und die macht ihre Sache gründlich. Das Ergebnis ihres Wirkens soll nicht nur dem einer Revolution gleichkommen, was das Innenleben ihres Herrschaftsbereichs angeht. Der neue Souverän verfolgt diesen seinen „Auftrag" auf dem Wege seiner eigenen Abschaffung. Was die *Regierung der DDR* unter dem Titel „deutsche Einheit" auf die Tagesordnung gesetzt hat, ist die *Auflösung des Staates*, dem sie vorsteht. Als Aufbruch zum Anarchismus und Kommunismus mißversteht das niemand – das Territorium und das lebende Inventar bleiben bei dieser Auflösung nicht herrenlos, sondern werden der Obhut eines anderen Staates und seinem Apparat unterstellt. Insofern hat sich die erste freigewählte Regierung der DDR einer Leistung verschrieben, die gewöhnlich nur ein *Krieg* zustandebringt. Es geht ihr um die Tilgung der Staatshoheit, zu deren Verweser sie sich eben erst hat küren lassen, und um den *Anschluß* der Machtsphäre, der natürlichen und gesellschaftlichen Reichtumsquellen der DDR an einen anderen Staat. Der heißt Bundesrepublik Deutschland und ist an diesem einmaligen Regierungsprogramm ebenso heftig interessiert wie beteiligt.

Deshalb fällt die Politik in der DDR und für sie so merkwürdig aus:

— Die Konkurrenten um die Macht wetteifern in der Verdammung des Gemeinwesens, dessen Führung sie übernehmen wollen. Sie ergehen sich in Beschwörungen der Untauglichkeit der alten Wirtschaftsweise – sie nennen sie „marode" –, von der sie sonst nur noch eines wissen wollen. Es sei eine „Kommandowirtschaft" gewesen, und auf Kommando klappt ja wohl nirgends in der Welt nichts. Auf diese Ignoranz bezüglich der Ökonomie der DDR halten sie sich viel zugute, zumal sie mit ihren Schmähreden auf den abzuschaffenden Sozialismus nur eine Botschaft unter die Leute, die jetzt Wähler sind, bringen wollen: Das System ist deshalb ineffektiv und verkehrt, weil es kein Kapitalismus ist und nicht effektiv.

— Die neuen Politiker schwärmen mit ebensowenig Sachkenntnis von der neuen Staatsraison, zu der sie ihr Land hinregieren wollen. Sie loben den Kapitalismus über den grünen Klee – offenbar, weil sie an den Resultaten dieses Systems mit ihrem guten Politikergeschmack Gefallen finden. Der Reichtum, der da zustandekommt, imponiert *ihnen* enorm, so daß sie umstandslos auch für ihre regierten Landsleute nur Vorteile ausmachen, was die Möglichkeiten des Geldverdienens in der „Marktwirtschaft" anlangt. Mit der schönen Kennzeichnung des Kapitalismus als einer Wirtschaft, die mit dem *„Markt"* das bestgeeignete *Verfahren* gewählt hat, das es für Produktion und Verteilung gibt, schaffen sie zweierlei: Erstens ist nicht mehr die Rede davon, worauf es im Kapitalismus ankommt – denn er ist ja bloß die bessere *Methode*. Zweitens schweigt man mit diesem Kompliment höflich über die Gegensätze, die auf dem Kapitalmarkt, dem Arbeitsmarkt und im Supermarkt eindeutig entschieden werden. Markt ist allemal sozialer als Sozialismus.

— Das spricht seit dem denkwürdigen Wahlkampf schon klar für die Riege von Politikern, die im *kollektiven Landesverrat* das probate Regierungsprogramm der DDR entworfen haben. So richtig überzeugend wird die Absage an den eigenen Staat aber erst, wenn sie durch die Zusage des anderen Staates ergänzt wird. So haben die *Volksvertreter* sich und ihre Parteien dadurch glaubwürdig gemacht, daß sie sich zu *Stellvertretern* mächtiger Partner aus Bonn befördern ließen. Gemeinsam mit Polit-Größen aus dem deutschen Westen demonstrieren sie, daß sie garantiert nichts anderes vorhaben als die Organisation der Übergabe. Sie erklären die Ausreise von Bürgern ins DM-Gebiet der „Marktwirtschaft" für überflüssig, weil sie die *Ausreise des Volkes* ohne Ortsveränderung herbeiregieren. Im Schatten der westdeutschen Prominenz fällt auf die politischen Parvenues der DDR-Demokratie das meiste Licht.

— Dieser Glanz leidet allerdings erheblich unter dem Gesichtspunkt, den das zur Demokratie aufgebrochene Volk auch nicht missen will. Es hat seine Befreiung von der SED-Herrschaft immerhin auch als Auftakt zu politischer „Mündigkeit" und „Selbstbestimmung" verstanden wissen wollen. Die von ihm ermächtigte Staatsgewalt sollte schon den Charakter von „etwas eigenem" tragen – und eben dieses Bedürfnis hat unter dem „fremdbestimmten" Wahlkampf etwas gelitten. Die Bonner Protektion der Politszene von Leipzig bis Rostock, die ungenierte Selbstdarstellung der künftigen Herren des Landes zog sich den Vorwurf der „Einmischung" zu. Dem haben die Stellvertreter dadurch Rechnung getragen, daß sie sich *in den Anschlußverhandlungen* wiederum in die Pose des *Volksvertreters Marke DDR* warfen. Schon im Wahlkampf versuchten die Parteien des neuen Typs sich damit zu profilieren, im Namen des Volkes *Vorbehalte* gegen die aus Bonn kommenden Vorstellungen der „Einheit" geltend zu machen.

— Dem verdankt die demokratisierte Öffentlichkeit der DDR schon wieder einige skurrile Schönheit. Der gar nicht schwer zu durchschauende *Sachverhalt*, daß die *Bedingungen* der Einheit in den „herrschenden Kreisen" der BRD festgelegt werden – deren Kalkulationen sollen nämlich in der DDR ihre Segen bringende Gültigkeit entfalten –, wird um einen *Schein* ergänzt. Es wird Wert darauf gelegt, daß in aller Form *verhandelt* wird und die Beschlüsse so aussehen wie lauter Sachnotwendigkeiten, die mit viel *Rücksicht* auf die Bedenken der Volksvertretung-Ost schonend auf den Weg gebracht werden. Diese Bedenken wiederum gereichen den DDR-Politikern zur Ehre, weil sie als *Anwälte* des von der Umstellung betroffenen Volkes dastehen. In so albernen Alternativen wie der, ob man die Einheit eher hektisch oder lieber gemach herstellen soll, ergehen sich die „Verantwortlichen" am liebsten. Das sieht gut aus, wenn die praktischen Maßnahmen der rechtlichen und ökonomischen Umstellung, die allemal länger als 24

Stunden in Anspruch nehmen, das Bemühen „deutlich machen“, das Volk nicht zu „überfahren“. Der Preis der Freiheit wird dadurch garantiert nicht gesenkt.

— Die Parteienlandschaft der DDR hat sich über dieses Theater wenigstens zu einigen Unterscheidungsmerkmalen hingearbeitet, was sich für eine echte Demokratie gehört. Vom *Willen zum Anschluß* sind alle beseelt, so daß von daher schon wieder eine Einheitspartei fällig gewesen wäre. Wenn nicht in den *Vorbehalten* gegenüber den Marschplänen der westdeutschen Befreier aus den Ressorts „Politik & Finanzen“ doch jede Partei eine eigene Position hätte zimmern können! So stehen sich Volksvertreter gegenüber, die alle möglichen Folgen des marktwirtschaftlichen Regimes für ihre Schutzbefohlenen *zitieren* und sich als die ehrlichen Makler der Bürgerängste ausgeben. Mit einem Verhandlungskonzept der *Schadensvermeidung* wartet keiner auf, aber auf gewisse *Schadensminderung* machen alle – und das ist das Gütesiegel ihrer Politik *für die DDR*, die es bald nicht mehr gibt.

— Da gibt es Parteien und Leute, die den größten Schaden dann erwarten, wenn sie als Vertreter des überfälligen Staats bzw. Systems noch zuviel an „Bedingungen“ stellen. Schnell und radikal sollen sämtliche „Unionen“ durchgeführt, also auch sämtliche Hoheitsrechte der DDR abgetreten werden. Diese Fanatiker der Auflösung, die ihren Staat für das letzte Hindernis auf dem vorgezeichneten Weg zur Einheit halten, sind in der DDR die „Rechten“! Während in jeder anständigen demokratischen Parteienszene die politische Rechte die Stärke und den Vorteil der Nation wahren wollen, setzen die *Konservativen der DDR* auf den Untergang ihres Vaterlandes. Die *Linken* – sonst überall im Verdacht, mit sozialen Ansprüchen von unten und den entsprechenden Konflikten, auch mit Nachgiebigkeit gegenüber dem Ausland, die Nation zu schwächen – sind hier einmal die *letzten DDR-Nationalisten*. Sie wollen die noch ein wenig vorhandene Souveränität ausnützen und verstehen dies als einen einzigen letzten *Dienst des alten, aber erneuerten Staates am Volk*. Bei der Liquidierung natürlich.

— In dieser verkehrten Welt geht eine Mannschaft konsequent unter – die „Revolutionäre“ des Herbstes 1989, die sich das alles anders vorgestellt haben mit dem eigenen, selbstgemachten Gemeinwesen. Sie sind im Rahmen dieses Staatsprogramms einfach nicht „politikfähig“, was „der Wähler“ eingesehen hat!

Zusammenfassend läßt sich festhalten, daß die Staatsform der Demokratie mit ihrem freien Wählen auch für extreme Aufgaben tauglich ist. Sie gestattet einer Nation sogar, ihre *Kapitulation* höchstförmlich als Wechselspiel zwischen Regierung und Volk zu inszenieren. Die erste Regierung, der das Volk der DDR per Stimmzettel die Macht *erteilt* hat, wird unter Berufung auf des Volkes Willen ihr Amt so versehen, daß sie gleich auch noch als die letzte Regierung dieses Staates in die Geschichte eingeht.

Es läßt sich nicht bestreiten, daß die Übergangsregierung ein Mandat für diese Mission hat. Die Wähler haben *„den Anschluß“* gewählt – genauer: Parteien und Politiker damit beauftragt, in ihrem Namen mit ihren Kollegen in Westdeutschland das Werk der „Wiedervereinigung“ zu vollbringen. Daß mit der neuen Fahne auch ein neues System in ihrer Gesellschaft Einzug hält, haben sie nicht nur bewußt in Kauf genommen. Ihre Wahl galt erklärtermaßen auch *der DM* – genauer: Parteien und Politikern, die ihre Regierungskunst einer Wirtschaftsordnung widmen, in der sich der Erfolg allen Arbeitens, Kaufens, Sparens, Investierens, Verkaufens und Spekulierens im Besitz von DM niederschlägt.

Beide Aufträge werden erfüllt. Von den Sachbearbeitern, denen das Volk die Kompetenz zugesprochen hat. Dabei hat es – wie das bei Ermächtigungen so üblich ist – versäumt, auf dem Stimmzettel die Ansprüche und Vorteile näher zu präzisieren, die es mit der „Wiedervereinigung“ auf jeden Fall verbindet. Es hat nicht seine Interessen diktiert, sondern zwei Regierungen die Befugnis erteilt, die Hoheit der Bundesrepublik auf die DDR auszudehnen und deren Volk in eine Belegschaft des Unternehmens „Marktwirtschaft“ zu verwandeln.

Dieses Mandat wird ausgeübt. Dabei stellt sich im Zusammenhang mit so leidigen Fragen wie dem „Umtauschkurs" heraus, daß sich die neuen Herren über die DDR keineswegs auf die Notwendigkeiten und Bedürfnisse des ihnen zugetanen Volkes einstellen. Vielmehr hat sich die neue Belegschaft auf die Geschäftsgepflogenheiten der so dringlich angeforderten Betriebsleitung umzustellen.

Von den Segnungen des neuen Rechts

In einem Punkt mag die geforderte Umstellung den Bürgern der neuen BRD-Zone wie ein einziger Akt der Befreiung vorkommen. Wenn mit der neuen Macht auch das Verhältnis zwischen Staat und Bürger neu sortiert wird, wenn die Demokratie die Rechte und Pflichten zwischen diesen beiden Instanzen in wohlformulierten Paragraphen absteckt, kann eine Entdeckung gar nicht ausbleiben. Das alte *Un*recht hat ein Ende, weil jetzt selbst Vertreter der Staatsgewalt nur über *begrenzte* Befugnisse verfügen, auch Pflichten haben, die sie wie die Rechte des Bürgers verletzen können, die Willkür der Stasi-Ära also verboten ist. Die Deutung dieser Veränderung als *Fortschritt* stimmt allerdings nicht, auch wenn die Opfer des SED-Staats und seines Sicherheitsbedürfnisses unter den neuen Verhältnissen ihre Peiniger los sind.

Erstens erlauben gesetzlich geregelte Befugnisse den Behörden immer noch einiges. Zweitens wird daraus auch im rechtsstaatlichen Rahmen immer etwas mehr, weil die Sicherheit des Staates die Sache von Geheimdiensten ist und kein Gegenstand der Diskussion mit Bürgern, die die Verfassung unterm Arm tragen. Und drittens liegt die Veränderung, also auch der Fortschritt, in der Hauptsache wo ganz anders. Die neue Staatsraison definiert *andere* Gesinnungen und Tätigkeiten als Verstoß gegen sich, der von geheimdienstlicher Observation über „karrierehinderliche" Denunziation bis zu strafrechtlicher Verfolgung alles Einschlägige nach sich zieht. Ein *Monopol* des „Unrechtstaates" DDR, wie manche glauben machen wollen, sind solche Verfahrensweisen jedenfalls nie gewesen. Und der im Aufbau befindliche Verfassungsschutz knöpft sich – ganz im Sinne des neuen Rechts – eben andere unzuverlässige Bürger vor als das „Schild und Schwert der Partei“. Wobei noch nicht einmal auszuschließen ist, daß es außer vermeintlichen und wirklichen Nachlaßverwaltern der alten SED auch einige trifft, die schon unter Honecker drangsaliert wurden. Linkslastige Demonstranten des Jahres ‘89, die angesichts der Errungenschaften der importierten Demokratie eher enttäuscht als begeistert sind, die also auch dann wieder „Unrecht und undemokratisch“ schreien, kommen da allemal in Frage.

Bis gestern gab es keine Freiheit „für die Feinde des Sozialismus“. Ab sofort gibt es eben keine Freiheit „für die Feinde der Freiheit“. Letztere werden natürlich auch von den Behörden als solche definiert und dingfest gemacht – das Volk und sie selbst haben da am allerwenigsten mitzureden. Daß sie vor den Augen der neuen, demokratiebegeisterten Politikergeneration und deren Anhänger Gnade finden, wagen wir zu bezweifeln. So ist es nun einmal mit dem *Recht*: Es taugt genau für das und so viel, was die *Macht*, die es setzt, haben will.

Deswegen „empfinden“ es seine Nutznießer – in der DDR wie überall zunächst einmal alle, aus denen etwas wird – als *Schutz* vor der Macht, von der sie Einschränkungen erwarten. Etwas anders sehen es sicher die, deren Interessen bislang den „Schutz des Rechts“ genossen. Das sind garantiert nicht nur die vielzitierten Funktionäre der erledigten Staatspartei, die „Privilegierten“. Daß das Recht die Organisation und Zuteilung von Macht auf der einen Seite ist, daß es auf der anderen die Bedürfnisse und Interessen ganzer Klassen (sic!) für ungültig erklärt, merken auch andere. Was wird denn in Sachen Sozial-, Arbeits- und Mietrecht anderes diskutiert als die Tatsache, daß unter dem neuen Regime von Rechts wegen *andere* Rechnungen aufgehen müssen als die gewöhnlicher Leute, die ihre Lebensnotwendigkeiten sichern wollen?

Die neue Macht führt ihren Rechtsstaat auf dem Gebiet der DDR noch nicht einmal mit der Lüge ein, es ginge ihr dabei darum, jeden mit allem zu versorgen. Sie macht kein Geheimnis daraus, daß jeder Gesetzgebungsakt in der erneuerten

DDR eine *Verteilung von Macht und Mitteln* ist, die Schluß macht mit den Rechten und Pflichten von gestern. Was für das Funktionieren der Marktwirtschaft erforderlich ist, wird zum Recht – und was dafür fehlt, wird zum Beweis des Unrechts, das bisher herrschte. Es ist, als wollten die Importeure des „überlegenen Systems" in einem Schnellkurs die Aufklärung nachholen, mit der Marxisten im westlichen wie im östlichen Deutschland so kläglich gescheitert sind:

— Sie machen darauf aufmerksam, worauf ihre Beschimpfung des SED-Staats als „Unrechtsstaat" beruht: Der Gebrauch der Macht, die Freisetzung und Beschränkung verschiedener Interessen, ist in der DDR einfach nicht nach den Maßstäben erfolgt, die in der BRD gelten.

— Nicht einmal in Angelegenheiten, in denen mancher wohlerzogene BRD-Demokrat seinem Staat weniger Übles zutraut als den stalinistischen Diktatoren, haben die Politiker der BRD verborgen, worum es ihnen beim Vergleich zwischen Recht und Unrecht hüben und drüben geht. Als die Stasi-Schelte ihren Höhepunkt hatte, gaben Regierung und Sicherheitsdienste der BRD bekannt, daß sie Briefe und Telefonate zwischen beiden deutschen Staaten *genauso* observieren wie die *anderen*. Nur, so lautete der aufklärerische Zusatz, sei dies eben etwas ganz anderes. Daß es bei uns „auf gesetzlicher Grundlage" vollzogen wurde, setzte den Stasi-West voll ins Recht. Dergleichen ist nun wirklich nicht mit einer Parteinahme für die Opfer der Bespitzelung zu verwechseln. Es ist lediglich der schlichte Befund, einer anderen Macht das nicht zuzugestehen, was man sich selbst herausnimmt.

— Um die Kernfrage des bürgerlichen Rechts drücken sich die Freiheitsmissionare am allerwenigsten herum. Als wollten sie einem Dogma Anerkennung verschaffen, das bislang nur Marxisten vertreten haben, rufen sie täglich vierundzwanzigmal die „Freiheit des Privateigentums" zur neuen Lebensgrundlage der östlichen Abteilung ihres Staates aus. Das „Dogma" ist ihnen natürlich gleichgültig, zumal es als solches einen Einwand gegen ihre Klassengesellschaft vorbringt. Seine Wahrheit jedoch bestätigen sie in der Phase des

Umbruchs gerne, weil es ihnen um die *Durchsetzung* des *Privateigentums* zu tun ist. Dessen Recht hat es bislang nicht gegeben, und darin bestand das ganze schreckliche Unrecht der anderen deutschen Nation. Wenn westdeutsche Politiker und Banker die Konsequenzen der Einheit auf dem Felde der „sozialen Fragen“ besprechen, zögern sie keinen Augenblick darzulegen, daß Eigentum und Nutzen – womöglich aller – nie und nimmer dasselbe sind. Die Gründung von Betrieben, die Umwandlung von DDR-Unternehmen nach ihrem Bilde ist für sie – *selbstverständlich* – verbunden mit Arbeitslosen. Die Verwandlung des realsozialistischen, „subventionierten“ Preisgefüges in einen freien privateigentümlichen Markt ist für sie – *selbstverständlich* – verbunden mit Armut, mit der freiheitlichen, die ihr Maß am Geldbeutel hat. Die Sanierung der verfallenen Bausubstanz gemäß den Regeln, nach denen sich auch Grundeigentum gehört und verzinst, ist für sie – *selbstverständlich* – verbunden damit, daß das bloße Wohnen ein gutes Drittel jedes normalen Einkommens in die Kassen des Privateigentums befördert.

Illusionen der Art, daß das Recht so etwas wie ein ganzjähriger Dienst am Volke wäre, passen eigentlich wenig zu dieser Manier, die Freiheit zu exportieren. Was unter dem Stichwort „rechtliche Rahmenbedingungen der Einheit“ aus den Verhandlungen zwischen den demokratischen Brüdern aus Ost und West herauskommt, ist *eine* klare Entscheidung. Was da rechtsgültig festgesetzt wird – von der Berechnungsgrundlage der ersten Löhne bis zur Übernahme der Aktiengesetzgebung und Sozialversicherung aus dem Paradies BRD –, *befreit* tatsächlich Land und Leute in der DDR aus den Fängen des alten Staats. Dadurch, daß das befreite Inventar der Macht der Bundesrepublik *unterworfen* wird. Die Inhaber dieser Macht wissen, was sie mit ihr anstellen wollen. Sie übersetzen sie in die Organisation von lauter neuen Rechtsverhältnissen, in denen *ein* Bedürfnis vor allen anderen zu seinem Recht kommt: das nach *Geld*. Ihm wird jetzt gedient, an ihm messen sich alle Verdienste, es ist Gegenstand der Konkurrenz und des Streits, der Maßstab des guten wie des schlechten Lebens.

Deswegen wird die Rechtspflege einen enormen Aufschwung nehmen. Und für Leute, die an der Gerechtigkeit des neuen freiheitlichen Prinzips zweifeln, es gar bestreiten wollen, ist der Hüter und Schöpfer seines Rechts, der Staat mit seiner Sicherheit zuständig.

Die „Währungsunion“: Echtes Geld statt „sozialistischem Plan“

„Die Deutsche Bundesbank wird alleinige Zentralbank im gemeinsamen Währungsgebiet. In der DDR werden zwei Landeszentralbanken eingerichtet ... Ostberlin entsendet zwei Vertreter in das Direktorium der Bundesbank; die Präsidenten der neuen LZB bekommen Sitz und Stimme im Zentralbankrat ... mitwirken darf die Regierung der DDR auch im Bundesaufsichtsamt für das Kreditwesen, das über das Geschäftsgebaren der privaten Banken im gemeinsamen Währungsgebiet wachen wird ... Der erweiterten Frankfurter Geldzentrale wird es dann obliegen, die Bargeldbestände, Buchgeldbestände und Forderungen in Mark der DDR in DM umzutauschen.“ (Spiegel 10/90)

So oder so ähnlich läuft sie also, die Übernahme der DDR, erster Teil, durch die BRD: die „Währungsunion“, die gar keine ist. Denn hier wird nichts „uniert“, es verhandeln nicht souveräne Staaten mit unveräußerlicher Geldhoheit über eine immer engere „währungspolitische Zusammenarbeit“ mit Kursstützung, Bandbreiten, Währungskörbchen usw. Die Sache ist viel schlichter: Die andere Seite verschwindet; der DDR-Souverän kommt weg und als erstes sein Geld. Statt dessen gilt, direkt und ohne festen oder schwankenden Wechselkurs, die D-Mark.

Und so ist die Sache auch viel billiger – sie kostet rein gar nichts; eben weil es sich gar nicht um eine Währungsunion handelt, in deren Rahmen der eine Staat mit seiner Nationalbank und deren Banknoten für die Währung eines anderen einstehen müßte. Das alte – schlechte, sozialistische – Geld wird gegen neues – gutes, hartes, deutsches – Geld ausgetauscht. Dafür braucht sich kein Bundesbanker die Spendierhosen anzuziehen und irgendetwas zu verschenken; und überwiesen wird auch nichts. Technisch gesehen läuft eine schlichte Umstellung: Alle Rechtstitel auf Zahlung, die in der DDR kursieren oder herumliegen – „Konto“, „Buchgeld“, „Forderung“ oder wie immer sie heißen –, lauten auf D-Mark; ob auf genauso viele, wie bisher DDR-Mark verbucht waren, oder in welchem Verhältnis weniger, ist für den Akt der Umstellung gleichgültig. Und was die Bargeldbestände betrifft, so ist ihr Austausch wirklich einmal *nur* eine Druckereifrage – im Notfall täte es ein Stempel auf die alten DDR-Mark-Scheine auch, nur fälschungssicher müßte er sein.

Alles, was Geld kostet, geht dann erst los. Nämlich als erstes mal ein munteres Kaufen und Verkaufen, welches Geld *bringt* und die D-Mark auch „drüben“ *mehrt*. Ein Geldverleihen und Schuldenmachen, das noch mehr Geld bringt und die D-Mark vermehrt. Das D-Mark-*Verdienen* eben. Und das kostet genau so viel, wie das Geldverdienen im Kapitalismus nun einmal kostet: die Kapitalisten einen Geldvorschuß für ihr Geschäft, die Lohnarbeiter einen Einsatz in den Firmen anderer Leute. Und den Staat – die Aufsicht über das Geschehen, einige Investitionen ins Verkehrswesen, eine „Anschubfinanzierung“ für die gesetzlichen Zwangsversicherungen, die es dann braucht, und eine Umstellung des alten Wirtschaftslenkungswesens auf das ganz normale finanzamtliche Steuereinziehen; denn so ist es ja auch nicht, daß der Fiskus von ehemaligen DDRlern keine Lohn- und Mehrwertsteuer erheben würde.

Der Aufwand für diese „Währungsunion“ ist also gering; um so größer ihr Ertrag. Der besteht nämlich nicht in einem Gewinn, sondern darin, daß es fortan auch in der DDR ums Gewinnemachen geht und alle wirtschaftlichen Aktivitäten D-Mark abwerfen. Der schlichte Akt der Umstellung auf die neue Währung eröffnet eine ganze neue Produktionsweise, mit einer neuen Form und Zweckbestimmung allen gesellschaftlichen Reichtums. So ist es gemeint, so wird es gemacht.

Und so werden, ganz nebenbei, alle Ideologien der Volkswirtschaftslehre blamiert, nach denen das Geld nichts als ein besonders bequemes Tauschmittel wäre und eine bloße Recheneinheit, die bei der Versorgung der Kundschaft arithmetische Dienste leistet. Mit ihrem praktischen Verstand setzen die Währungsmacher das „metaphysische Konstrukt“ des alten Marx in die Tat um und bewerkstelligen die erstmalige korrekte Anwendung der Wertlehre auf dem Boden der DDR.

Die D-Mark als Maß der Werte – der Wert als Maß aller Dinge

DDR-Bürger wissen und stellen sich darauf ein, daß sie nach Einführung der D-Mark neue Preise zu zahlen haben; hauptsächlich höhere fürs alltäglich Notwendige. Sie begehren D-Mark, schätzen deren Großartigkeit am bisherigen offiziellen Wechselkurs von 1 DM zu 3 DDR-Mark und rechnen gleichzeitig damit, daß sie selbst nach einer 1:1-Umstellung ihrer Löhne, Renten und Sparbücher – die sie von Bonn *gewährt* kriegen oder nicht – Schwierigkeiten bekommen, sich ihr bisheriges Leben weiter leisten zu können. Die D-Mark gibt ihnen einige Rätsel auf über den Wohlstand, den sie sich von ihr erhoffen. Und daran könnten sie wenigstens merken, in was für ein seltsames *Abhängigkeitsverhältnis* sie sich mit dem Gebrauch der neuen Währung begeben.

Statt dessen denken DDR-Bürger in dieser Frage, wie ihre westdeutschen Landsleute, immer nur in Preisvergleichen, rechnen höhere Mieten gegen erstens vorhandene, zweitens billigere Videorecorder auf und können locker für den Rest ihres Lebens an der Frage herumproblematisieren, ob das neue „Preisniveau“ besser als das alte ist oder ob es nicht auch seine zwei Seiten hat. Damit liegen sie schief. Denn um ein paar neue Preise geht es wirklich nicht, wenn die *Güte* des neuen Geldes sich nicht zuletzt daran beweist, daß man es nötiger als jede alte DDR-Mark *braucht*, weil „alles“ – zumindest vieles Unentbehrliche – *teurer* wird. Zumindest wird schon daran klar, daß D-Mark-Preise einen anderen *ökonomischen Zweck* haben als die „sozialistischen“ Preise, die zwischen dem planenden Staat und seinen VEBs, zwischen denen und der HO und schließlich vom sozialistischen Endverbraucher gezahlt worden sind. Die D-Mark selbst ist offensichtlich für *ökonomische Leistungen* da, die der alten DDR-Mark ganz fremd waren. *Echtes* Geld und *richtige* Preise sind eben gar keine Frage der Preis*höhe* und der Geld*sorte* und *-menge*, sondern eine von Zweck und Mitteln der gesamten Produktionsweise, also wirklich mal eine *System*frage.

Preise in der „Marktwirtschaft“

sind zuallererst eine Sache der professionellen Verkäufer. Deren Profession ist nämlich der Zugriff aufs Geld ihrer begehrlichen Kundschaft. Erst und nur damit sind die Kaufleute am Ziel ihrer ökonomischen Tätigkeit – haben ihr Geschäft gemacht, wie man so sagt. Die Preise, die sie verlangen, sind ihr Mittel, die Bedürfnisse ihres Publikums für ihr berufliches Bedürfnis auszunutzen und ihre Ware zu Geld zu machen. Das ist so sehr der ausschließliche Sinn und Zweck ihres Handels und Wandels, daß sie sich selbst ebenso wie die Versorgung der Leute abhängig machen von der Zahlungsfähigkeit der Kundschaft. Erst wenn die ihnen ihre nützlichen Güter abgekauft, also „versilbert“ hat, ist die Sache gelaufen, das Wirtschaften am Ziel, und es kann Bilanz gezogen werden.

Nach der anderen Seite hin sind die Preiszettelchen auf jeder Ware die einzige, aber eben *die* Schranke zwischen jedermann und den Gegenständen seiner aufgeweckten Bedürfnisse. Sie machen den Geschäftsabschluß der Kaufleute zur umfassenden Lebensbedingung und geben jeder Bedürfnisbefriedigung ihr Maß vor. Denn sie wollen erst einmal bezahlt sein. So wird jedes Stückchen Leben in der Marktwirtschaft zu einer Frage des Geldbeutels.

Beides haben die

Preise im „realen Sozialismus“

nicht geleistet. Sie waren Instrumente einer staatlichen Planung, die Preise als Mittel für die „Allokation von Ressourcen“ und die Lenkung der Warenströme eingesetzt hat. Statt – wie das Wort „Planung“ nahelegt – den Bedarf zu ermitteln und den erforderlichen Aufwand zu organisieren, haben die staatlichen Wirtschaftsbehörden in der DDR vorgeschriebene

Preise das Ziel bewirken lassen wollen, daß nützliche Güter mit schlafwandlerischer Sicherheit immer dorthin gelangten, wo sie gebraucht wurden. Diese schöne Absicht ist in eine Preisgestaltung und lauter komplexe Bilanzierungsvorschriften umgesetzt worden. Und damit war die marktwirtschaftliche Funktion der Preise, dem Geschäft zu dienen, Mittel einer befriedigenden Geldbilanz und sonst nichts zu sein, unwiderruflich zerstört.

Dasselbe gilt für die andere Seite des Preises: Mit ihren Preisfestsetzungen haben die Planungsbehörden auf die Erschwinglichkeit der nötigen Güter für die, die sie nötig haben, geachtet und damit die Schranke, die der Preis dem Bedürfnis setzt, in weiten Bereichen eingerissen. Pfennigabgaben für die Personenbeförderung, ein paar Märker für Kinderkleidung oder fürs Wohnen: Das waren symbolische Anerkennungsgebühren und keine Preise – genausowenig wie auf der anderen Seite eine Preisfestsetzung für viele Güter, die diese planmäßig so gut wie unerschwinglich machte. Da bewährte sich zwar der Preis als Mittel, einen Ausschluß des Publikums von knappen Gütern zu bewerkstelligen. Aber auch da war nicht der Preis und *nur* er die Schranke zwischen Bedürfnis und Gebrauchswert; die wirkliche Schranke war, daß es das begehrte Gut kaum gab; und auf diesen Gütermangel hat der Staat Preise draufgesetzt, die einer Einsammelaktion für sonst einfach nicht ausgebbares Geld gleichkamen.

Der „realsozialistische" Staat hat damit in gewisser Weise eine marktwirtschaftliche Ideologie in die Tat umgesetzt: die Deutung der Preise als Instrumente, den Mitgliedern der Nation ihren gerechten Anteil an der Warenwelt zuzuteilen. In der Marktwirtschaft ist das ein plump vertraulicher Schwindel, der vom Ergebnis her nicht zu widerlegen ist: Es wird die triviale Tatsache notiert, daß jeder soviel kriegt, wie er sich kaufen kann; das wird ein wenig anders betont, nämlich so, daß jeder sein Geld für das ausgegeben hat, was er gewollt hat, also jetzt hat, was er will; und das steht dann da als wahrer und eigentlicher Zweck des Handels, obwohl es irgendwie auch jeder besser weiß. Im „realen Sozialismus" hat der Staat die Preise tatsächlich zum Zuteilungsinstrument gemacht, zu *seinem* Instrument und zu bloß einem neben anderen – bewiesene staatsdienliche Tüchtigkeit war z.B. auch ein Zuteilungsgesichtspunkt. Den marktwirtschaftlichen Zweck und die Leistung des Preises hat er so *bekämpft* und Ergebnisse erzielt, die gegenüber marktwirtschaftlichen Verhältnissen vor allem einen Nachteil aufweisen: Sie lassen sich nicht so locker wie das Geldeinnehmen und das Ausgeschlossen-Sein im einzig wahren bürgerlichen Geschäftsleben unter den zynisch-schönfärberischen Gesichtspunkt stellen, daß am Ende doch ein jeder aus freiem Entschluß sich selber seinen Teil zugeteilt hätte vom käuflichen Warenberg.

Geld in der Marktwirtschaft

ist das Zugriffsmittel schlechthin auf alles, was das Herz begehrt – vorausgesetzt, man hat genug davon. Von den Dingen, die das Herz begehrt, gibt es allemal genug – für diejenigen, die die verlangten Preise zahlen können. Zu kaufen sind sogar Errungenschaften, die es noch gar nicht gibt; z.B. kann der amerikanische Präsident – der da wie ein besonders großer Kunde am Rüstungsmarkt auftritt – seiner Nation ein Arsenal von Weltraumwaffen kaufen, und was sein Militär bekommt und wann, ist allein die Frage, wieviel Geld er es sich kosten läßt.

Diese Freiheit des Geldes liegt daran, daß es nicht das Zugriffsmittel auf einen Warenreichtum ist, der unabhängig vom Geld zustandegekommen und nun zu verteilen wäre. Geld ist Mittel der Aneignung von allem, was Arbeit überhaupt leisten und herbeischaffen kann. Es erlaubt den Zugriff auf Arbeit überhaupt, ist das Kommando darüber, wofür die Arbeitskraft der Gesellschaft eingesetzt wird und was demgemäß an Gütern zustandekommt. Das ist deswegen so, weil das Geld nach der anderen Seite hin *der Zweck* ist, für den überhaupt gearbeitet wird. Wer produziert, um seine Produkte auf den Markt zu werfen, der will damit ja kein von der Gesellschaft für nützlich erkanntes und beschlossenes Produktionsprogramm erfüllen; der rechnet auf ein Bedürfnis, dessen *Zah-*

lungsfähigkeit er ausnutzen kann. Das am Markt verdiente Geld entscheidet dann darüber, ob und in welchem Maß die geleistete Arbeit wirklich nützlich war, ganz gleich, wie nützlich sie für sich genommen gewesen sein mag und wie brauchbar ihre Produkte. Gelingt die lohnende Verwandlung der geschaffenen Waren in Geld nicht, dann war die Arbeit selbst umsonst: kein Beitrag für die gesellschaftlichen Bedürfnisse – für die Bedürfnisse, versteht sich, wie sie marktwirtschaftlich einzig und allein seriös existieren, nämlich als zahlungsfähige Kundschaft – und ohne Ertrag für den Produzenten selbst.

Geld ist also die private Macht über die Arbeit anderer; diese Macht hat im Geld ihr Maß. Geld ist nämlich der Bescheid an den Produzenten, wieviel Nutzen ihm die geleistete Arbeit bringt, weil sie ein Beitrag zum Nutzen zahlungsfähiger anderer war. Geld ist also der Zweck aller marktwirtschaftlichen Produktion; es ist das eigentliche Produkt, auf das es den Produzenten ankommt. Im Geld sind somit lauter gegensätzliche Verhältnisse kombiniert: eine Art zu produzieren, bei der jeder Produzent nichts als seinen privaten Ertrag bezweckt, und die Abhängigkeit der Privatproduzenten voneinander; die Verfügungsgewalt über fremde Arbeit und die Notwendigkeit, mit der eigenen Arbeit fremde Interessen zu bedienen, um sie auszunutzen. Das Geld ist die Art und Weise, wie alle Produktionsstätten einer Nation „zusammenarbeiten", ohne wirklich zusammen zu arbeiten, nämlich indem alle, jeder für sich und gegen alle anderen, dahinterher sind und es durch Verkauf voneinander holen müssen. Das Geld ist gesellschaftliches Produkt und privater Ertrag der Produktion in einem – also die „gesellschaftliche Sache", die den ökonomischen Zusammenhang zwischen allen Firmen und Individuen stiftet, und zwar einen höchst widersprüchlichen. Mit dem Geld ist nämlich der Widerspruch gegeben zwischen dem pur privaten Zweck der Arbeit und dessen Abhängigkeit vom Nutzen anderer, zwischen dem Kommando über fremde Arbeit und der Notwendigkeit, selber die Zahlungsfähigkeit anderer auszunutzen. Daraus ergeben sich die gesellschaftlichen Gegensätze zwischen denen, auf die sich die verschiedenen Seiten dieses Widerspruchs verteilen; vor allem zwischen denen, die im Geld Zugriff auf und Kommando über fremde Arbeit haben, und denen, die im Geldmangel auf ihre Abhängigkeit von fremdem Geld festgelegt sind. Und entschieden ist mit dem Geld auch schon die borniert-begriffslose Verlaufsform dieses Gegensatzes: *viel oder wenig* – das ist die Frage aller Fragen beim Geld.

Dieses seltsame gesellschaftliche Produkt war das

Geld im „realen Sozialismus“

nicht. Vor allem andern hat nämlich der Staat in diesem System alle Produzenten auf *Dienste für ihn* festgelegt, und das Geld hat er zu *seinem exklusiven* Kommandomittel über die gesellschaftliche Arbeit gemacht. *Er* hat den Betrieben mit dem Geld, das er sie hat einnehmen lassen beim Verkauf ihrer Waren und das er ihnen zugewiesen hat, den nach seinem Ermessen zweckdienlichen Bescheid über den gesellschaftlichen Nutzen ihrer Arbeit und das Ausmaß des gesellschaftlichen Interesses an Fortführung und Erweiterung ihrer Produktion erteilt. *Über* dem „Kriterium“ des Geldes stand die staatliche Entscheidung, wohin es fließen sollte. Und damit ist schlechterdings weg, was das Geld in der Marktwirtschaft überhaupt ausmacht: das Geldverdienen als letzter zwingender Zweck jeder ökonomischen Tätigkeit.

Abgeschafft hat der „realsozialistische“ Staat das Geld trotzdem nicht; aber was war es dann noch! Der Staat war bemüht, die Produktion seiner Betriebe dadurch zu lenken, daß er sie auf Geldbeziehungen untereinander festlegte: Sie sollten mit ihren Produkten voneinander Geld verdienen – *daß* verdient wurde, war staatlich garantiert; wieviel, das war von Staats wegen vorgegeben. Sie sollten „wirtschaftlich“ Buch führen und sich beim Produzieren nach den Erlösen richten. Über das staatlich verordnete Geld-Streben der einzelnen Betriebe sollten sich automatisch die vom Staat gewünschten volkswirtschaftlich sinnvollen Proportionen zwischen den verschiedenen Branchen herstellen; freilich mußte der Staat mit Geldabschöpfungen und -zuweisungen dauernd für eine

Korrektur der „automatischen“ Ergebnisse im Sinne seiner volkswirtschaftlichen Ziele erst sorgen.

Dem gesamten Unternehmen ist der unkritische Glaube an die enormen Leistungen des Geldes anzumerken, das, wenn nur alle borniert dahinterher sind, von selbst – „hinter dem Rücken“ der Beteiligten – einen sinnreichen Zusammenhang der gesellschaftlichen Produktion stiften würde. Wieder ist der „reale Sozialismus“ bemüht, eine marktwirtschaftliche Ideologie in die Tat umzusetzen, nämlich die vom Geld als sinnreichem Mittel, eine *gesamtgesellschaftliche Arbeitsteilung* herzustellen. Diese Ideologie geht in der Marktwirtschaft trivialerweise auf, weil gar keine andere Arbeit geleistet wird als die, die sich am harten Kriterium des zu verdienenden Geldes bewährt. Genau diese Trivialität hebt der „realsozialistische“ Staat mit seiner Herrschaft über das Geld auf. Er will die Einteilung der gesellschaftlichen Arbeit nicht der Geldzirkulation überlassen, weil er deren Resultate volkswirtschaftlich nicht für vernünftig hält; deswegen manipuliert er das Geld im Sinne seiner Vorstellungen. Daß er *mit Geld* zu Werke geht, ist die Verabschiedung jeder vernünftigen Planwirtschaft; daß er das Geld nur von ihm *manipulierte* Werke verrichten läßt, ist sein „Verstoß“ gegen das, was Geld in der Marktwirtschaft ist, und die Beseitigung aller Leistungen, die es dort erbringt, bis hin zu dem Schein eines sinnreich-selbsttätigen Zusammenwirkens aller Geldgeier. Seine Pseudo-Planung ist wie der Versuch, das lobende Geschwätz der volkswirtschaftlichen Theorie von der „Allokationsfunktion des Geldes“ als tatsächlich regelnden Gesichtspunkt in die Marktwirtschaft einführen zu wollen – aber auch das Mißtrauen in diese Rolle des Geldes, die er ja nur durch seine Korrekturen gewährleistet sieht. Daß sogar das *geht*, war an der DDR zu sehen. Aber vom Standpunkt der jetzt in Angriff genommenen „Währungsunion“ steht auch fest: *Geld* in dem Sinn war das nicht, was die SED „Mark“ genannt hat. Denn ihm fehlte immer das Entscheidende: die ausschließliche sachliche Zwangsgewalt des letzten Kriteriums für jede Arbeit.

Jetzt gibt es also auch für die DDR *echtes Geld*. Und das

heißt: Es wird nicht etwa nur neu benannt oder ein bißchen umbewertet, sondern völlig neu bestimmt, *was die DDR-Ökonomie fortan überhaupt produziert.* Wenn ihre Produkte in D-Mark verkauft und dafür hergestellt werden, dann ist das auch der Zweck der Sache, also *die D-Mark das eigentliche Produkt* dieser Ökonomie, so wie sie das der westdeutschen Marktwirtschaft schon von Anfang an war.

Die D-Mark als Geschäftsmittel – Armut und Reichtum als Produkte des freien Geschäftslebens

Das Einkaufen brauchen die DDR-Bürger nicht erst zu lernen, wenn sie in Zukunft D-Mark zum Kaufladen tragen müssen. Ganz sicher müssen sie aber ein wenig umlernen beim Sich-Einteilen. Und ob sie ihre alten HO-Leiter nach der Umstellung noch wiedererkennen, ist sehr die Frage. Die jedenfalls müssen gemeinsam mit vielen Kollegen auf den neuen Beruf umsatteln, beim Ein- und Verkaufen hinter der D-Mark und sonst nichts her zu sein.

Armut in der Marktwirtschaft

– das gilt vielen DDR-Bürgern als ein bloßes „sozialistisches" Gerücht und in der bundesdeutschen Öffentlichkeit als Thema für die Vorweihnachtszeit. Denn die Marktwirtschaft beeindruckt bekanntlich durch ihre enorme Warenvielfalt und ihren Überfluß. Und das rechnet die dazugehörige Ideologie dieser Wirtschaftsweise hoch an: Warenfülle als Reichtum, greifbar für jedermann; Warenvielfalt als Angebot an die vielfältige Bedürfnisstruktur der Menschen.

Die Wahrheit ist etwas banaler.

Daß Waren im Überfluß angeboten werden und die berühmten Schaufenster notorisch voll sind, ergibt sich ganz logisch aus dem feststehenden Zweck des Warenangebots. Es ist dazu da, dem Verkäufer Geld einzuspielen. Da wäre es schlicht geschäftsschädigend, wenn der Nachschub an lohnend absetzbarer Ware stocken würde. Güter, die nicht lohnend abzusetzen sind, gibt es immer wieder einmal zu reichlich; halbe Ernten werden weggekippt, wenn sie sich nicht zu einem gescheiten Preis verkaufen lassen. Umgekehrt beschränkt der lohnende Preis das Bedürfnis der Kundschaft, so daß Warenmangel wirklich niemanden in der Marktwirtschaft zu Entbehrungen zwingt. Die Warenhäuser stehen voller nützlicher Dinge, von denen viele, die sie gut gebrauchen könnten, mangels Knete ausgeschlossen sind. So viel zum Thema „Schaufenster".

Für erfahrene Kaufleute ist dabei natürlich keine „Kaufkraft" so gering, daß sie nicht ihr Interesse wecken könnte. Auch das ist Geld, an das heranzukommen lohnt. Also wird die Geschäftswelt erfinderisch und läßt sich zum technisch bestmöglichen Bedarfsartikel beliebig viele Billigvarianten bis zum Ramsch einfallen. Die enorme Vielfalt der Warenangebote ist die marktwirtschaftliche Antwort auf die vielfältigen Ausmaße der verschiedenen ausnutzbaren Geldbeutel, die die Kundschaft per Scheckkarte oder Banknote bei sich trägt. Das ist das bunte Geheimnis der westlichen Warenwelt.

Die Kundschaft, die mit ihren Bedürfnissen unter das volkswirtschaftliche Stichwort „Massenkaufkraft" fällt, bildet wie von selbst die zu diesem Angebot passende Kunst aus, in sich selbst alle geweckten Bedürfnisse gegeneinander abzuwägen. Da konkurriert dann schlechterdings alles mit allem; in der BRD z.B. sehr häufig Wohnung mit Kind – denn letzteres ist zwar auch in der entwickelten Marktwirtschaft keine Ware in dem Sinn, hat aber auch seinen Preis bzw. sehr verschiedene Preise, je nach dem, ein wie gut ausgestattetes Kind die glücklichen Eltern haben wollen. Nach und nach bilden sich über die Gewohnheit des Preisvergleichs tiefe Erkenntnisse von der Art heraus, daß einerseits nur das Teure wirklich preiswert ist, andererseits die Straße mit Sonderangeboten gepflastert ist, die freilich meistens schon weg sind. Nur die eine Erkenntnis unterbleibt in der Regel, obwohl sie auch nicht komplizierter ist, nämlich daß die ganze Gewitztheit des marktwirtschaftlich versierten Kunden und Endverbrauchers nichts ist als die Art und Weise, mit der Klemme zwischen verfügbarem Geld und verlangten Preisen klarzukommen und die Beschränktheit der eigenen Mittel zu organisieren. Zu deutsch: So geht *Armut* in ihrer gewöhnlichen und gewohnten, als „Lebensstandard" verbuchten Alltagsform.

Das ist der Überfluß, der mit der Einführung der D-Mark die

Armut im „realen Sozialismus"

ablöst. Dort hat nämlich der Staat auf der einen Seite dafür gesorgt, daß niemand mit seinen „Grundbedürfnissen" – d.h. mit dem, was die Preisfestsetzer der Nation dazu gezählt haben – an den Marktpreisen scheitern mußte. Vieles hat deswegen überhaupt keine „realsozialistische" Mark gekostet oder nur einen symbolischen Betrag, der nicht mehr sein sollte als eine erzieherische Erinnerung daran, wieviele Lasten der Staat seinen nach wie vor an die Preisform gewöhnten Bürgern abnahm. Kinder sollten kein Problem sein; das Wohnen auch nicht; und auf den Urlaub im FDGB-Heim mußte keiner wegen Geldmangel verzichten.

Die fühlbaren Schranken sind den Bedürfnissen der „realsozialistischen" Konsumenten auch nicht aus den um so höheren Geldbeträgen erwachsen, die für alle Güter erhoben wurden, die eben damit von Staats wegen zum Luxusartikel erklärt waren. Der Arbeiter- und Bauernstaat hat seinem Volk schlichten *Warenmangel* zugemutet, so daß viele durchschnittliche Bürger an ihren wachsenden Sparkonten nicht etwa erfreuliche Überschüsse ihrer privaten Haushaltsführung registrieren konnten, sondern das Fehlen von Gütern, die sie gebraucht und gerne gekauft hätten. Vieles war dann natürlich doch zu beschaffen, aber eben nicht im Kaufladen; eher schon über Beziehungen, deren Reichweite und Tragfähigkeit mit der Position in der „realsozialistischen" Hierarchie zunahmen, oder auf dem Wege offizieller staatlicher Zuwendungen an verdiente Mitkämpfer oder mit dazwischenliegenden Methoden. Die Kunst des Verbrauchers war es, sich vorsichtshalber in jeder Schlange anzustellen und jenseits aller aktuellen Bedürfnisse Waren und Bezugsrechte zu horten; nach dem

Motto „Man weiß ja nie“ – die Gelegenheit zu einem Tausch gegen etwas Benötigtes würde sich schon einstellen.

Diese Sorte Mängelverwaltung war zumindest in einer Hinsicht ehrlich: Die Betroffenen *wußten*, daß sie es mit Armut zu tun hatten. Sie waren ja dauernd konfrontiert mit dem Widerspruch, zwar Geld zu haben und nützliche Dinge zu kennen und zu verlangen, die sogar zu kriegen waren – allerdings gegen ein anderes als das „realsozialistische“ Geld. Deswegen hat zum „realsozialistischen“ Alltag immer die Beschwerde über die Mangelwirtschaft gehört sowie der Fehlschluß, Grund des Mangels wäre das „schlechte“ Geld – in seinen Intershops hat der Staat ja selber die Leistungsfähigkeit der D-Mark sogar mitten im „realen Sozialismus“ vorgeführt; so gesehen kein Wunder, daß seine Bürger jetzt zur D-Mark überlaufen.

Den Klagen seiner Bürger und ihrer Kritik an seinem Geld hat der alte SED-Staat sich nie verschlossen. Er hat allemal die passende Selbstkritik gewußt und den quasi freien Zugang der Leute zum Notwendigen als finanzielle Belastung seiner Kassen vorgerechnet, die ihn an anderen Notwendigkeiten und Wohltaten hindern würde. Er hat die entsprechenden Regelungen als „Subventionen“ verbucht, die den „eigentlichen“, ökonomisch rentablen auf den wirklichen, „sozialen“ Preis herunterdrücken würden – eine reichlich absurde, aber ins Bild passende Rechnungsart für einen Staat, der seinen Stolz darein setzt, die soziale Natur der Warenproduktion herbeikommandiert zu haben. Marktwirtschaftlich war diese doppelte Buchführung nie. *Innerhalb* seines Abrechnungswesens hat sich der „realsozialistische“ Staat aber bereits sehr entschieden auf die Seite seiner Gewinnrechnung gegen seine konsumentenfreundliche Sozialrechnung gestellt und den Abbau von „Subventionen“ für eine Methode erklärt, „Verluste“ zu vermeiden und dadurch die „Kaufkraft“ seines staatseigenen Geldes zu verbessern. Die Manager der Planung und Leitung haben sich dem verkehrten Dogma der bürgerlichen Volkswirtschaftslehre angeschlossen, nur knappes Geld wäre gutes Geld, und damit nichts anderes zu erkennen gegeben als ihr Gefallen am genuin marktwirtschaftlichen Mechanismus der Beschränkung der Leute über den Preis – den hatten die „Sozialisten“ im Ostblock einmal verworfen ...

Reichtum in der Marktwirtschaft

setzt voraus, daß einer gute Geschäfte macht; nicht mit „sozialen“ oder „gerechten“, sondern mit lohnenden Preisen; denn die sind sein Mittel, das Geld seiner Kundschaft auf sein Konto zu kriegen. Das ist sein Interesse; und daß es gelingt, ist ein Sachzwang. Wer Waren auf den Markt wirft, hat nämlich für Produktion oder Beschaffung des Warennachschubs schon bezahlt, also ein Geld vorgeschossen, das nun – mit Gewinn – aus dem Verkauf wieder herausgeholt werden *muß*, damit das Geschäft nicht mit seinem Warenberg pleite geht. Vom Geschäftsstandpunkt aus sind Waren eben nicht mehr und nicht weniger als ein Durchgangsstadium der Geldvermehrung, und jede Stockung in ihrem Absatz ist ein Problem, weil es den Fortgang der Sache aufhält und am Ende unmöglich macht.

Deswegen tun Geschäftsleute allerhand, um die Kundschaft auf sich und ihr Produkt aufmerksam zu machen und einzuseifen – und um sich andererseits von deren Launen, soweit es geht, unabhängig zu machen. Ihr Geschäft darf nicht gleich stocken, bloß weil es mal an Käufern fehlt. Aufs Geldverdienen kommt es an, sie hängen davon ab; deswegen darf es durch momentanen Geld*mangel* auf gar keinen Fall unterbrochen werden, denn dann kommt es ja erst recht darauf an.

Unter praktizierenden Marktwirtschaftlern ist es deshalb zur normalen Geschäftsgepflogenheit geworden, einander mit dem Versprechen alsbaldiger Zahlung bezahlt zu machen und untereinander Zahlungsversprechen in vielerlei Form als Zahlungsmittel kursieren zu lassen. Daran wird einmal mehr sichtbar, wie sehr eine angebotene Ware für sie nichts als eine Zwischenform des Geldes ist: Um ihr Geschäft am Laufen zu halten, tun sie so, als wäre es schon gelaufen und die Ware in Geld (zurück-)verwandelt. Damit legen sie sich natürlich auch auf eine Zahlungspflicht fest; wird die nicht erfüllt, so erfolgt der Zwangsverkauf. So behält ganz praktisch das Geld Recht und die Oberhand gegen das Warenstadium des Geschäftsgangs und das bloße Zahlungsversprechen.

Es behält sogar Recht gegen den Geschäftsmann selbst. Wo Zahlung versprochen und fällig ist, müssen sich selbst die privaten Besitztümer des Schuldners eine Schätzung als Geld und einen Zwangsverkauf gefallen lassen. Und daraus hat die Geschäftswelt gleich schon wieder eine Geschäftsmethode gemacht: Wenn sie schon im Ernstfall gar nicht bloß für ihren materiellen Gebrauchswert, sondern für Geld stehen, dann sind die Wertsachen, die einem Marktteilnehmer gehören, auch dafür gut, einem Zahlungsversprechen Glaubwürdigkeit zu verleihen. Es ist ein wichtiger Beitrag zum Geschäftsleben, wenn dessen Macher ihren Besitz so nachzählen, als wäre er in Wahrheit Geld; denn soviel Kredit haben sie. So läßt sich ihr *eigentlicher* Reichtum, der Geldwert ihres Vermögens, sogar geschäftsmäßig mobilisieren, während die Gegenstände, an denen er haftet, weiter ihre belanglosen materiellen Dienste verrichten – ein letzter Beleg aus der Welt der geschäftlichen Sitten dafür, daß Reichtum in der Marktwirtschaft tatsächlich nur und genau insoweit *wirklicher* Reichtum ist, wie er *abstrakter* Reichtum ist, nämlich die D-Mark-Summe, für die er gut ist.

An diesem Maßstab gemessen, war

Reichtum im „realen Sozialismus“

schlichtweg nicht vorhanden. Gewiß hat der Staat seine Aufträge an seine Betriebe in Geldgrößen formuliert und den Erfolg in Geldgrößen bilanziert. Er hat die geschaffenen Güter verdoppelt in sie selbst und in die als Geldsumme dargestellten Rechengrößen seiner Planung und damit sogar den praktischen Effekt erzielt, daß die Logik der vorgeschriebenen Abrechnung einer vernünftigen Verwendung der Gebrauchswerte dauernd in die Quere gekommen ist. Aber die geschäftliche Doppelexistenz des Warenreichtums, nämlich als potentielles, in Warenform gebundenes Geld und als wirklich erlöstes Geld, die hat das „realsozialistische“ Bruttosozialprodukt nie geführt.

Deswegen haben auch nie Teile des gesellschaftlichen Produkts ein privates Vermögen gebildet, dessen materielles Gewicht in der Geldsumme bestanden hätte, die es repräsentierte. Sicher hat der Staat seinen verschiedenen Bürgern und Dienern in ganz unterschiedlichem Maß Zugang zu nützlichen Dingen eröffnet; *auch*, allerdings nie hauptsächlich über gezahltes Geld, mehr über das staatliche Zuteilungswesen. Nicht einmal den „Bonzen“ läßt sich nachrechnen, wie reich sie waren; allenfalls eine Liste der Marmorfliesen vorhalten, auf denen sie lustwandelten, und der Wälder, in denen sie Jagdwild totschießen durften; und das beweist außer den recht dürftigen Genüssen dieser „besseren Gesellschaft“ nur eins: Im marktwirtschaftlichen Sinn reich waren sie überhaupt nicht.

Irgendwie haben das die DDR-Kritiker gemerkt, die im Blick auf ihren untergehenden Laden die seltsame Auffassung vertreten, einen nennenswerten Reichtum hätte es in der DDR überhaupt nicht gegeben und noch nicht einmal eine Produktion in dem Sinn. Für die Bedürfnisse der Staatsgewalt, für die Weiterführung und Fortentwicklung der Produktion, für den Export in den RGW-Raum und in den Westen, für einen gewaltigen Haufen Kulturleben und dafür, daß am Ende auch das Volk recht und schlecht und auf alle Fälle ohne materielle Existenznot über die Runden gekommen ist, hat es ja durchaus gelangt. Richtig ist etwas ganz anderes: Das Geld, in dem Bilanz gezogen und mit dem staatlich kommandiert worden ist, und der materielle Reichtum, der zustandegekommen ist, waren nie in der Weise ein und dasselbe, daß genaugenommen *Geld produziert* worden ist. Auf diese Absurdität versteht sich nur die Marktwirtschaft.

Und die kriegt sie ja jetzt, die DDR.

Deutsch – das einzige Attribut, das eine echte Mark verträgt

Gegen D-Mark gibt es, demnächst also auch für DDR-Bürger, alles zu kaufen, was es auf der weiten Welt überhaupt zu kaufen gibt. Wenn man genug davon hat, ist dieses Geld universell anwendbar. Das ist die gute Nachricht, jedenfalls für die Liebhaber von Bananen, Auslandsreisen, Diamantarmbändern und dergleichen mehr.

Daß mit der D-Mark soviel geht, liegt freilich überhaupt nicht an denen, die so gerne Ausländisches verzehren. So weltbürgerliche Konsumgewohnheiten sind vielmehr umgekehrt das Werk von Kaufleuten aus aller Welt, die Waren herbeischaffen und dem Tourismus den Weg ebnen, weil sie auf die D-Mark scharf sind. Dieses Geld ist für sie ihr höchstes und letztes ökonomisches Ziel. In ihm besitzen sie ihren Reichtum in einer Form, die ihn zum universellen Inbegriff des Reichtums macht.

So gehört es sich auch für ein Geld in der Marktwirtschaft. Denn da geht es um Reichtum in einer Form, die keine nähere Bestimmung, kein einschränkendes Attribut verträgt. Geld, der zum Zweck erhobene abstrakte Reichtum, kann weder sozial noch gerecht, weder christlich-abendländisch noch sozialistisch, weder demokratisch noch patriotisch sein. Denn damit wäre ein noch übergeordnetes Ziel in Anschlag gebracht, für das es bloß Mittel zu sein hätte; es wäre nicht mehr *der* Zielpunkt aller ökonomischen Aktivitäten.

Daher ist es auch unverträglich mit räumlichen Schranken. Ein Reichtum, der nur an einem bestimmten Ort einer wäre, nur in einer Nation und in der nächsten schon nicht mehr, der ist kein Reichtum, wie er marktwirtschaftlich zu sein hat: abstrakt, d.h. losgelöst von jeder Beziehung auf bestimmte Bedürfnisse, bestimmte Umstände, bestimmte – und sei es auch nur räumlich eingegrenzte – Verwendungsmöglichkeiten.

Geld in der Marktwirtschaft ist Weltgeld

– oder es ist letztlich nicht der Reichtum, um den es marktwirtschaftlich geht.

Nun heißt das Ding allerdings: „deutsch". Die D-Mark trägt ihre Beschränktheit schon im Namen. Und sie enthält sie in sich. Sie ist nämlich, ihrem ökonomischen Gehalt nach, ein Zahlungs*versprechen*; zwar ein höchst seriöses, gegeben von der Nationalbank in Frankfurt, der Bank aller Banken in der BRD, aber eben nur das. Sie ist zum Zahlungs*mittel* erhoben durch deutsches Gesetz; damit zwar sehr machtvoll, rechtlich zwingend aber bloß so weit, wie deutsches Gesetz gilt. Die *unbedingt* gültige Gleichung, daß Geld Reichtum schlechthin ist, gilt eben nur *bedingt*, wenn das Geld ein staatlich garantierter Kreditzettel, eine *Währung* ist.

Was den reiselustigen Endverbraucher mit seinen ersparten D-Märkern betrifft, so kommt er mit diesem Widerspruch klar, ohne ihn groß zu merken. Er tauscht die eine Währung gegen die andere; und wenn er bislang DDR-Bürger war, dann wundert er sich, wie einfach das geht. Daran könnte freilich auch ihm auffallen, daß beim Tauschen schon wieder er gar nichts entscheidet; weder ob sein Geld genommen wird, noch wieviel ausländisches er dafür kriegt. Damit er mit seiner D-Mark so nett bedient und ausgenommen wird, müssen schon wieder die Kaufleute mit ihrem Interesse am abstrakten Reichtum tätig gewesen sein. Und zwar mit dem Spezialinteresse, Gelder verschiedener Nationalität gegeneinander zu tauschen.

Diese Profis des internationalen Geldgeschäfts kaufen und verkaufen Währungen; nicht, weil sie sich Güter aus dem einen oder anderen Land besorgen oder dorthin wollen und dafür dessen Geld brauchen, sondern umgekehrt: Sie leiern Tauschgeschäfte an, weil sie die getauschten Währungen *verglichen* haben.

Ihre Kunst, Währungen gegeneinander zu gewichten, sie anzubieten, nachzufragen und ein Verhältnis zwischen Angebot und Nachfrage herzustellen, die Menschheit mit Wechselkursen zu beglücken und diese andauernd zu ändern usw., hat in der Ökonomie der jeweiligen Länder – und in der Psychologie der Händler selbst – ihre Kriterien und Anhaltspunkte. Um die geschäftsmäßig anzuwenden, braucht kein Geldhändler zu wissen, *wofür* das eigentlich die Kriterien sind. Sie wissen die Gelder verschiedener Nationen zu unterscheiden, nach „hart" und „weich", „über-" und „unterbewertet", und beurteilen damit auf ihre Weise letztlich nichts als den Widerspruch, den ein bloß nationales Geld allemal darstellt. Sie stellen über jede Währung per *Vergleich* ein Urteil auf, dessen ökonomischer *Inhalt* die Einschätzung ist, wie weit dieses Geld davon entfernt ist, Reichtum schlechthin zu sein.

Dabei würdigt die Branche – nicht in einem theoretischen Ermittlungsverfahren, sondern in ihren begriffslos-berechnenden Tauschgeschäften – erstens die *Masse des Reichtums*, der in einer Währung seine maßgebliche, nämlich Geldform angenommen hat und annimmt, sich umtreibt und erfolgreich vermehrt; sie „prüft" insofern die erreichte und absehbare Annäherung an das Ideal jeder nationalen Währung, nicht bloß national zu sein, sondern den Weltreichtum schlechthin zu repräsentieren und damit für jeden Marktwirtschaftler unwiderstehlich attraktiv zu sein. Sie würdigt zweitens die *Macht des nationalen Gesetzgebers*, der die Kreditzettel seiner Notenbank zum gesetzlichen Zahlungsmittel erhebt; denn die entscheidet über die Sicherheit, mit der die Gleichung von Währung und Reichtum innerhalb einer Nation und außerdem über deren Grenzen hinaus unwidersprechlich gilt. Insoweit „überprüft" sie die Annäherung an das Ideal jeder Staatsgewalt, ihre Entscheidungen für die gesamte Staatenwelt mitsamt deren geschäftstüchtigen Weltbürgern verbindlich zu machen.

Das Weltgeld gibt es also; nicht bloß in der rohen, aber unverwüstlichen Form der Geld*ware*, des Goldes, auf das die Geldhändler und Währungshüter nirgends und um so weniger verzichten mögen, je unsicherer ihnen die Aussichten für Geschäft und Gewalt der marktwirtschaftlichen Nationen erscheinen. Das Weltgeld, so wie die Geschäftswelt es will und braucht, existiert als die *Konkurrenz* einiger weniger – handgezählt: dreier – nationaler Währungen ums *Monopol* auf universelle Anerkennung. Eine davon ist die D-Mark; und das ist der Grund, weshalb die Deutsch-Mark sich mit ihrer nationalen Beschränktheit so gut verträgt. Ihre weltweite „Attraktivität“ ist das Ergebnis eines nationalen Erfolgs in Sachen Welt-Reichtum und Welt-Macht – den zwei Sachen, die zusammen den modernen *Imperialismus* ausmachen, den man nach der Selbstauflösung des „realen Sozialismus“ auch drüben nicht mehr so nennen darf. Von den imperialistischen Errungenschaften des NATO-Mitglieds und Export-„Weltmeisters“ BRD geht die Währungsvergleicherei der Welt-Geldhandelsbranche los und dann hinunter bis zur Wechselstube, wo sie dem gern gesehenen D-Mark-Urlauber als Wechselkurs begegnet – welcher deutsche Weltbürger, egal ob aus Dresden oder Düsseldorf, hätte sich das träumen lassen bei Banane und Chianti-Wein!

Keine Frage: Eine Währung von der Art war die

DDR-Mark nie.

Nicht nur, daß der DDR imperialistische Erfolge mit ihren segensreichen Auswirkungen auf die internationale „Kaufkraft“ der Landeswährung versagt geblieben sind: ihre Mark war noch nicht einmal der Absicht nach ein geschäftlich interessantes Zahlungsversprechen und -mittel. In die Konkurrenz um Würdigung als immerhin bedingt brauchbare Erscheinungsform von Welt-Reichtum ist sie weder eingestiegen noch vom internationalen Geldhandel einbezogen worden. Die DDR-Mark war nicht „konvertibel“ – also ein von aller Welt gesuchtes Geld –, weil sie noch nicht einmal eine „Binnenwährung“ im marktwirtschaftlichen Sinne war: der Form nach zwar ein Kreditzettel der DDR-Staatsbank und gesetzlich zum Zahlungsmittel gemacht, aber ohne der wirkliche Inbegriff von national produziertem Reichtum, also *Wert* zu *sein*. Deswegen gab es auch die für eine Marktwirtschaft selbstverständliche „Integration in den Weltmarkt“ nicht: jene Ausrichtung aller Produktion am Zweck abstrakten, also auch universellen

Reichtums, als dessen Nebenprodukt allemal ein Wechselkurs für Touristen und Kaffee-Importeure abfällt. Statt dessen wurde eine eigene nationale Produktions- und Handelsabteilung mit dem Sonderauftrag der Devisenbeschaffung gebraucht und eingerichtet, um den Staat – und von dessen Gnaden die Bürger – überhaupt mit Kaufmitteln für Waren in und aus kapitalistischen Ländern zu versorgen. Wenn DDR-Bürger mit Westgeld verreisen oder Westliches verzehren durften, dann hatte sich das ihre Obrigkeit tatsächlich eigens zum Zweck gemacht und dafür ein bißchen von dem realsozialistisch produzierten Reichtum abgezweigt, mit dem westliche Geschäftsleute bedient und im Gegenzug Devisen beschafft worden waren.

Mit seinen grenzüberschreitenden West-„Geschäften" hat sich der alte SED-Staat außer echtem Geld allerdings auch einige Notwendigkeiten der marktwirtschaftlichen Produktionsweise eingehandelt; nämlich vor allem die, auf westlichen Märkten zu den dort gültigen Preisen Ware zu Geld zu machen. Dafür hatte er seinen „realen Sozialismus" aber wirklich nicht eingerichtet, und dem ist diese neue Notwendigkeit auch nicht gut bekommen.

Umgekehrt haben die Hüter der bundesdeutschen Marktwirtschaft die DDR – und den „Ostblock" überhaupt – immer als unerträgliche Behinderung empfunden; nicht zuletzt deshalb, weil ihrer D-Mark der materielle Reichtum „drüben", von den Produkten bis zu den Fabriken, im Prinzip nicht zur Verfügung stand. Ihren marktwirtschaftlich-imperialistischen Grundsatz, daß ein Geld entweder überall gültiger Reichtum oder keiner ist, haben sie am „Eisernen Vorhang" nicht scheitern lassen; sie haben daraus einen vernichtenden Urteilsspruch über die „realsozialistischen" Staaten gemacht, die in ihrer Wirtschaft die Herrschaft des Geldes abgeschafft und sie der Herrschaft des Weltgeldes entzogen hatten. Jetzt endlich haben sie es geschafft, schreiten zur Vollstreckung ihres Spruchs, reden dabei ganz locker von „Währungsunion", so als würden sie sich mit Gleichgesinnten zusammentun – aber sogar das haben sie ja nun hingekriegt; denn in Wirklichkeit passiert etwas ganz anderes: Sie bringen einen erstklassigen imperialistischen Sieg heim und tun ihr Bestes, damit er der Wucht ihres nationalen Weltgeldes zugute kommt.

Die D-Mark und ihr Recht: Das Privateigentum

An eins brauchen sich die DDR-Bürger sicher nicht neu zu gewöhnen, wenn sie demnächst die D-Mark kriegen. Nämlich daran, daß ihnen nicht viel und vieles, was sie gut brauchen könnten, nicht gehört. Sie werden allerdings Bekanntschaft damit schließen, was es heißt, daß in Zukunft alles und jedes als in D-Mark beziffertes Eigentum jemandem gehört – irgendwie sogar ihre eigene Arbeitskraft ihnen selbst als verkäufliches „Humankapital".

Eigentum in der Marktwirtschaft

heißt nämlich, daß die Staatsgewalt keinen Gegenstand herrenlos läßt, sondern alles, worüber sich überhaupt unter Ausschluß anderer verfügen läßt, einem Eigentümer als Objekt seiner alleinigen Willensentscheidung zurechnet. Dieses ausschließliche Verfügungsrecht ist eine sehr raffinierte Kategorie: Es unterscheidet gründlich zwischen dem *praktischen* Verfügen über irgendwelche nützlichen Gegenstände, ihrem Gebrauch, der seiner Natur nach oft ausschließend sein mag und oft auch nicht, und auf der anderen Seite einem davon völlig unberührten *ideellen* Verfügen; das beruht eben darauf, daß die staatliche Gewalt dem Willen dessen, den sie dazu berechtigt, in Bezug auf „seine" Gegenstände Entscheidungsfreiheit sichert und alle anderen davon ausschließt.

Dieses dreieckige Rechtsverhältnis zwischen Eigentümer, Staat und dem ganzen Rest hat einen guten Ruf. Allerdings ausgerechnet deswegen, weil jeder normale Bürger geneigt ist, die beiden Seiten des praktischen Habens und des ideellen Verfügens zusammenzuwerfen, die da gerade unterschieden werden, und den Staat als Nothelfer zu betrachten, der eingreift, wenn unschuldigen Zeitgenossen die liebgewordenen

Objekte ihrer Begierden entrissen werden. Daß die Sache anders gemeint ist und anders ist, merkt dann mancher, wenn ihm gewohnte Bedarfsgegenstände – von der gemieteten Wohnung bis hin zum Spazierweg am Seeufer – unzugänglich werden, weil ihn das Eigentum eines andern davon trennt.

Es wäre ja in der Tat auch langweilig, wenn die Staatsgewalt zwischen faktischem Besitz und Eigentum gründlich und scharfsinnig und mit aller Gewalt unterscheiden würde, nur um beides dann wieder zusammenfallen zu lassen. Das Recht jedenfalls wendet sich liebevoll ganze Gesetzbücher lang den hochkomplizierten Interessenskonflikten zu, die sich aus der Scheidung zwischen Gebrauchen und eigentümlichem Verfügen ergeben; diese Scheidung ist also wohl das mit der juristischen Unterscheidung Gemeinte. Mit ihr verdoppelt die Staatsgewalt jeden Gegenstand eines auch nur potentiellen Interesses in das materielle Ding mit seinen eventuell nützlichen Eigenschaften einerseits, in das Objekt eines ideellen Verfügens, dem sie mit Ge- und Verboten an den Rest der Bürgerschaft Respekt und Geltung verschafft, andererseits. Und genau das hat in der Marktwirtschaft einen tieferen, praktischen, nämlich *ökonomischen Sinn*.

Denn marktwirtschaftlich gesehen existiert jedes nützliche oder nutzbar zu machende Ding sowieso von Anfang an doppelt: einerseits als Gebrauchswert, andererseits als Reichtum, abstrakt und gezählt, als Anspruch auf eine Summe Geld. Als Gebrauchsgegenstände sind sie gerade nicht das, was ihren Produzenten und Verkäufer an ihnen interessiert; deren ökonomisches Interesse geht darauf, den wirklichen Gegenstand loszuwerden, um den darin steckenden Anspruch auf Geld einzulösen. Da steht also das Interesse an der Verfügung über den *abstrakten* Reichtum, an einem Stück Verfügungsrecht über die gesellschaftliche Produktion schlechthin, *gegen* das Hockenbleiben auf dem wirklichen Gut. Der Reichtum ist marktwirtschaftlich erst fertig, wenn er sich von seiner stofflichen Warenform gelöst hat. Und darin fallen die ökonomische Kategorie des *Werts* und die juristische Kategorie des *Eigentums* zusammen. Geld ist Eigentum in derjenigen abstrakten

Form, in der es an gar keinem materiellen Gebrauchsgegenstand haftet, sondern als pure private Macht existiert, die jederzeit im Kauf zuschlagen kann. Oder umgekehrt: Das Eigentum, diese spitzfindige Rechtskategorie, führt ihr wirkliches, materielles ökonomisches Eigenleben im Geld.

War das zu „philosophisch"? Ja, so ist das nun einmal: Ohne Hegel und Marx begriffen zu haben, halten sich die Hersteller der deutschen „Währungsunion" an deren Begriff des Geldes und des Privateigentums wie an ein Drehbuch. Sie gehen ganz einfach davon aus, daß die D-Mark ohne gesetzliche Einrichtung und Betreuung des Privateigentums nicht funktioniert, so wie das ganze schöne Eigentumsrecht schlicht gegenstandslos ist, wenn es in einer nationalen Ökonomie nicht ums Geld geht. Das ist ja gerade die „philosophische" Klarstellung am Rande im Zuge der DDR-Annexion: Funktioniert hat da der gesellschaftliche Laden auf seine Weise ja auch, *ohne* all die Schutzzäune ums Eigentum, die vom Westen her nun eingeklagt und eingerichtet werden, weil es mit einer anderen, der marktwirtschaftlichen *Ökonomie* neu losgehen soll. So blamieren leibhaftige bürgerliche Politiker, ohne es zu merken, alle bürgerlichen Rechtsillusionen des „kleinen Mannes", der den Schutz des Privateigentums für eine große Wach- und Schließgesellschaft zugunsten seiner privaten Zahnbürste hält und weiter keinen ökonomischen Inhalt darin entdecken kann – außer daß andere Zeitgenossen eben etwas größere Zahnbürsten haben, eventuell sogar mal eine Fabrik. Ideologisch rechtgegeben wird den Marxisten, die schon immer gesagt haben, daß das bürgerliche Recht keine Dienstleistung für sorgenbeladene Bürger ist, sondern das Vorgehen der staatlichen Gewalt bei der Einrichtung einer Nationalökonomie, in der das Wachstum des Privateigentums das oberste Sachgesetz ist. Diesen Beleg liefern Politiker und Banker, die sich einfach an ihre unbegriffene, aber durchaus allgemeine bürgerliche Lebenserfahrung halten, daß die rechtsstaatliche Gewalt mit ihrer abstrakten Zuordnungskategorie „Eigentum" überall dort gefragt ist und Konflikte regeln muß, wo Geld verdient wird.

— Schon der marktwirtschaftliche Sachzwang, Geld zu verdienen, ist bloß deshalb zwingend, weil alle Bedarfsartikel kraft Staatsgewalt als Eigentum derer zur Welt kommen, die sie nur zum Verkaufen brauchen wollen und können, und nur hergegeben werden, wenn damit das Eigentum des Verkäufers in die Geldform übergeht. Beim Kaufen und Verkaufen sind demgemäß, rechtlich gesehen, Eigentumstitel das eigentliche Handelsobjekt.

— Beim Mieten und Vermieten, diesem guten marktwirtschaftlichen Brauchtum, wird überhaupt die Trennung zwischen Benutzen und gesetzlich geschütztem ideellem Verfügen selber zur Geldquelle.

— Richtig interessant wird es freilich erst beim Eigentum an Produktionsmitteln. An ihnen zu arbeiten, sie für die Herstellung von Gebrauchsgütern zu benutzen, ist eine Sache; den Nutzen davon zu haben, eine andere. Das mag zusammenfallen, sogar gelegentlich in der modernen Marktwirtschaft. Das Eigentum vermag aber auch diese beiden Seiten praktisch zu scheiden. Und dann zeigt sich erst so richtig, was in dieser Rechtskategorie steckt. Getrennt ist dann nämlich zwischen dem materiellen Gebrauch der Produktionsmittel, der *Arbeit*, und einem Verfügungsrecht über die Produktionsmittel, das ein ausschließliches Verfügungsrecht über die damit hergestellten Produkte einschließt, also dem *Arbeitsertrag*. Die Staatsgewalt mit ihrer Eigentumsgarantie dient damit dem materiellen Gegensatz zwischen der Arbeit, die dadurch zum Dienst an fremdem Eigentum wird, und ihrem Nutzen, der als Reichtum ohne Arbeit, rein aus dem Eigentum des Eigentümers, zustandekommt. Die Staatsgewalt mit ihrem Eigentumsrecht steht dafür ein, daß es in der modernen Marktwirtschaft eine enorme Mehrheit ohne produktives Eigentum gibt, die ihre Arbeit für den eigenen Lebensunterhalt als bezahlten Dienst am Eigentum und zum Nutzen anderer verrichtet, und eine Elite von Eigentümern, die die gesellschaftlichen Produktionsmittel als ihr jeweiliges Privateigentum monopolisiert haben und so dieses Eigentum produktiv werden lassen können. Das Eigentumsrecht scheidet eine solche Mehrheit und eine solche Minderheit in der Gesellschaft und setzt beide in das gedeihliche Verhältnis zueinander, das bei den einen die Eigentumslosigkeit reproduziert und den andern ihr Eigentum mehrt. Insofern darf der bürgerliche Staat durchaus die kapitalistische Wirtschaftsweise letztendlich seiner Einrichtung des Eigentums als Verdienst anrechnen.

Und kaum zu glauben, aber wahr: Genau das tun die Bonner Machthaber, wenn sie sich mit den nötigen Gesetzen ihren neuen östlichen Staatsteil zum erweiterten D-Mark-Paradies zurechtreformieren und nicht umhin können, sich für ihr umsichtiges, kluges Vorgehen selbst über den grünen Klee zu loben!

Die Arbeiter von den Erträgen ihrer Arbeit erst einmal grundsätzlich zu trennen, dafür war im „realen Sozialismus" die Kategorie

„Volkseigentum"

auch allemal gut. Damit hat der Staat nämlich seinen Planungsbehörden das alleinige Verfügungsrecht über Produktionsmittel und Produkte zugesprochen. „Eigentum" hat da aber immer bloß eben dies bedeutet: daß die Staatsgewalt alle Güter der Nation unter ihre Verwaltung gestellt hat. In verrückter Weise „verdoppelt" haben sich Arbeitsprodukte und Gebrauchsgüter der Gesellschaft damit auch, nur ganz anders: Als Volkseigentum standen sie den Bedürfnissen der Gesellschaft nur gegen DDR-Mark zur Verfügung, also gewissermaßen als Verkörperungen der „wirtschaftlichen Rechnungsführung", die der Staat seinen Betrieben vorgeschrieben hatte; und dieses administrative Dasein als Ware mit einem „sozialistischen" Preis hat für eine gar nicht planmäßige, recht armselige Bedienung der Bedürfnisse der Leute gesorgt. Als Begünstigter stand auf der anderen Seite nur der „realsozialistische" Staat, der die Gleichung von Geld und Eigentum aufgehoben hatte und die Privateigentümer beerben wollte; dies jedoch ohne den *Gegensatz* gelten lassen zu wollen zwischen dem Eigentum und denen, die es bedienen und seiner Vermehrung nützen müssen. Produktiv aufgegangen ist dieser volksfreundlich gemeinte Widerspruch nicht; und die Arbeiter sind seiner erst recht nicht froh geworden.

Doch damit ist es ja nun sowieso vorbei. Die Nachfolger und Erben der alten SED-Herrschaft stellen mit neuen Gesetzen und Rechtsformen das „realsozialistische“ Volkseigentum, diese widersprüchlich verschleierte Form staatlichen Kommandierens, auf marktwirtschaftlich brauchbare und passende Formen wirklichen Eigentums um, in denen sogar die Staatsgewalt, sofern noch Eigentümer, den Charakter eines Privatsubjekts mit gesetzlich garantierten Verfügungsrechten annimmt. Damit wird *die* Macht beseitigt, die der „realsozialistische“ Staat über die gesellschaftliche Produktion ausgeübt hatte. An dieses Abbruchwerk hat sich schon die zur PDS demokratisierte SED gemacht und das kleine Paradox nicht gescheut, die eigene Gewalt einzusetzen, um sich als Herrn der Produktion abzuschaffen. Die Übernahmeagenturen in der BRD wachten dabei sorgsam darüber, daß kein Gesetz zustandekam, das dem Einmarsch des Eigentums Hindernisse in den Weg legen könnte. Lautstark beschwerte man sich über freiheitswidrige Formulierungen wie „soweit es im volkswirtschaftlichen Interesse liegt“ im Joint-venture-Gesetz, die sich in ähnlichen Gesetzen der BRD haufenweise finden; sie galten als Beweis, daß unverbesserliche Planwirtschaftler sich noch immer anmaßen wollten, eigene Maßstäbe ans gesellschaftliche Produzieren anzulegen. Im Gegenzug wird das neue Recht gern so erläutert, daß der Staat sich fortan „aus der Wirtschaft heraushalten“ würde – kein besonders richtiger Gedanke. Denn erstens kann beim alten System von „Einmischung“ des Staats in „die Wirtschaft“ nicht die Rede sein, weil die Staatsgewalt die gesamte Einrichtung von Produktion und Versorgung als ihre Aufgabe in die Hand genommen hatte; „Einmischung“ ist die Be-, besser Verurteilung dieses „realsozialistischen“ Staatsauftrags von dem begriffslos-parteiischen Standpunkt der Marktwirtschaft aus, der die „realsozialistische“ Staats- und Wirtschaftsform gar nicht begreifen, sondern als verfehlte Variante des bürgerlichen Staats mit seinem andersgearteten Verhältnis zur Ökonomie geißeln will. Was zweitens dieses alleinseligmachende Verhältnis zwischen Wirtschaft und Politik betrifft, so gilt da das „Heraushalten" allein für die kaufmännischen Aktivitäten als solche; die überläßt die bürgerliche Staatsgewalt wirklich denen, die Geld haben. Daß es aber überhaupt solche Figuren gibt, daß Eigentum Früchte abwerfen kann, daß die Widersprüche dieser Einrichtung nicht das Verhältnis zerreißen, daß gegensätzliche Interessen sich sozialfriedlich voneinander abhängig machen: Das alles ist durchaus das Werk staatlicher Gewalt, und zwar einer immer und überall gegenwärtigen. Eben deswegen ist dieser Staat ja genauso eifersüchtig auf sein *Gewaltmonopol* bedacht wie der „realsozialistische" auf seine „Kommandohöhen der Volkswirtschaft". Denn dieses Monopol ist *sein* unentbehrlicher Dienst an der nationalen Ökonomie: Es beseitigt ja nicht etwa die Gewalt aus der Gesellschaft, sondern unterwirft mit ihrer Allgegenwart alle ökonomischen Aktivitäten der so spitzfindigen und so lohnenden Rechtsfigur des Eigentums, also dem Kommando des Geldes.

Dieser Übergang des ökonomischen Kommandos von den Planungsbehörden der SED auf die D-Mark und ihre Eigentümer wird also in der unscheinbaren Form der Rechtsreform durchgezogen. Die neue Rechtslage ist im Prinzip schon die durchgreifende Revolutionierung der DDR-Gesellschaft. Diese Revolution enteignet niemanden, weil es Eigentum im neuen Sinn ja gar nicht gab; sie schafft im Gegenteil lauter Eigentümer, die jetzt ökonomisch das Sagen haben, und eine große Mehrheit, die ungefähr genauso eigentumslos ist wie bisher, nur auf völlig neue Weise. Denn sogar die normalen Bürger werden mit einem Eigentum beschenkt: Das neue Recht macht den eigentumslosen Lohnarbeiter zum Privateigentümer seiner eigenen Arbeitskraft, deren Gebrauch in fremden Diensten ihm bezahlt werden muß wie eine Ware. Eine bürgerliche Staatsgewalt schafft es eben sogar, ihre Scheidung zwischen Sache und Eigentum auch noch ins bürgerliche Individuum hineinzutragen, das so unteilbar eben doch nicht ist.

Ausgerechnet das findet das „revolutionäre“ Volk der DDR am allerwenigsten revolutionär. Dieses Volk läßt eben die wirkliche Revolution all seiner Lebensverhältnisse schlicht und ergreifend *mit sich machen*.

Aber dann über gestiegene Preise jammern...

Die „Wirtschaftsunion": Die Verwandlung aller Produktionsbedingungen in Geschäftsmittel des Kapitals

Die Gesellschaft der DDR wird nicht einfach „angegliedert" und so, wie sie geht und steht, in den Kreis der Bundesländer übernommen. Das, wofür „wir" sie brauchen können, leistet sie nämlich gar nicht. Deswegen wird sie erst einmal kuriert. Denn ihre Wirtschaft ist „krank", was eine Pflege ganz besonderer Art nötig macht.

Von Anfang an war klar, daß die medizinischen Bilder, mit denen die Experten des westdeutschen Erfolgsrezepts ihre Unzufriedenheit mit dem Zustand des „Patienten" DDR ausdrücken, eines nicht nach sich ziehen: die Einlösung des „ärztlichen" Befundes durch *Hilfe*. Diesem maroden System steht man nicht bei, weil es sich um einen hoffnungslosen Fall handelt. Es ist nicht zu reparieren, jeder Einsatz für seinen Fortbestand wäre verfehlt ...

So lautete der Beschluß zu einer Betreuung neuen Typs. Diese geht davon aus, daß das *Material* durchaus brauchbar ist, wenn man es einem neuen *Verwendungszweck* zuführt. Für eine „vernünftige" Wirtschaftsweise eingesetzt, sind Land und Leute passable *Mittel*, deren Einsatz sogar die Aussicht auf ein „Wirtschaftswunder" und ein „blühendes Land" eröffnet.

Die Frage nach den notwendigen Veränderungen wird ohne Scheu von den Kennern der Materie beantwortet, die zufällig auch noch zuständig sind für die Abwicklung der „Reformen".
— Der Mißerfolg der DDR-Wirtschaft besteht darin, daß sie respektable finanzielle Erträge nicht zustande gebracht hat. Das kommt zwar auch in anderen Nationen vor, hat aber in der DDR einen besonderen Grund: Es ist gar nicht darum

gegangen, in Geld gemessene Überschüsse zu erwirtschaften, die florierenden Unternehmen zu guten Bilanzen verhelfen und sich zu einem ideellen Wirtschaftswachstum der ganzen Gemeinde zusammenzählen lassen. Alle Bilanzen der DDR sind deshalb, richtig betrachtet, Fälschungen.

— Das Wachstum der DDR-Wirtschaft wurde deshalb so falsch gezählt, weil das nicht einmal konvertible Geld, in dem es beziffert wurde, gar nicht Zweck und Hauptsache war. Mit Geldsummen drückten die Wirtschaftslenker des Regimes nur aus, welche Leistungen im Produktionskampf unter ihrem Kommando angeblich zustandegekommen seien; mit ihren Zahlen wollten sie die Errungenschaften auf dem Felde des Wohnungsbaus, der Kartoffelernte und der Mikrochips würdigen – dabei hat an dem ganzen Zeug kein Unternehmer etwas wirklich verdient!

— Die Versorgung des Volkes fand zwar ganz leidlich statt, aber nach Gesichtspunkten, die jedem Gedanken an „Wirtschaftlichkeit" spotten. Der Lebensunterhalt wurde zu wesentlichen Teilen ganz ohne Markt und Geld bestritten – und wo er über Kauf und Verkauf abgewickelt wurde, waren die Preise grundsätzlich verkehrt. Verzehr war da oft wichtiger als Rentabilität.

— So hatten schließlich viele Leute (falsches) Geld genug, litten jedoch darunter, daß niemand mit einigen preiswerten Angeboten ihre „Kaufkraft" in Anspruch nahm. Unternehmen mit einem „Eigeninteresse" an wachsenden Einnahmen gab es nicht, weil sie gar nicht zugelassen waren ...

Bei dieser Diagnose ist es kein Rätsel, wie die Empfehlungen zur Gesundung der DDR-Wirtschaft aussehen. An die Stelle des allgegenwärtigen Kommandos des Staates hat das *Interesse am Geldverdienen* zu treten. Dieses Interesse muß zum Recht werden, das *private Eigentum* hat sämtliche Initiativen zu wecken, die bislang erstickt wurden. Dann können die Werktätigen, befreit von staatlicher Gängelei, genau so viel arbeiten und erwirtschaften, wie sich rentiert. Und ihre Versorgung frei nach Maßgabe der *Löhne* gestalten, die sich diejenigen, die dann auch drüben „die Wirtschaft" heißen, im Sinne ihrer Gewinnrechnung leisten. Erst wenn der Lohn und damit der Lebensunterhalt der Werktätigen eine vernünftig kalkulierte Kostenfrage wird, geht ein Geschäft – und das ist es ja, was in der DDR gefehlt hat. Dort hat ja nicht einmal mehr der Haus- und Grundbesitz ein Geld abgeworfen – dabei weiß doch jeder, inzwischen auch in der DDR, daß ohne ein gut verdienendes Grundeigentum das Wohnen einfach nicht geht.

Selten wurde so offen wie bei dieser Einführung der „Marktwirtschaft" Wert darauf gelegt, daß die Scheidung von Eigentum und Arbeit der Witz allen anständigen Wirtschaftens zu sein hat. Das Bekenntnis – und die Aufforderung – zur *Teilung der Gesellschaft in Klassen* faßt die ganze Weisheit zusammen, die da vom freien Teil Deutschlands aus exportiert wird.

Die Verwandlung der VEB in Kapital

Gleich nach den Wahlen sind die Architekten der „Währungs- und Wirtschaftsunion" aktiv geworden. Die Politiker sind mit Rechtsexperten, Bankiers und Unternehmern in allen möglichen Kommissionen zusammengetroffen. Herausgekommen ist, daß zumindest der Lebensstandard des *Kapitals* in der ehemaligen DDR derselbe werden muß wie in der Bundesrepublik. Dafür muß wiederum drüben alles anders werden, nämlich genauso wie hier:

— Das Recht ist so zu gestalten, daß der *Zugang* zu jeder Sorte Reichtum jedermann offensteht. Die Verfügung über Gegenstände des Bedürfnisses wie über Mittel der Produktion hat die Staatsgewalt zu gewährleisten – jedem, der sich durch Erwerb in den Besitz an einer Sache gebracht hat. Sie garantiert also umgekehrt den *Ausschluß* von Reichtum, indem sie seine Benützung an die Bedingung knüpft, daß er das *Eigentum einer Person* ist. Der Staat selbst versetzt sich in ökonomischen Dingen ebenfalls in den Status einer juristischen Person, die Eigentum hat, erwirbt und veräußert. Seine Gewalt gebraucht er nicht zum Zwecke der Zu- und Verteilung von nützlichen Gütern und Leistungen – er überwacht mit seinem *Gewaltmonopol* die Konkurrenz um das *Monopol auf Teile des gesellschaftlichen Reichtums*, die er damit freisetzt.

Da das alles auf dem Hoheitsgebiet der DDR noch nicht so ist, aber so werden soll nach dem Willen der Regierung, gerät die Staatsmacht ein letztes Mal in den Genuß, über die „Verteilung" des Reichtums zu bestimmen. Die *Herstellung* des Privateigentums vollzieht sie durch die *Ernennung* ihrer Bürger zu *Privateigentümern*. Und das geht schlechterdings nicht ohne die rechtsgültige Bestimmung der Sachen, auf die sich die Privatmacht erstreckt.

— Die Verwandlung des gesellschaftlichen Reichtums in Privateigentum zielt darauf, daß jedermann mit seinem „Anteil", der ihm gehört, „wirtschaftet". Aber nicht in dem Sinne, daß sich die Eigentümer der nützlichen Seiten ihres Besitzes bedienen und ihn gebrauchen für Genuß und Arbeit. Das haben die DDR-Bürger bislang auch schon getan, in den Kombinaten, beim Häuslebau und sonstwo. Jetzt stehen alle Genüsse und nützlichen Leistungen unter dem Zwang, sich als *Recht auf einen Anteil* des gesellschaftlichen Reichtums zu rechtfertigen und zu bewähren. Dieses Recht verschaffen sich die zu Privateigentümern ernannten „Wirtschaftssubjekte" im Verhältnis zu allen anderen, mit denen sie kooperieren und konkurrieren; sämtliche Sachen und Leistungen werden Gegenstand des *Tausches*; auf dem *Markt* ermitteln die auf ihr Eigentum bedachten freien Personen, was ihnen die Leistung und der Besitz anderer *wert* ist, wenn sie ihrerseits etwas zur Verfügung stellen. Das *Maß* für das Recht, sachlichen Reichtum als den *eigenen* zu verwenden, ist das *Geld*, näher die DM.

Weil das alles auf dem Hoheitsgebiet der DDR noch nicht so ist, aber so werden soll, hat die Staatsmacht zum letzten Mal die Aufgabe zu erfüllen, von der sie Abstand nehmen will. Mit der Zuteilung von Eigentum ist ein Akt der *Bewertung* verbunden, die Fixierung eines Wertes, der als Auftakt dafür dient, daß künftig „der Markt", die Konkurrenz selbst ermittelt, wieviel *Geld* einer hat und kriegt, auf wieviel DM er einen Anspruch hat mit seinem Besitz und mit seiner Leistung.

— Bei dieser gar nicht leichten Aufgabe steht freilich die Regierung der DDR nicht ohne Hilfe da. Die Einführung einer

Wirtschaftsordnung, in der das Wertgesetz gilt – als *Gesetz* anerkannt wird, dem man sich als unhintergehbare Regel der „Sache" unterwirft, statt ewig aus sachfremden „sozialistischen" Gesichtspunkten an ihm herumzumanipulieren –, ist bei den westdeutschen Kennern der Materie in besten Händen. Nicht weil sie das Gesetz verstanden hätten und es erklären könnten; vielmehr weil sie *ihr Interesse* an der Wirkung des Gesetzes, *seinen Zweck* und *ihr Recht* einfach für dasselbe halten. Und da liegen sie – im Unterschied zu den „sozialistischen" „Verwirklichern des Wertgesetzes" – gar nicht falsch. Wozu ist denn das in Geld gemessene Privateigentum sonst gut, wenn nicht fürs Geschäft? Es ist da, *damit* man sich bereichern kann, *damit* man erwirbt und verkauft, Betriebe gründet, verlagert und auflöst, die *Gewinn* bringen.

Mit diesen Grundkenntnissen und der Vertrautheit mit den Rechts-, Geld- und Arbeitsverhältnissen der BRD gehen sie der Übergangsregierung der DDR zur Hand. Ihre Hilfe und ihr Rat erstrecken sich auf das *Recht* – da muß das westdeutsche gelten –, auf die *„Zuteilung"* – da muß eine Eigentums-„struktur" her, die nicht wegen „sozialistischer" Erblastigkeit den Zugriff durch Geld behindert – und auf die *„Bewertung"*. Die muß – da ja vorerst die freie Konkurrenz als Schiedsrichter noch nicht im Amt ist – erst einmal die *Rentabilität garantieren.*

— Wenn bei diesem Einstieg der westdeutschen Geschäftswelt der *Bewertungsvorgang* als Durchführung eines *Geldumtausches* verhandelt wird, dann *beruft* sich die interessierte Mannschaft aus Industrie- und Finanzkapital auf Notwendigkeiten, die es nicht gibt. Die sie vielmehr herbeiführt. Wenn sie aus den „1:1-Fragen" die schlüssige Antwort für eine „korrekte" Bewertung ableitet, dann ist die „Sache", der angeblich Rechnung getragen werden muß, schlicht *ihre vorweggenommene Gewinnrechnung.* Aus deren Bedarf ermitteln sie den „Wert" jedes Produktionsfaktors auf dem Boden der DDR – von den Bilanzen der Betriebe bis zum Arbeitslohn ihrer künftigen Belegschaft!

„Die Stunde der Wahrheit naht für DDR-Kombinate"

Mit Wahrheit hat das überhaupt nichts zu tun, worüber der Wirtschaftsteil eines deutschen Weltblattes berichtet. Westliche Wirtschaftsprüfer nehmen DDR-Kombinate unter die Lupe, bewerten das Vermögen (Maschinen, Bauten und Halbfertigprodukte) und lassen sich von den Buchhaltern die Verbindlichkeiten zeigen. Das sagt alles über die *Lupe*, die sie dabei hatten. Nicht um irgendeine Wahrheit ist es ihnen gegangen, sondern um eine ideelle Rechnung, die demnächst praktisch aufgehen soll. Sie haben eine DM-Eröffnungsbilanz aufgemacht, wo sie gar nicht vorliegt. Sie haben sich bei der Besichtigung vorgestellt, wieviel ein „Geldgeber" Marke BRD für das Zeug bezahlen würde, was er bei diesem fiktiven Kapitalvorschuß an der Produktion des Betriebs verdienen könnte, und dabei haben sie auch die Kreditwürdigkeit in Betracht gezogen, die dem Privateigentümer dieses Betriebs zufiele. Vorweggenommen wurde die kapitalistische Benützung des Unternehmens, wobei es nicht einmal darauf ankam, ob es zur Veräußerung angeboten wird oder nicht. In Kombinaten, die demnächst als vom Übergangsstaat gegründete Aktiengesellschaften in den freien Markt einsteigen, ist dieselbe Kalkulation üblich und notwendig.

Unrealistisch ist diese Taxierung nicht. Ihre drei Grundannahmen sind demnächst der praktische Ausgangspunkt für den Umgang mit dem sachlichen und lebendigen Inventar des Betriebs: Er wird als Privateigentum geführt, das Gewinn bringt. Als Vermögen steht es für eine Geldgröße, die wie der erwirtschaftete Zuwachs in DM bemessen ist.

Unrealistisch ist lediglich das im Zusammenhang mit solcher Prospektion (das ist, wenn Kolonialherren eroberte Gebiete nach dem Reichtum absuchen, der aus ihnen herauszuholen geht) verbreitete Geschwätz, Gerät und Belegschaft wären in der DDR insgesamt oder meistens *minderwertig*. Bisher hatten sie nämlich überhaupt keinen Wert, sondern wurden nach Maßgabe staatlicher Interessen mit Rechengrößen versehen, die eine nützliche und gerechte Verteilung von

Arbeit und Produkten bewirken sollten. Und die Anspielung auf die *Qualität* von Werkzeug und Produkten, die zur Rechtfertigung eines „Vergleichs“ mit westlicher Spitzenware stets kommt, ist verlogen. Die Schätzung zielt auf die *Rentabilität*, auf ein Verhältnis von Kosten und Überschuß – und die hat mit „frisch gestrichen“ nur bedingt etwas zu tun. Die ganze „Kunst“ dieser „Prüfung“ besteht eben darin, den Wert zu „finden“, also den DDR-Produktionsmitteln *zuzuweisen*, der sie als einträgliche Kostenelemente zu benutzen erlaubt. Wenn westliche Einkäufer die „Überbesetzung der Fabriken mit Arbeitskräften“ beklagen, wenn sie Maschinenparks und Produktionslinien für untauglich, bislang hergestellte Gebrauchsgüter für qualitativ minderwertig befinden, dann beurteilen sie Qualität wie Quantität dieser Produktionsfaktoren an eben diesem Maßstab. Was die im Zweifelsfall als Kapital taugen, hat mit ihrer „Modernität“ nur insofern etwas zu tun, als sie mit darüber bestimmt, was den Käufer das Zeug kosten darf, damit sich für ihn die produktive Verwendung lohnt. Daß Maschinenparks in der BRD immer den neuesten Stand der Technik aufweisen würden, ist jedenfalls ebenso unbekannt wie das Verbot der Benutzung von Bruchbuden als Mieteinnahmequelle: Auf einen Wert nahe Null abgeschrieben, wird noch jede Fabrik saumäßig produktiv. Und ob AKWs oder Braunkohlewerke sich nach der Währungsunion noch rentieren, wird sich in der DDR ebensowenig wie in der BRD am Gesundheitszustand der Umwohner oder gar der dort Beschäftigten entscheiden.

Vom Schätzen zur Kalkulation

Eröffnungs*bilanzen* sind die Schätzungen genaugenommen nicht. Bilanzen gibt es erst, wenn Kauf, Produktion und Verkauf welche ergeben. Wenn die Betriebe auf Grundlage des Marktes und für ihn produzieren, so daß ihre Eigner bzw. ihre Manager nachzählen können, was herausgekommen ist. Dann findet auch die nötige Korrektur an den Schätzungen statt, die „falsch“ gewesen sind. Zunächst einmal sind die Schätzungen aber „richtig“. Sie kommen nämlich durch das vorweggenommene Interesse an einem Geschäftserfolg zustande, zielen also in ihrer Höhe auf die kapitalistische Brauchbarkeit des jeweiligen Ladens ab. Für einen *Käufer* gilt dabei der Grundsatz, daß der Erwerb *billig* sein muß. Allerdings ist dies nicht das einzige Kriterium, das eine Rolle spielt. Allein schon vom Standpunkt des *Verkäufers*, sei es nun eine zum Eigentümer ernannte Belegschaft oder der Staat mit seinen Treuhandgesellschaften, ist *teuer* allemal besser. Hat man die *Kreditwürdigkeit* des Unternehmens im Auge, ist Geringschätzung auch nicht das Günstigste. Dasselbe gilt für den Fall, daß das vorhandene Kapital *als* Kredit in Anschlag gebracht wird, der sich fremdes Eigentum als Zusatzkapital an Land ziehen will. Insofern nehmen die Schätzer alle möglichen Momente der künftigen Konkurrenz spekulativ ins Visier, und manche Ziffer dürfte weniger eine Folge der peniblen Materialprüfung vor Ort sein als das Produkt einer „Information" über gesicherte Absatzgebiete, über Standortvorteile etc. Solche Dinge machen in manchen Fällen fürs erste den Nachteil von vergleichsweise veralteten Anlagen wett, in anderen den Preis für Schrott, dessen teilweisen oder vollständigen Ersatz man finanziert, zu einer lohnenden Investition.

All diese widerstreitenden Gesichtspunkte sind für die Aktivisten der Umstellung kein Grund zur Verzweiflung, wenn sie nach einem echten, realistischen Sachwert suchen. Auch das spekulative Element – das bekannte *Risiko* – hält sich in Grenzen, wie das bedingungslose Interesse zeigt, das Staat und Kapitalisten geltend machen. Eines steht nämlich fest: Für jeden, der einsteigt, verwandeln sich Produktionsmittel, die bislang der kapitalistischen Benutzung entzogen waren – nachfrage-, angebots- und produktionsmäßig –, in *sein Eigentum* und *dessen* zusätzlichen Markt. Wo ein ganzer Landstrich *in Wert verwandelt* wird, also plötzlich als Material der privaten Bereicherung zur Verfügung steht, ist *Entwertung* eine Erscheinung, die sich in fernen Tagen vollendeter Konkurrenz abspielt und niemanden abschreckt.

So geben sich die interessierten Personen und Instanzen –

auf kapitalistische Effizienz scharfe ehemals realsozialistische Betriebsdirektoren zählen auch dazu – alle Mühe, jedem Trumm sachlichen Reichtums in der DDR *seinen Wert* zuzusprechen. Daß sie dessen Höhe mit Blick aufs Funktionieren der künftigen Geschäfte an den gegenwärtig vorgefundenen Geschäftsbedingungen orientieren, ist der notwendige erste Schritt in die richtige Richtung.

Die Grundlage, der Gegenstand und das Instrument der Kalkulation: Geld und Kredit

Der zweite Schritt muß bei einem so komplexen Vorhaben, wie es die Verwandlung der DDR in eine Filiale der Marktwirtschaft ist, mindestens gleichzeitig mit dem ersten, wenn nicht vorher erfolgen. Wenn die ganze Wirtschaft auf das Geldverdienen ausgerichtet wird, muß es Geld geben. Wenn das Geldverdienen mit dem Investieren anfängt, muß man es haben. Wo Privateigentümer zum Investieren Geld brauchen, aber nicht genug davon haben, müssen sie es kriegen. Am stellenweisen oder zeitweisen Geldmangel jedenfalls darf das Geldverdienen nicht scheitern.

Insofern steht die „Währungsunion", die Einführung der DM als Geldware zurecht an erster Stelle in den Überlegungen der Architekten. Geld muß in Form von Zetteln und Münzen, wo DM draufsteht, durch die Hände der neuen Wohlstandsbürger gehen, damit die Waren und Dienstleistungen zirkulieren. Geld muß, wenn es von seinen Eigentümern gerade nicht gebraucht wird, arbeiten können. Das heißt, dort zur Verfügung stehen, wo es gebraucht wird, und seinem Eigentümer eine kleine Gebühr eintragen. Geld, das nur als Wert von sachlichen Reichtümern existiert, die noch gebraucht, also nicht veräußert werden, muß seinem Besitzer das Herankommen an wirkliches Geld gestatten. Geld muß da sein, wenn ein Unternehmen in einer anderen Branche seine Chance erblickt und wechseln will...

Es braucht also eine gesellschaftliche Einrichtung, die den Zugang zum Geld organisiert, es für die Geschäftsbedürfnisse bereit hält; die andererseits den Zugang des Geldes zu allen

Geschäftsgelegenheiten regelt, es investiert oder zum Investieren überläßt, also zu Kapital macht, damit das Geldverdienen nicht aufhört. Ein Bankensystem wird eingerichtet, das den Kriterien der DM-Vermehrung genügt: kein staatliches Geldeinsammel- und Zuteilungswesen, sondern eine eigene Geschäftssphäre, in der ein Bankkapital durch Verleihen und Borgen, durch die Verwaltung von Vermögensbeständen, durch Einkauf, Verkauf und Spekulation mit zinstragenden Papieren der Welt der Produktion als Quelle zusätzlich einzusetzenden Kapitals dient und damit eigenen DM-Reichtum vermehrt. Was sich da ganz plötzlich auf dem Boden der DDR tummelt und sich aufspielt, als wäre es eine Produktionsbedingung, ein Hilfsmittel für Wertarbeit ohne Ausschuß, ein Garant für Leistungen, die in Fabriken und Werkstätten sonst einfach nicht zustandekommen, ist das *Finanzkapital.*

Dieser Geschäftszweig stand in der Zeit, als Hammer und Sichel, die Wertschätzung der Arbeit die Staatsdoktrin der DDR ausmachten, gar nicht zu Unrecht in einem schlechten Ruf. Denn das stimmt allemal: daß pure Geldgeschäfte kein Beitrag zur gesellschaftlichen Arbeit sind, nicht die Vermehrung des gesellschaftlichen Reichtums bewirken, sondern einen satten Teil dieses Reichtums beanspruchen und an sich ziehen. Wenn Leute und Institutionen, die ausschließlich mit Geld und Schulden handeln, in der DDR des Jahres '90 wie die Initiatoren des neuen und besseren Lebens auftreten können und gewürdigt werden, so belegt das zweierlei: Erstens, daß Politiker und Volk der DDR bereit sind, jeden Einwand gegen offensichtliche Unarten des Kapitalismus mit einem Schlag aus dem Verkehr zu ziehen. Zweitens, daß bei der Einführung kapitalistischen Wirtschaftens die Parasiten dieser Produktionsweise, die Herren des Geldes, in die Rolle des Helfers, des Wohltäters, des Machers schlüpfen, nur weil ihre Verfügung über Geld tatsächlich *die* Produktionsbedingung ist. Die Verehrung von Hammer und Sichel wird so über Nacht ersetzt durch einen tiefen Knicks vor den segenstiftenden Finanzen. Die DDR-Regierung beschloß gleich selbst die Umwandlung des DDR-Bankenwesens in ein kapitalistisches Kreditsystem;

und BRD-Bankiers sind schon unterwegs, um lauter lohnende Investitionen einzuleiten und sich an jeder lohnenden Investition zu beteiligen. Auch für den bislang so lästigen „Geldüberhang“ findet sich eine nützliche Verwendung: Festgelegt in Zwangssparguthaben darf er als finanzielle Manövriermasse seinen Teil beitragen zur Ausstattung der neuerstandenen DDR-Bankenwelt mit der „Liquidität“, die sie so dringend braucht, um am neuen Reichtum der DDR mitzuverdienen.

Die Erstausstattung dieses Geschäftszweigs mit Liquidität, also Konten, auf denen Guthaben sind, und Geldware, die der alltäglichen kleinen Zirkulation dient, erfolgt von der Bundesrepublik aus. Westdeutsche Geschäftsbanken und die über deren Liquidität wachende Bundesbank „liefern“ die DM, von der auch drüben jedes Geschäft seinen Ausgang nimmt und in deren Vermehrung es besteht. Daß die Lieferung erfolgt, ist klar, denn nur so wird aus der DDR eine zusätzliche DM-Zone des Kapitals. Im Zusammenhang mit den Bewertungsfragen allerdings ist den Währungshütern, den deutschen Unternehmen und den Bankern ein dialektischer Gedanke gekommen. Sie haben in ihrem Bemühen, das Eigentum der DDR möglichst geschäftstauglich zu bewerten, die Ernennung der DM zum gesetzlichen Zahlungsmittel für „drüben“auf ebenso raffinierte wie bescheuerte Weise zum Hilfsmittel der „Wertfindung“ erklärt.

Das Theater mit dem 1:1

Statt die Herren Wirtschaftsprüfer ihre „Eröffnungsbilanzen“ aufmachen und die Konkurrenz ihr Werk tun zu lassen, sind die Organisatoren des Anschlusses darauf verfallen, die Einführung ihres Geldes wie einen *Umtausch* zu nehmen. Obwohl sie unablässig verkünden, daß erstens das Geld der alten DDR keines in dem Sinne ist; obwohl sie betonen, daß zweitens die Geldgrößen, die der Unrechtsstaat seinen Betrieben, den Waren und Dienstleistungen zugeschrieben hat, fiktiv, subventioniert und verfälscht gewesen sind, berufen sie sich auf eben diese Größen, wenn sie jetzt alles in DM messen. Keine einzige Ostmark wird gegen irgendeinen Bruchteil

DM *getauscht*, aber die westdeutsche Elite rechnet öffentlich an einem gerechten Verhältnis zwischen beiden Währungen herum. Dabei fallen Argumente, die nur eines zeigen: daß die ganze Sache mit einem Wechselkurs überhaupt nichts zu tun haben kann. Wer statt 1:1 einfach 1:2 sagt, drückt schließlich nur aus, daß er das bislang in Ostmark denominierte Gut eben als Vermögen von soundsoviel DM behandelt – und nicht, daß er einem von zwei Währungswerten (eine davon war nie konvertibel!) diktierten ökonomischen Gebot, einem „Sachzwang" oder einer „Vernunft" folgt. Zumal im Anschluß an den aufgemachten Schein eines errechneten Verhältnisses Hinweise ganz anderer Art kommen wie die auf die vergleichsweise „Kaufkraft" der nationalen Gelder. Oder auch im Falle unserer zu Kapital werdenden VEB z.B. die schöne Sorge, ein Kombinat könne bei 1:1 gar nicht seiner Schulden Herr werden. Da wird ein Verrechnungsmodus des alten „Unrechtsstaats", mit dem dieser die Verteilung von Produktionsmitteln und Kapazitäten in seiner Volkswirtschaft geregelt hat, wie ein verzinslicher Kredit mitten im fertigen Kapitalismus gehandelt. Die „Schulden" zweier Wirtschaftssubjekte, die es gar nicht mehr gibt, soll es da plötzlich zu berücksichtigen geben – und zwar als eine Existenzbedingung eines neuen Betriebs, der einem Privateigentümer gehört, welcher nun wirklich der SED nichts schuldet!

Der Grund für solche „theoretischen" Absurditäten liegt wieder einmal im verfolgten Zweck. Er hat mit der Absicht, das neu entstehende Kapital vor unerträglichen Verbindlichkeiten zu verschonen, nichts zu tun – vielmehr mit dem Gegenteil: Die rechnerische „Übernahme" von Schulden, die eine Abteilung des liquidierten Staates bei seiner anderen verbuchte, läuft auf etwas ganz anderes hinaus. Das Finanzkapital, repräsentiert in den neuen Unterabteilungen der Staatsbank West, ist mit *Guthaben* aus verschuldeten Betrieben vom ersten Tag an mit im Geschäft, sei es als Miteigner, mitbestimmend oder „nur" am Ertrag beteiligt. Ein schöner Zug, daran zu denken und mit Hilfe der kapitalisierten Sachwerte aus der „maroden" DDR-Wirtschaft den Spielraum des Geldkapitals zu vergrößern, ohne den Kredit der Nation aufzublähen.

Die Schönheiten des deutschen Wahns, wie er sich in den Niederungen des Geldes abspielt, steigern sich noch, wenn es um die „Umtauschsätze“ für die kleinen Leute geht, die jetzt auch drüben „sozial Schwache“ heißen. Auch hier ist einerseits unerfindlich, warum sich das Zugeständnis an einen Sparbuchbesitzer oder eine Rentnerin ausgerechnet an den alten krummen Ziffern der DDR-Ökonomie bemessen muß. Andererseits ist es ein offenes Geheimnis, worum es bei diesem Zugeständnis geht: Es ist die moderne Form des Kopfgelds, das jemand braucht, will er im Kapitalismus als Lohnabhängiger anfangen oder als Rentner überleben. Dennoch – unsere Sachverständigen werden nicht müde, mit der Legende des Wechselkurses zu begründen und zu rechtfertigen, daß die Kaufkraft der DM allemal ein Segen ist. Die Preise, jene andere Seite der „Kaufkraft“, werden da ausnahmsweise einmal nicht verglichen.

Aber auch diese Dummheiten lassen sich noch steigern, wenn die kapitalistische Gemeinheit es gebietet. Man kann die Währungsumstellung auch mit der Bewertung *aller* künftigen Zahlungen – also nicht nur der Renten, wo der Staat an die Stelle des anderen tritt – verbinden. Dann ist die Entscheidung 1:1 oder 1:2 gleich noch ein Mittel der „Lohnfindung“. Zum letzten Mal: Was haben die Löhne in der alten DDR (nach offizieller Lesart eine betrügerische Abfindung mit einer lächerlichen Summe Falschgelds) mit dem zu tun, was ein Arbeiter demnächst im Dienste des Kapitals, auch des Kapitals, das mit flotten Preisen an seinen Lebensmitteln verdient, an Lohn braucht? Nichts, beziehungsweise nur dann, wenn der Vergleich mit der alten Armut den neuen Herren als Orientierungshilfe dient. Für ein *Lohnniveau*, an dem sie sich dumm und dämlich verdienen.

Das alles ist der politischen Ökonomie des Anschlusses zu entnehmen. Das mangelnde Interesse an eben dieser Ökonomie hat seine Konsequenzen. Ein ganzes Volk ergeht sich in der aufgeregten Diskussion über die 1:1-Frage, merkt, daß die Anpassung an die Sitten des DM-Imperialismus nicht ganz leicht wird – und die Regierung, die es westlichem Geld und westlicher Macht überantwortet, spielt sich in den Übergabeverhandlungen auf, als würde sie die Rechte des Volkes verteidigen. Das haben auch schon andere behauptet.

Die Schönheiten des Grundeigentums

Die Wiedereinführung des privaten Eigentums und des freien Wirtschaftens setzt ganz selbstverständlich auch die Frage des Grundeigentums auf die Tagesordnung.

Und zwar in ganz seltsamer Weise: Nicht *ob* es ein Grundeigentum geben soll und *warum* so etwas nun auch in der DDR fällig sei, ist Thema geworden; ein Beweis für Notwendigkeit und speziellen Nutzen dieser politökonomischen Einrichtung wurde nicht angestrebt – statt dessen eine Debatte, *wem* denn nun Grund und Boden gehören sollten. Besonders die westdeutschen Paten der marktwirtschaftlichen Totalreform entdeckten *„ungeklärte Eigentumsverhältnisse“*: Sie brachten die Rechte von Personen ins Spiel, die einst enteignet worden waren und nun anläßlich des historischen Sieges des Privateigentums auf Wiederherstellung dieser Rechte pochen, andere, die von ihrem Eigentum getrennt, aber nie formvollendet enteignet wurden, und schließlich Bauern, die durch den Eintritt in die LPG die freie Verfügung über ihr Land abgaben, aber Eigentümer geblieben waren.

Die Frage nach dem Grundeigentum trat gleich als der pure Gegensatz zweier Interessen auf. Als Gegenpartei meldeten sich die Mieter und Bauern und fragten, wie es denn nun mit ihrer gewohnten Nutzung von Boden und Wohnraum stünde, wenn neue und alte Eigentümer wieder eingesetzt würden. Gewohnheitsmäßiger Nutzen – durch Benutzung erzielter Ertrag – steht seitdem ausdrücklich gegen das Recht auf Ertrag und Nutzen, das mit dem schieren Eigentumstitel einhergeht. In der auch von westdeutscher Seite vorgetragenen Phrase, man solle altes Unrecht nicht durch neues ungeschehen machen wollen, wurde eine der Härten der kapitalistischen Produktionsweise verhandelt.

1. Nicht wenige Schreiber von Leserbriefen berichteten anklagend von Land-Junkern und alten Hausbesitzern, die schon mal vorbeigeschaut haben sollen, um den Leuten zu sagen, was sie ab sofort dürfen und was sie müssen. Ihnen erscheint das *Recht* auf Nutzen und Ertrag durch pures Eigentum als ein einziges *Unrecht*; angesichts *dieses* Gegensatzes von Eigentum einerseits, Arbeit und Leben andererseits, erscheint ihnen die Wiedereinführung von Marktwirtschaft und Eigentum wie eine Restauration zum Schlechten. Allerdings auch nur angesichts *dieses* Gegensatzes. Dieselben Leute, die alle anderen Elemente der freien Marktwirtschaft mit Ehrentiteln wie „Hilfe" belegen oder doch wenigstens im Namen von „Effizienz" und „Weltmarkttauglichkeit" notwendig finden, entdecken beim Grundeigentum Schmarotzertum und Ausbeutung; seine Wiedereinführung, und nur sie, hat in der DDR den Ruch von Eroberung und Kolonisierung seitens der BRD. Mit dieser Unterscheidung täuschen die Betroffenen sich aber sehr.

2. Beim Grundeigentum ist freilich offensichtlich, daß sein Besitzer keinen Beitrag zum Nutzen, keine Hilfe für den Arbeitsertrag leistet, wenn er kraft Eigentum über die Erträge und ihre Verwendung zu seinen Gunsten entscheidet. Beim Grundeigentum ist unübersehbar, daß es nicht ein Produktions*mittel* ist, *sondern ein Produktionsverhältnis*. Das Grundeigentum und der darauf gezogene Teil des Nationalprodukts bringen das Wesen des Privateigentums überhaupt zur Anschauung: Es ist das Recht auf Tribut aus monopolisierten Mitteln der Arbeit und des Lebens. Immer nämlich besteht die „wirtschaftliche Verwendung des Eigentums", zu der der Eigentümer berechtigt ist, in dem, was man beim Grundeigentümer unmittelbar sehen kann: Sein Eigentum steht im Grundbuch und ist gesetzlich geschützt, so daß jeder, der es braucht, sei es als Acker, Werksgelände oder Wohnraum, Geld dafür bezahlen muß, daß er benutzen darf, was dem anderen gehört. Beim Eigentümer der beweglichen Produktionsmittel ist es nicht anders: Helfen denn die industriellen

Kapitalisten bei der Arbeit mit? Sogar Kalkulation und Überwachung der Arbeit, die zu ihrem Geschäft gehören, lassen sie von bezahlten Funktionären erledigen. Ein Aktionär hat mit *seinem* Betrieb auch nicht mehr zu tun als der Eigentümer des Bodens, auf dem der Betrieb steht. Wenn „Arbeitgeber" sich schließlich zugute halten, daß doch sie es sind, die all die nützlichen Arbeitsbedingungen zur Verfügung stellen, dann ist das nur eine höfliche Tour, auf ihr Monopol zu verweisen, das ihr Recht auf Erträge begründet. Ihnen gehört eben, was die arbeitende Bevölkerung braucht und nicht hat.

3. Insofern bestehen die Grundeigentümer – eigentumsmäßig monopolisierte Verhältnisse vorausgesetzt – zurecht darauf, daß sie Nutzen stiften, wenn sie ihr Recht auf ausschließliche Benutzung ihrer m^2 oder ha aufgeben und anderen zur Verwendung überlassen; einen Nutzen, den es ohne ihren „Verzicht" auf den Ausschluß aller anderen nicht gäbe und der deshalb ein Recht auf Entschädigung bewirkt: Pacht und Mietzins für befristete oder einen Preis für endgültige Überlassung.

Diese Berufung auf nichts anderes als ein Produktionsverhältnis, eben das des privaten Eigentums, wird von den ehrlichen Industriellen, die jetzt Schwung in den DDR-Laden bringen sollen, nicht als unverschämte Anmaßung zurückgewiesen – und das, obwohl die Bodenrente auch für Industrielle nichts als Kosten bedeutet. Erstens wissen sie nämlich ganz gut, daß die Monopolisierung von Produktionsbedingungen auch die Grundlage ihres Erwerbs ist. Von daher werden sie Prinzipienreiter des Eigentums und verteidigen zusammen mit den Absahnern von der Grundbesitzerfraktion die Rechte „des Eigentums" überhaupt. Zweitens aber sichert den Industriellen die Bezahlung des Tributs ihr ausschließliches Nutzungsrecht und die Freiheit seiner geschäftlichen Verwendung.

Deswegen wird der Immobilienhandel nicht zu einem verachteten, sondern zu einem geschätzten Geschäftszweig.

4. Die Preise, die in diesem Gewerbe verlangt und gezahlt werden, haben nichts mit einem Wert, mit geschaffenem Reichtum, zu tun, sondern verdanken sich einer Rechnung auf Geschäftschancen, die sich mit der Verfügung über bestimmte Grundstücke eröffnen. Die Konkurrenz der Meistbietenden entscheidet darüber, wer welche Länderei, welchen Bauplatz, welche Ladenfläche zur Nutzung bekommt und zu welchem Preis.

Anhaltspunkt der Preisbildung ist wie überall im Kapitalismus der Gewinn. In diesem Fall der Gewinn, der sich mit einer besonders *günstigen Lage* oder natürlichen *Beschaffenheit* eines Grundstücks machen läßt; also ein *Konkurrenzvorteil*, der sich aus der speziellen Brauchbarkeit dieses Stücks Boden ergibt. Das Interesse an solchen käuflichen natürlichen Extra-Geschäftsbedingungen ist bei denen, deren Beruf im Gewinnemachen besteht, stets vorhanden. Sie lassen sich das etwas kosten und behandeln den Preis, den sie dem Grundeigentümer zahlen, wie Kosten für Produktionsmittel – *Profit*mittel ist die Pacht ja tatsächlich. Der Preis schließlich, der bei Kauf und Verkauf für den Boden, d.h. genaugenommen für das Eigentum daran, bezahlt wird, bildet sich aufgrund einer „auf den Kopf gestellten“ Zinsrechnung: Wirkliche wie erwartete Erträge, erhaltene wie aufgrund der Konkurrenzlage forderbare Pachteinkünfte, werden als Verzinsung eines Vermögens betrachtet, auf dessen Größe per Dreisatzrechnung zurückgeschlossen wird. Die vielgegeißelte Bodenspekulation ist deshalb in der Marktwirtschaft nicht sittenwidrig, sondern notwendig und ein Beweis des Geschicks dessen, der die wahren sozialen Pflichten seines Eigentums kennt.

Das alles ist in einer Wirtschaft, wo es um das Erzielen von Gelderträgen geht, eminent gerecht: Der *Ausschluß* durchs Grundeigentum und sein Recht auf Tribut ist zugleich der *Zugang* zu Grund und Boden für das Geld, geregelt durch den Preis und sonst gar nichts. Jede andere Zugangsregelung wäre geschäftswidrig, ja diskriminierend für das erste Nationalanliegen: das Geschäftemachen. Wo der Staat wie bisher in der DDR Nutzungsgenehmigungen nach seinen Kriterien vergibt, reißen – marktwirtschaftlich gesehen – so absurde Zustände ein, daß gleich im Stadtkern der großen Städte Wohnviertel zu finden sind, anstatt daß Geschäftsleute, die viel mehr Miete zahlen könnten, in der guten Geschäftslage Büro- und Verkaufsflächen konzentrieren. Der erfolgreiche Geschäftsmann, der zweifellos am meisten Geld aus der „guten Lage“ machen könnte, kommt an die Geschäftsgelegenheit nicht heran, weil andere, „wirtschaftlich“ völlig sinnlos, die Erlaubnis zum Wohnen dort haben.

So arbeiten die Kapitalisten und die Grundbesitzer zusammen, wenn sie um den Preis des schieren Monopols konkurrieren; sie machen es zu einem Kalkulationsposten beim Geldverdienen. Wirklich ausgeschlossen sind bei diesem Feilschen nur diejenigen, denen das nötige Geld und Eigentum abgeht, um in Geschäfte einzusteigen. Sie müssen – ob Bauern, die Land pachten, oder Normalverbraucher, die zur Miete wohnen – mit ihrer Arbeit und ihrem Geldausgeben die Finanzierungsquelle des Grundeigentums abgeben. Dieses bildet einen Kostenbestandteil aller Preise, die man für Genießbares auf den Tisch legen muß; am auffälligsten natürlich bei der elementaren Lebensnotwendigkeit – dem Wohnraum.

5. So kommen die Bürger der DDR weg von ihrem alten System, das für Lebensmittel und Wohnraum keine wirklichen Preise kannte und rechnerisch Subventionen verbuchte. Nun kommen sie in den Genuß, ihrerseits und wirklich das Grundeigentum zu subventionieren, kaum fangen sie an zu wohnen und zu essen. Kein Wunder, daß die Verfechter des Neuen da Trostpflaster und Rücksichten anbieten, wenn sie das Prinzip durchsetzen.

Trost Nummer 1 besteht in der Ankündigung, daß die Verpflichtung, den nichtsnutzigen Stand der Grundbesitzer mitzufinanzieren, den Genuß zwar teurer macht, aber besser in Schuß gehaltene Wohnungen mit sich brächte. Nur wo hohe Mieten verlangt werden, kann man komfortabel wohnen, heißt der neue Lehrsatz, den besser keiner glauben sollte. Die Miete ist keine Bezahlung für Renovierungskosten – sie fällt ja auch in unsanierten Wohngebieten an. Umgekehrt: Wenn, aber auch nur wenn der Aufwand für Renovierung geeignet ist, die Miete zu erhöhen, findet sie statt, wie andere kapitalistische Investitionen auch.

Der Trost Nummer 2 dementiert gerechterweise gleich den Trost Nr. 1: Sollte man sich eben noch auf den privaten Hauseigentümer freuen, weil er renoviert, braucht sich der DDR-Bürger zweitens vorläufig vor ihm doch nicht zu fürchten, weil auch die Bundesregierung Verständnis für den Bedarf nach mehrjährigen *Übergangsregelungen* zeigt: Der neue Staat soll das Haus- und Grundeigentum nicht sofort privatisieren und die DDR-Mieter gleich einem „freien Wohnungsmarkt" aussetzen. Der neue marktwirtschaftliche Lohn, der umstellungshalber noch einmal gesenkt wird, während westdeutsche Preise für die Waren einziehen, würde das nicht vertragen. Die *soziale Rücksicht* besteht darin, daß die Miete nicht so schnell auf das im Westen übliche Niveau von 30% bis 50% des Lohnes gesteigert wird. Aber auch für 10% bis 20% lassen sich hübsche Slums einrichten – der freie Westen ist voll davon. Daneben erfrischt die Konkurrenz um betuchtere Mieter mit Luxussanierung und entsprechenden Mieten das Stadtbild – und darauf kam es doch wohl an.

Der ehemals sozialistische Staat soll im übrigen auch deshalb bis auf weiteres die Rolle des fast einzigen Privateigentümers an Grund und Boden übernehmen; um sicherzustellen, daß der Grundbesitz nicht *verschleudert*, d.h. allzu leicht für allzu kleine Geldbeutel zugänglich gemacht wird, so daß er dabei allzu wenig kassiert. Der ehedem volkseigene Grund und Boden ist nämlich schon als Finanzquelle der zukünftigen gesamtdeutschen Staatskassen verplant. Und erst mit einsetzendem Aufschwung des kapitalistischen Geschäfts soll die Konkurrenz „realistische" Pachtraten und Mietzinsen bilden, auf deren Basis sich dann entsprechende Bodenpreise hochrechnen und erzielen lassen.

Dies alles sind Übergangsregelungen, die vom Prinzip nichts wegnehmen und nur die Absurdität veranschaulichen, daß eine Gesellschaft ein Monopol in Kraft setzt, den dazugehörigen Monopolisten aber erst noch suchen muß. Daraus erklärt sich auch die durchaus offene Debatte in den beiden Deutschlands darüber, ob die Enteignungen von '49 oder auch die Bodenreform von '72 anerkannt werden sollen, ob die alten Eigentümer Entschädigungen bekommen oder Rente oder gar nichts. Daß ein Grundeigentümer her muß, steht schon absolut fest – wer es werden darf, wird noch politisch diskutiert.

Ein letzter Trost ist vielen Mietern in der DDR selbst eingefallen: Sie fürchten den drohenden Druck des privaten Hauseigentums und hoffen, ihm dadurch zu entgehen, daß sie selbst so ein Wohnungs- oder Hauseigentümer werden. Anträge auf Überschreibung des gesamten Volkseigentums an die privaten Volksgenossen sind schon bei Christa Luft, der 100-Tage-Wirtschaftsministerin der PDS, eingegangen. Freilich ohne Chance und ernsthaften Anspruch auf Verwirklichung. Denn die herrliche Idee, die Last des Eigentums dadurch zu beseitigen, daß man selbst auf der besseren Seite sitzt, wie überhaupt die Idee vom wahren Sozialismus als universellem privatem Kleinsteigentum, passen nun einmal nicht zur Marktwirtschaft und den ihr entsprechenden Größenordnungen des Eigentums.

Die Befreiung der Werktätigen zu Lohnarbeitern

Wenn sich die Bürger der DDR die Eingemeindung in die Bundesrepublik wünschen, so ist das ihre Sache. Wenn sie sich den Anschluß so vorstellen, daß sie vom Bürger zweiter Klasse zum Herrn über echtes Geld befördert werden, so zeugt das von ihrer optimistischen Grundhaltung, ihre Zukunft betreffend. Wenn sie ihre Erwartungen mit Sorgen verbinden, in denen sie sich allerlei „soziale Probleme" ausmalen und prophezeien lassen, beweisen sie, daß sie als aufgeweckte Weltbürger auch schon von den Schattenseiten der großen Freiheit gehört haben. Auskennen tun sie sich deswegen aber noch lange nicht. Ihre mit demonstrativer Ängstlichkeit vorgetragenen Erkundigungen verraten nämlich nicht nur die Entschlossenheit, die auf sie zukommenden „sozialen Probleme" in Kauf zu nehmen. Sie tragen ihre Bedenken ausnahmslos in einer äußerst unsachlichen Art und Weise vor. Sie lassen sich – offenbar, weil sie „praktisch" denken wollen – vom Grundgedanken des *Vergleichs* leiten und rechnen gute und schlechte Seiten des Lebens im Honecker-Staat gegen Licht und Schatten im Kohl-Staat auf. Was Eduard von Schnitzler jahrzehntelang mit der Absicht vorgeführt hat, den realen Sozialismus als das menschen-, arbeiter-, frauen-, mieter-, bauern- und kinderfreundlichere System darzustellen, ahmt jetzt die anschlußbewußte Basis nach. Ein Volk bilanziert vorwegnehmend den Preis der Freiheit, die es will, und es stellt sich seine neuen Lebensverhältnisse als eine Liste von mehr oder minder gewichtigen Änderungen der gewohnten Umstände vor. Der Versuch, die relativen Vor- und Nachteile zu messen, gehört dazu. Was unterbleibt, ist die objektive Betrachtung des anderen *Systems*, in das die Daheimgebliebenen jetzt kollektiv überlaufen. Also auch die Frage, warum die großartige Währungs- und Wirtschaftsunion ganz selbstverständlich um eine *Sozial*union ergänzt werden muß. Der Vorteil dieser Unterlassung liegt freilich auf der Hand. Ein ganzes Volk hält es für normal, sich selbst nach seiner Befreiung und Eingliederung ins gelobte Land als einen möglichen oder wirklichen Sozialfall vorzustellen. Der Nachteil freilich liegt ebenfalls auf der Hand. Mit ihren ebenso freudigen wie gedämpften Erwartungen an ein Leben im Reich der DM verpassen die Bürger der DDR glatt, daß der Kapitalismus kein etwas anders funktionierender Sozialstaat ist, sondern eine Abteilung namens Sozialstaat unterhält, weil es ihm auf die Ausnützung von *Lohnarbeit* ankommt – und die wirft auf seiten der „Werktätigen" lauter „soziale Probleme" auf.

Von der Freiheit, eine Arbeitskraft zu sein

Bevormundet und einem staatlichen Kommando unterstellt wird im besseren Deutschland außerhalb der Kasernen erst einmal keiner. Jeder ist sein eigener Herr, und auch die ehemaligen Zonis dürfen sich garantiert um sich selbst kümmern. Daß sie sich Geld verdienen müssen, wird ihnen wenig ausmachen, weil sie ja aufs Geldverdienen scharf sind und deswegen auch die Einheit wollen. Ob sie es auch können, hängt davon ab. Nein, nicht davon, was sie gelernt haben und wie tüchtig sie sind, sondern von der Brauchbarkeit ihrer Qualifikation und ihres Fleißes für Betriebe, die in der Marktwirtschaft „Arbeitsplätze schaffen" – oder auch nicht. Als erstes lernen also unsere neuen Mitbürger den Unterschied zwischen einem Werktätigen und einer Arbeitskraft kennen. Ein Werktätiger ist, wie der Name schon sagt, tätig, weil der nach ihm benannte Staat einfach keinen Grund sieht, am Nutzen seiner Arbeit zu zweifeln. Eine Arbeitskraft hingegen ist, wie der Name auch sagt, eine Kraft und sonst gar nichts. Über ihren Einsatz wird entschieden – und es bedarf keiner Anleihen beim Dogmatismus des Marxisten Marx, um zu ermitteln, daß besagte Entscheidung auch im wiedervereinigten Deutschland nicht bei den Arbeitskräften liegt, die es bevölkern. Ob freie Menschen, die über ihre Arbeitskraft verfügen, an das Geld kommen, das sie wollen und brauchen, ist eben Gegenstand einer Kalkulation. Sie wird vollzogen von Leuten, die die Arbeit anderer für ebenso gering wie hoch schätzen. Ist sie ein Beitrag für die Bilanzen der Firma, wird aus der Arbeitskraft ein Beschäftigter. Umgekehrt, umgekehrt. Deshalb gibt es ihn, den Arbeits*markt*, auf dem sich Arbeits*kräfte* danach unterscheiden, ob es eine Nachfrage nach ihnen gibt oder nicht.

Die Freiheit, Arbeitskraft zu sein, ist eine Errungenschaft des Kapitalismus. Ebenso die Armut, die sich einstellt, so oft die Kraft als solche herumläuft und nicht gebraucht wird. Damit sie für den Fall ihrer Brauchbarkeit herumläuft, gibt es eine staatliche Zwangsversicherung, welche die Lohnabhängigen finanzieren. Und weil die Einkünfte eines Arbeitslosen mit einer Versorgung nicht zu verwechseln sind, gilt es im Kapitalismus als Glück, „einen Arbeitsplatz zu haben". Daß sich mit einem Arbeitsplatz auch Reichtum einstellt, wie mancher Wähler des Anschlusses in Magdeburg oder Rostock annimmt, ist schon deshalb nicht der Grund für die Zufriedenheit, „beschäftigt" zu sein, weil es nicht stimmt.

Von der Freiheit, Reichtum zu schaffen

Den besorgten Anfragen von Bürgern der DDR, die sich noch im Status eines Werktätigen befinden und Angst vor künftiger Arbeitslosigkeit anmelden, ist also entschieden entgegenzutreten. Das beredte Beschwören von Ängsten gehört zu den dümmsten Techniken der „Umstellung", zu der sich Politiker und Volk der DDR bereit erklärt haben. Da wird so getan, als hätte man am Auftreten von Arbeitslosigkeit *den* Unterschied von Marktwirtschaft und Sozialismus bemerkt, der eigentlich eine Ablehnung des kapitalistischen Wirtschaftens nahelegt. Dann wird die dem Befürchtungswesen zugrundeliegende Behauptung, daß zum Kapitalismus nun einmal die soziale Geißel der Arbeitslosigkeit gehört, aufgeweicht. Und zwar so, daß aus der Arbeitslosigkeit eine *Möglichkeit* wird, von der man betroffen werden kann. *Notwendig* ist sie dann vielleicht auch noch, aber aus Gründen, die nicht mehr in der Grundrechnungsart des Kapitals liegen. Vielmehr in Umständen, die dem berechnenden Umgang mit Geld, das zur Bereicherung seiner Eigentümer investiert wird, nicht entsprechen. So löst sich das ganze Gejammer über eventuell anstehende Sozialfälle des Typs ‚arbeitslos' auf in das Verständnis dafür, daß es dem Kapital einfach nicht zuzumuten sei, das Volk der DDR zu „beschäftigen". Mit Hinweisen auf die „Mißwirtschaft" von gestern, auf den maroden Zustand der Betriebe wird den Kalkulationen *recht* gegeben, vor deren Konsequenzen man sich zu fürchten vorgibt. Und ganz nebenbei, aber prinzipiell, ist der Einstieg in die Karriere eines freien Lohnarbeiters als ein einziger Glücksfall gewürdigt, dem noch so viele erdachte wie wirkliche „Schattenseiten" nichts von seinem Glanz nehmen.

Dabei ist es wirklich nicht schwer, am vielbestaunten kapitalistischen Reichtum zu bemerken, daß die Teilnahme an seiner *Schaffung*, der Dienst des Lohnarbeiters an ihm, nicht zu verwechseln ist mit seinem *Genuß*.

Es mag ja sein, daß ein Lohnarbeiter Marke BRD auf dem Boden und unter den Verhältnissen der alten DDR wie ein vor Kaufkraft strotzendes Wirtschaftswunder aussieht. Zu Hause allerdings, wo der Markt manche Meinung blamiert, wo der Vergleich mit den kurzgehaltenen Werktätigen des SED-Regimes keinen praktischen Wert hat und nur zur Erbauung dient, steht der westdeutsche Lohnarbeiter so großartig nicht da. In seinen praktischen Erfahrungen, am Arbeitsplatz wie in der Freizeit, sammelt er nämlich lauter Gründe dafür, sich sein Los ausgerechnet über den Vergleich mit geschundenen und entbehrungsgewohnten Zonis als – relativ ! – herrlich einzureden.

Ohne Zuhilfenahme relativ schäbiger Vergleiche erschöpft sich der Gebrauch der Freiheit für einen Lohnarbeiter im Wirtschaftswunderland BRD im Verbrauch und Erhalt seiner Arbeitskraft. Der Verbrauch findet am Arbeitsplatz statt, den er nicht „hat", sondern zum Arbeiten aufsucht. Was dort zu tun ist, wie schnell es zu gehen hat, bestimmt zwar kein kommunistischer Brigadeführer, er selbst aber auch nicht. Die technische Einrichtung, der Takt der Maschinerie, die innerbetriebliche Arbeitsteilung erübrigen jede Vorschrift und fast jede Aufsicht. Sämtliche „Sachzwänge“ seines Arbeitsplatzes verdanken sich einer Kalkulation mit Geld, das *an* seiner Arbeit verdient wird. Daß er arbeiten geht, um selbst Geld *für sich* zu verdienen, wird berücksichtigt. Der Lohn ist darauf berechnet, daß er sich als Kost des Betriebs lohnt. Die Freiheit, sich seinen Verdienst einzuteilen, von ihm zu leben, ist dem Lohnarbeiter westlicher Prägung überlassen.

Auch auf diesem Felde des Lebens ist er mit Zeitgenossen konfrontiert, die an ihm verdienen wollen – und können. Alles, was er sich leistet, hat einen Preis. Alles, was er sich gönnt, besitzt den Charakter eines Geschäftsartikels, ist also darauf berechnet, die Kassen anderer zu füllen. Bedürfnisse zählen so viel wie die Zahlungsfähigkeit des Lohnarbeiters, der sie hat. Sparen und Schuldenmachen gehören zum Wohlstand, Krankheiten aller Art sind als arbeitsbedingt anerkannt, und die Umwelt ist genauso unbrauchbar, wie sie das Kapital nach ausgiebigem Gebrauch hinterläßt.

Nein, es geht hier nicht um das verwaschene Geseiche von „Problemen“, die es im Kapitalismus *auch* gibt. „Geben“ tut es nämlich im Kapitalismus überhaupt nichts. Die sogenannten Probleme werden den Lohnabhängigen bereitet, quasi als unvermeidliche Nebenwirkungen allen Wirtschaftens verhandelt und in den Aufgabenkatalog der Regierung geschrieben, die – frei gewählt – unser Bestes tut und das nie so recht schafft.

Nein, es geht auch nicht um den kindischen Befund, daß Mieten und Weißbrot, Bücher und Urlaubsreisen im Westen *teurer* sind als im realen Sozialismus. Die Preise, welche DDR-Bürger in ihrem Unrechtsstaat für das Lebensnotwendige entrichten mußten, waren nämlich keine und hießen mit Recht symbolisch. Ein echter, unverfälschter, „natürlicher“ Preis ist bei Wohnraum wie Gummistiefeln darauf berechnet, daß der Käufer dem Verkäufer ein Geschäft finanziert – und *das*, nicht die Höhe des einen oder anderen Entgelts, ist der Unterschied der Systeme, den die Anschlußmannschaft zu spüren kriegt. Ob der eine oder andere nach einigen Jahren

Kapitalismuserfahrung meint, nun besser oder schlechter dazustehen als früher im Paradies der Kinderkrippen, tut überhaupt nichts zur Sache. Fest steht, daß sich 16 weitere Millionen in die Rolle einer Manövriermasse des Kapitals begeben, dabei garantiert nicht auf ihre Kosten kommen, aber in freien Wahlen regelmäßig den Staat dazu ermächtigen dürfen, sie zu regieren.

Fest steht auch, daß sich die anschlußbereiten DDR-Bürger ihren Entschluß, künftig den Beruf des freien Lohnarbeiters auszuüben, nicht ausreden lassen. Schon gleich gar nicht durch eine – wie realistisch auch immer gezeichnete – Darstellung der Lage der arbeitenden Klasse im kapitalistischen Westen. Wo die *Möglichkeit* des Geldverdienens als guter Grund für die *Anpassung* an die Regeln und Zwänge der „Marktwirtschaft" gilt, hat die Schilderung von gewöhnlicher und außergewöhnlicher Armut ihre Überzeugungskraft verloren. Jeder Fall eines gescheiterten Lohnarbeiters, einer vergeigten Existenz wird als „warnendes Beispiel" zwar akzeptiert, aber auch zurückgewiesen. Eben mit entgegenstehenden Fällen, in denen die Opfer der realsozialistischen Produktionsweise den Inbegriff eines erfolgreichen Daseins entdekken wollen. Wer die Normalität einer westdeutschen Fußgängerzone für „es Borodies uf Ärden" hält, verträgt auch die eindringlichste Schilderung von Schicksalen, die der Kapitalismus am Fließband produziert; ganz einfach deswegen, weil er von *Notwendigkeiten* nichts wissen will, statt dessen lauter *Chancen* sieht.

Erste Erfahrungen mit dem neuen Lohnsystem

Gewitzte Westdeutsche, denen das Anschlußtheater und die Besucherscharen von drüben auf die Nerven gehen, sind darauf gekommen, den neuen Mitbürgern einige schlechte Erfahrungen zu prophezeien, wenn nicht an den Hals zu wünschen. „Die werden schon sehen..." und sich wundern dazu, wie wenig Freuden der marktwirtschaftliche Alltag bietet. Denen, die ihren alten Staat für einen Abgrund von Ungerechtigkeiten halten, wird mit dem Hinweis auf die Härte des

Lebens in Freiheit der Bescheid erteilt, sie hätten keine Ahnung.

Daran ist einerseits verwunderlich, daß diese Realisten die ihnen bekannten und ungeliebten Drangsale nicht abstellen. Andererseits erstaunt, daß die so aus erster Hand Gewarnten nichts Besseres zu tun haben, als sich auf lauter „Vorzüge“ und Einrichtungen des Systems zu besinnen, das sie verdammen. Ausgerechnet bei ihrer kollektiven Flucht in die freie Lohnarbeit, die nun einmal *alles*, von der Kinderaufzucht über die bewohnten Quadratmeter bis zum Urlaub zu einer Frage des Geldbeutels macht, werden sie nostalgisch. Auf einmal werden sie bei der Betrachtung des „unmenschlichen“ Systems fündig: Die entrechteten Bürger gewahren, daß sie auch Rechte hatten, und zwar solche, die es in der BRD gar nicht gibt. Von angereisten BRD-Politikern lassen sie sich dann erklären, daß die Abschaffung der sozialistischen Kommandowirtschaft auch Schluß macht mit kostenlosem Kinderabstellen und Wohnen. Trost spenden wiederum „Versprechen“ des Inhalts, die Unterwerfung unter das pure Regime des Geldes langsam und schrittweise abzuwickeln, also die für verfehlte Subventionen erklärten Sozialleistungen des Sozialismus nicht auf einen Schlag abzuschaffen. Der Grund wird nicht verheimlicht – die frisch gewonnenen Lohnarbeiter des anderen Teils unseres Vaterlands wären glatt von heute auf morgen existenzunfähig. Dieselbe Gnade wird dann auch noch bei der 1:1-Bewertung der Sparbücher gewährt, so daß für eine Stunde Fernsehdiskussion Aufatmen angesagt ist.

Was die Übergangsregelungen und die läppischen 2000 oder wieviel De-Mark Gespartes für die Erhaltung der Arbeitskraft leisten, auf die ihre stolzen Besitzer jetzt selbst achten müssen, fragt keiner mehr. Warum sollte man auch darauf herumhacken, daß der Freiheitstrip der anderen Deutschen geradewegs in eine neue Armut führt – in ein Leben kalkulierter Selbstbeschränkung, das mit sozialistischer Gängelung und Betreuung wahrlich nichts zu tun hat?

Unumgänglich freilich ist eine gewisse Aufklärung in Sachen Gerechtigkeit beim Geldverdienen. Sicher, wer künftig für ein rentables Privateigentum zur Arbeit geht, verdient gutes Geld. DM eben, die er selbst nach eigenem Ermessen für Notwendiges und Wünschenswertes ausgibt. Selbstverständlich entfällt mit der Gewährung dieser Freiheit – schrittweise – jede Sorte Zwangsbewirtschaftung, die unter Umgehung des Geldbeutels nützliche Güter und Dienstleistungen einfach *zuteilt*. An die Stelle des Zuteilens tritt das *Einteilen*. Dabei ist die Höhe des Verdienstes nicht ganz unwichtig, so daß die spannende Frage nicht ausbleibt, ob es mehr auf *Bedürftigkeit*, womöglich *Gerechtigkeit* oder auf *Wirtschaftlichkeit* ankommt.

Der Gerechtigkeit halber sei freilich vermerkt, daß diese Frage weniger von verunsicherten DDRlern gewälzt wird, die sich nach ihrem künftigen Verdienst erkundigen. Es war die deutsche Wirtschaft – Vorstände des Arbeitgeberverbandes, des Gewerkschaftsbundes, Wirtschaftswundersachverständige wie Schiller, Schmidt, Pieroth (leitender Angestellter eines Glykolkombinats) und solche Kaliber –, die mit der Frage gleich die Antwort in Umlauf brachte: Wirtschaftlichkeit ist die höchste Form der Gerechtigkeit, denn Korrekturen an der Wirtschaft und ihren ehernen Gesetzen machen sie kaputt, womit schließlich auch keinem gedient ist. Mit dieser gar nicht überraschenden Parteinahme für kapitalistisches Gewinnrechnen haben die Fachleute noch einmal *ihre* Kritik am „realen Sozialismus“ zusammengefaßt – er hat die Verwertung von Kapital verhindert. Darüberhinaus haben sie sich bemüht, den neu hinzugewonnenen Mitgliedern des Vereins der freien Marktwirtschaft einen dialektischen Gedanken beizubringen. Der geht so: Da sie nun in bezug auf Lohn und Leistung denselben Regeln der Kalkulation unterstellt sind wie ihre lohnabhängigen Brüder und Schwestern im Westen, müssen sie auch einsehen, daß die Anwendung der *Regel* bei ihnen eine gewisse *Ausnahme* gebietet. Dasselbe Lohnniveau wird es nicht geben, die Rentabilität in den auf- und umzubauenden Unternehmen der DDR erfordert eine geringere Bezahlung der Arbeitskräfte. Selbstverständlich sind unsere Landsleute von drüben genau so tüchtig und geschickt wie das schon in Beschlag genommene Arbeitsvolk. Aber ihre „Arbeitsproduktivität“ ergibt sich eben nicht aus ihrer Leistung und ihrem Können, auch nicht aus der Quantität und Qualität der Waren, die sie unter der Regie des Kapitals herstellen. Die Produktivität ihrer Arbeit rechnet sich – das ist nun mal der Sinn ihrer Befreiung zum Lohnarbeiter – ab sofort in Geldüberschüssen, die ihre Anwender („Arbeitgeber“) erzielen. Und diese freiheitliche Rechnungsart hat ergeben, daß die Zonis von gestern nicht so viel Lohn wie ihre westdeutschen Klassenbrüder brauchen. Natürlich haben die auf Lohnarbeit umgeschulten Werktätigen auf den „Wohlstand“ westdeutscher Lohnabhängiger geschielt, wenn sie der Republik entflohen und jetzt als Republik übergelaufen sind. Natürlich *brauchen* sie denselben Lohn und einiges mehr, wenn sie sich ein passables Leben einrichten wollen. Kriegen tun sie ihn aber nicht.

Bevor sie sich mit den Feinheiten der Lohnhierarchie im Kapitalismus vertraut machen und wie ihre großen Vorbilder in der westdeutschen Industrie nach lauter rechtfertigenden Auskünften darüber suchen, warum wer wieviel verdient, sind die Novizen der Lohnarbeit schon etwas reicher geworden. Sie haben eine Erfahrung dazugewonnen, die sie sich hätten ersparen können, wenn sie Marx gelesen hätten, statt ihn mit Ulbricht, Honecker und Krenz in einen Topf zu werfen. Marx hat nämlich erkannt, daß der Lohn der arbeitenden Klasse im Kapitalismus einerseits ein Produkt der Konkurrenz ist, die die Herren Arbeitgeber unter den Lohnabhängigen inszenieren und ausnützen; daß er andererseits ein „historisches und moralisches Element“ enthält, d.h. den lieben Arbeitskräften ein Zugeständnis macht, was die überkommenen Gewohnheiten des Lebens anlangt. Dabei handelt es sich um eine opportunistische Anerkennung von Bedürfnissen, deren Streichung per Lohnsenkung den Willen wie die Fähigkeit so mancher Arbeitskraft zum Erlahmen bringen würde. Solche Bedenken – die sich in kapitalistischen Nationen in „vorsichtigen“ Techniken des Lohnabbaus niederschlagen, auch in der Gewähr von „besseren“ Löhnen für eine Stammbelegschaft im Vergleich mit Gast- und Hilfsarbeitern aller Art

– sind den Exporteuren des einzig wahren Geschäfts bei DDR-Arbeitern nicht gekommen. Mit gutem Grund gehen sie davon aus, daß der Wille zur Lohnarbeit unter ihrer Regie in der neuen Mannschaft so ausgeprägt ist, daß er sich an ein paar echten Märkern mehr oder weniger nicht stört. Den Glauben an den Segen ihrer wirtschaftlichen Rechnungsführung konnten sie gar nicht übersehen. So haben sie ihre Rechnung mit rentabel einsetzbaren Arbeitskräften aus der alten DDR in den Vorwurf übersetzt, daß die zur Übernahme anstehenden Werktätigen an „Produktivität" manches zu wünschen übrig lassen. Lohnend sind sie also nur mit geringerem Lohn.

So sind die guten Leute ganz ohne Bevormundung gezwungen zu nehmen, was das Kapital ihnen bietet. Die Werktätigen der DDR werden in die gesamtdeutsche Arbeiterklasse integriert, die Orte, an denen sie arbeiten, werden zum „Standort", den Anleger von Kapital zu schätzen oder zu tadeln wissen. Umgekehrt können die Lohnarbeiter ihre Löhne mit denen in der restlichen BRD vergleichen und mehr oder minder betrübt feststellen, daß andere besser verdienen.

Von der Freiheit, vom Lohn leben zu müssen und sozial betreut zu werden

Die Lebensrisiken und -umstände, auf die sich das Volk der DDR gefaßt machen muß, sind kein Geheimnis, um dessen Aufdeckung man sich verdient machen könnte. Seitdem die Wiedervereinigung beschlossene Sache ist, wissen alle maßgeblichen Instanzen Bescheid: Aus dem selbstbewußten Volk wird eine Ansammlung von Sozialfällen. Fragende Bürger konstruieren sich lauter Lebenslagen zurecht, in denen sie als *Betroffene* vorkommen – und erbitten Auskunft und Beistand. Arbeit und Geld, Mieten und Renten, Kindergarten, Schulzeugnisse und Krankenhaus – alles ist Thema, aber nur unter einem Gesichtspunkt. „Wer wendet Schaden von mir ab? Wer schützt mich? Wer verhilft mir zu meinem Recht? Wie sind meine Rechte eigentlich beschaffen?" – *so* und nicht anders präsentiert sich die Sorge um die Zukunft bei denen, die behaupten, jetzt hätten sie endlich wieder eine. Die Antworten der leitenden Ingenieure der deutschen Wiedervereinigung fallen erstaunlich ehrlich aus. Daß es keinen Grund zur Sorge gäbe, will keiner behaupten. Politiker und Wirtschaftsführer geben im Gegenteil ihren dienstbaren Geistern von morgen recht. Ja, das ganze Projekt sei mit Belastungen jeglicher Größenordnung für die „Menschen“ verbunden, aber genau diesem Umstand werde Rechnung getragen.

Ein bißchen gelogen wird natürlich auch. Erstens, was die *Notwendigkeit* der zu erwartenden Schwierigkeiten für die eine Krankenschwester und den anderen Schlosser angeht. Diese Schwierigkeiten sind wie die von Rentnern und Müttern allemal eine Folge der Umstände und Umstellung – aber nie und nimmer ein Produkt der Kalkulation, die ab sofort gilt. Schon gleich gar nicht eine Wirkung der Interessen, die mit dem Einzug der Marktwirtschaft gültig werden und unverletzbar sind. Zweitens, was den *Trost* betrifft, der verlangt und verabreicht zugleich wird. Dieser Trost besagt nämlich nicht mehr und nicht weniger, als daß sich die befürchtete Betroffenheit durchaus einstellt, deswegen aber auch *Berücksichtigung* findet. Daß da mancher zu kurz kommt, gehört zum Projekt des neuesten Deutschland; ein Einwand gegen dieses Projekt läßt sich daraus aber nicht drehen, weil der Umgang mit den Opfern auch schon erprobt und vorgesehen ist. Er gehört gewissermaßen zur Standardausrüstung des „Handlungsbedarfs“, den die Macher der Marktwirtschaft *sozial* nennen.

Die Manier, in der die einschlägigen Maßnahmen des „sozialen Netzes“ be- und versprochen werden, kann man getrost *zynisch* nennen. Da rechnen sich ein paar Millionen Leute deswegen eine bessere Zukunft aus, weil sie „für ihre Arbeit endlich gutes Geld“ zu verdienen hoffen – und demokratische Politiker leiten den Export ihres mustergültigen Systems damit ein, daß sie erst einmal größere „soziale Verwerfungen“ vorhersagen. Dieser neudeutsche Ausdruck für *Armut* wird derzeit so häufig gebraucht, weil die Herren gern in der Pose des Wohltäters auftreten: *Sie* sorgen nämlich für eine „Anschubfinanzierung“ der Sozialkassen in der DDR und möchten sich das hoch anrechnen lassen. Daß sie mit der Einführung der

Lohnarbeit erst einmal dafür sorgen, daß viele von denen, die sich nun als Ware Arbeitskraft bewähren *müssen, nicht* oder nur ganz miserabel von diesem ihrem neuen Beruf leben *können*, geht sie offenbar nichts an. Wenn die markterprobten Firmenchefs den neu eröffneten „Arbeitsmarkt" auf dem Gebiet der DDR sichten, so steht fest, daß da eine Scheidung zwischen brauchbaren und unbrauchbaren Arbeitskräften stattfindet. Aber diese Auslese soll nicht ihrer Gewinnrechnung zur Last gelegt werden, sondern eine Auskunft über die (Un-)Tauglichkeit des Menschenmaterials sein. Daß Arbeitslosigkeit, Krankheit, Invalidität und Alter unter den herrlichen marktwirtschaftlichen Bedingungen, die das „marode System" ablösen müssen, für diese „natürlichen" Opfer zu einer einzigen *Geldfrage* werden, ist den Exporteuren der Freiheit vertraut. Ebenso, daß die Verwandlung des Wohnens in einen Geschäftszweig den Segen des Arbeitslohnes etwas herabsetzen und wohl manche erträumte Reise des reiselustigen Volkes verhindern wird. Und was folgt für diese „Sachverständigen" des neuen „Wirtschaftswunders" daraus?

Erst einmal, daß *sie*, die drüben als Propheten einer rundum besseren Welt herumziehen, ihr künftiges „Arbeitskräftepotential" vor Illusionen warnen müssen. Zweitens, daß sie lauter Klarstellungen über Lohn und Wohlstand vom Stapel lassen: Der Lohn ist so hoch, wie es das Geschäft erlaubt; und der Wohlstand einer Arbeitskraft richtet sich nach dem Lohn und den Preisen, an denen jeder merkt, wie er sich einschränken muß. Speziell für das Gebiet der DDR gilt, daß die Löhne ganz unmöglich die Höhe haben können, für die so viele Werktätige ihre Klassenbrüder im Westen so bewundern. Also ist nichts mit Wohlstand, weil ab sofort das ganze „Leben" vom Lohn bestritten wird. Drittens muß das „Leben" aber auch bestritten werden, *damit* man als Arbeitskraft erhalten bleibt. Dafür richten die Herren aus Bonn eine „Sozialunion" ein, mit deren „Anschubfinanzierung" sie mächtig angeben. Inzwischen rechnen sie auch schon öffentlich vor, *was* da „angeschoben" wird: Es werden Zwangsversicherungen aufgemacht, durch die die freien Arbeiter aus Teilen ihres Lohnes genau den

Erhalt ihrer Arbeitskraft für den Fall finanzieren, in dem sie es mangels Brauchbarkeit nicht können.

Selten ist die Rolle der arbeitenden Klasse im Kapitalismus so schonungslos erläutert worden wie durch die Macher des Anschlusses. Aber nicht im *Geiste der Kritik* ist da von einem ganzen Menschenschlag behauptet worden, er wäre nun einmal in der Funktion einer „abhängigen Variablen" von Geld und Gewalt bestens aufgehoben. Die „Gesetze" der „Marktwirtschaft" wurden so nüchtern betrachtet und hergesagt, wie es sonst nicht einmal ihre Gegner tun, weil es um ihre *Durchsetzung* ging. Es ist, als hätten sich Wirtschafts- und politische Führer dazu entschlossen, den Ruf nach „gutem Geld für gute Arbeit" zu beantworten – und zwar mit der Feststellung: Könnt ihr haben, nur muß dann die Grundrechnungsart des Kapitals das oberste, ja allgemeine, gültige Interesse im Lande werden. Und wir bestimmen, wieviel gutes Geld für wieviel gute Arbeit es gibt!

Von der Freiheit zum Klassenkampf

Davon ist in der heißen Phase des Anschlusses wenig die Rede, obwohl lauter Gründe für ihn aufgelistet werden. Statt dessen wird den Lohnarbeitern in ostdeutschen Landen noch etwas ganz „Freies" empfohlen, nämlich *freie Gewerkschaften.* Diese Arbeitervertretungen gibt es in der BRD schon, wo sie auf ein langes Wirken zurückblicken können. Ihr höchstes Verdienst sehen sie darin, daß ohne sie in der BRD nichts so wäre, wie es ist. Diesen Stolz auf die Zustände in deutschen Betrieben und Arbeitsämtern erweitern sie gerne auch hin zu der Auffassung, es sei überhaupt ein Glück, in *deutschen Unternehmen für DM* seine Arbeitskraft zu verkaufen. Wenn Entlassungen drohen oder stattfinden, kämpfen sie in zähen Verhandlungen um den *Standort* des Unternehmens; und wenn die Geschäftslage wegen der Konkurrenz den „Erhalt von Arbeitsplätzen" nicht zuläßt, schimpfen sie auf die ausländischen Rivalen „ihrer" Firma. Diese Freiheit zur wirtschaftlichen Vernunft verstehen sie selbstverständlich auch in Tarifverhandlungen zu gebrauchen: Lohn und Leistung der von ihnen vertretenen Arbeiter berechnen sie mit ihren Sozialpartnern, den Kapitaleignern, und auch in Diskussionen mit den Politikern streng nach den „Gesetzen“, die die Kalkulation der Unternehmer und Branchen nun einmal *sind*. Gehen tut beim Geld immer so viel, wie der Geschäftsgang nach minutiöser Berechnung so erlaubt – und gebietet auf der Seite der Leistung, die in den Betrieben dauernd infolge von „Sachzwängen“ erhöht zu werden pflegt. In Betriebsräten ist eine freie Gewerkschaft ebenfalls vertreten. Um den aktuellen Bedarf des Betriebes an Entlassungen und Überstunden, Schichten und Pausenzeiten zu ermitteln, findet dort eine strenge Anwendung des Betriebsverfassungsgesetzes statt – und das verwechselt in der BRD niemand mit der Durchsetzung eines Arbeiterinteresses. Freiheit heißt für diese Gewerkschaften eben Einsicht in die Notwendigkeit – der Bilanzen und ihrer „Sachzwänge“, auch in die Gebote der nationalen Konjunktur.

Es geht also voll in Ordnung, wenn die maßgeblichen Renovierer der DDR auf der einen Seite – noch vor dem ersten Lohn- der Tarifvertrag schon genau wissen, welche Lage der neuen Arbeiterklasse sie hervorbringen und auf der anderen Seite empfehlen, sich für Arbeiterbelange eine freie Gewerkschaft zuzulegen. Dann sind nämlich auch drüben, wo sich das Volk nicht bevormunden läßt, alle Werke des Kapitals mit einer Arbeitervertretung *vereinbart* und *in nationaler Verantwortung* zustandegebracht. Ganz ohne Staatsgewerkschaft, also unwidersprechlich gut!

Vom unvermeidlichen Scheitern des gewerkschaftlichen Kampfes

Seitdem es feststeht, daß die Werktätigen der DDR in den Genuß kommen, demnächst ohne staatliches Kommando in freien Unternehmen zu arbeiten, weiß man auch um die Notwendigkeit einer gewerkschaftlichen Organisation. Möglichst stark soll sie sein, damit sie etwas ausrichten kann. Der Wille zum Aufbau einer Gewerkschaft wird umso dringlicher geäußert, je häufiger die westdeutsche Geschäftswelt die unausweichlichen „Folgen" ihres Einstiegs ansagt. Die Ankündigungen betreffen das Lohnniveau im allgemeinen, die in den Betrieben fälligen Rationalisierungen und die Verringerung der Belegschaften – also keineswegs zu vernachlässigende *Nöte*, in die Lohnarbeiter geraten, die von ihren Diensten in den effizienten Produktionsstätten leben wollen und müssen.

Diese schlechten Nachrichten werden um eine gute Nachricht ergänzt. Mit dem Einzug der „freien Marktwirtschaft" kommen auch neue *Rechte* ins Land. Vorbei ist es mit der Lüge, daß in den staatlichen Betrieben sich in der Hauptsache sowieso schon alles um das Wohl der Werktätigen dreht. Vorbei also auch mit einer Gewerkschaft, die sich nur noch um die Ausgestaltung dieser Fürsorge zu kümmern hatte. Jetzt, da für den Lohn gearbeitet und von ihm gelebt wird, ist der Arbeiter jeder Gängelung in seinen „sozialen Belangen" ledig. Sie fallen in seine eigene Zuständigkeit – und da die Interessen des Betriebs erklärtermaßen den seinen nicht entsprechen, muß er sich um ihre Durchsetzung kümmern. Die gute Nachricht lautet: Das *dürfen* die Arbeiter jetzt auch! Also gründen sie mit der Einführung der Marktwirtschaft echt freie Gewerkschaften, und sie werden sogar von der Bundesrepublik aus dazu ermuntert.

Noch bevor kapitalistische Verhältnisse Arbeit und Leben der Lohnabhängigen in der DDR bestimmen, ist ihnen ein *Prinzip* geläufig, das die „neuen" Produktionsverhältnisse kennzeichnet – und an dessen Beschönigung auch niemand gelegen zu sein scheint: Das Interesse der Betriebe – ihrer Eigner und Leiter – geht auf *Gewinn.* In ihrer Rentabilitätsrechnung kommen die *Löhne* der Arbeiter *als Kosten* vor, an denen einerseits durch möglichst niedrige Bezahlung, andererseits durch möglichst hohe Leistung gespart wird. Dies ist nicht etwa die unmaßgebliche Meinung von „reaktionären Kräften", sondern *das* gültige Interesse in der „Marktwirtschaft", *die* Geschäftsbedingung schlechthin – sie wird auch in der DDR schon jetzt mit „Konkurrenzfähigkeit" begründet –, und deshalb auch *die* Bedingung der Beschäftigung überhaupt.

Angesichts dieses Grundgesetzes der freien Wirtschaft ist die Frage, was da aus den Interessen der Lohnabhängigen wird, wirklich nicht schwer zu beantworten: Sie bleiben, mehr oder weniger, dafür aber immer auf der Strecke. Und genau dies ist der Inhalt der Ansagen, die schon vor der Ankunft der neuen „Arbeitgeber" in Richtung Osten ergehen. Wobei das besondere Ausmaß, in dem die Lohnarbeiter im neuen Teil der DM-Demokratie zu kurz kommen, mit „besonderen Umständen" der übernommenen Lande rechtfertigt wird.

Nicht ganz so einfach geht die Antwort auf die Frage, was es mit der *Leistung von Gewerkschaften* auf sich hat. Für notwendig gehalten werden sie nämlich – wie überall auf der Welt – auch in der DDR deswegen, weil sie als das *probate Mittel* der arbeitenden Klasse gegen die Rücksichtslosigkeit der auf Gewinn bedachten Unternehmer gelten. Ihnen wird die Aufgabe zugeschrieben, mit dem *Gegensatz von Profit und Lohn* fertig zu werden – und zwar so, daß der gewerkschaftliche Kampf das Verhältnis zwischen diesen beiden Größen *korrigiert.* Einerseits verstehen sich Gewerkschaften als Kritiker des Kapitals: Ihr Ausgangspunkt ist die Entdeckung, daß man als Arbeiter vom Lohn, den Kapitalisten von sich aus, wegen ihrer Kalkulation zahlen, nur schlecht bis gar nicht leben kann. Andererseits verfolgen sie mit ihrem Einsatz das Ziel, die geschehenen, ihnen bekannten und für fällig erachteten Wirkungen auf die Lohnabhängigen *ungeschehen* zu machen. Ihr *Kampf* ist insofern auch programmatisch darauf angelegt, sich die *Kritik am Kapital, den Kampf gegen dessen Herrrschaft, zu ersparen.* Genaugenommen lautet der Beschluß, daß Arbeiter *mit* einer Gewerkschaft die Unverträglichkeit ihrer Interessen mit denen der Unternehmer, von denen sie abhängig sind und bleiben, beseitigen. Wenn sie zusätzlich zur Arbeit auch noch kämpfen, kommen sie nicht mehr zu kurz. Daß sie um ihre Lebensnotwendigkeiten kämpfen müssen, weil sie durch die Lohnarbeit nicht gesichert, sondern in Frage gestellt werden, soll kein Schaden sein. Wenn man als Arbeiter erst durch Kampf, dann aber immerhin über die Runden kommt, so ist damit immerhin eines erreicht: die Lohnarbeit im Dienste des Kapitals *geht – auszuhalten*! Notwendig ist dafür jedoch die *Freiheit*, sich gewerkschaftlich betätigen zu *dürfen*. Diese *Freiheit* ist also höchst bedeutsam – sie *gestattet das Zurechtkommen* mit der Abhängigkeit von der Grundrechnungsart des Kapitals.

Ändern tut sie an der nichts. Erklärtermaßen begreifen freie Gewerkschaften ihre Tätigkeit nicht als *Aufkündigung* der Dienste, mit denen ebenso freie Unternehmer ihre Geschäfte machen. Gerade im Falle der Beförderung der Werktätigen-Ost zu Leuten, die darauf angewiesen sind, in erfolgreichen Betrieben DM zu verdienen – und dies auch wollen –, ist die brutale Logik gewerkschaftlichen „Engagements" offensichtlich. *Erst* kommt die *Unterordnung* unter die Geschäftsbedingungen; *dann* die Sorge, ob sie *auszuhalten* sind; *schließlich* die Suche nach dem Weg, sie *erträglich zu machen*.

Ja, wenn dieses Dreipunkte-Programm wenigstens das von Leuten wäre, die das Sagen und Geld dazu haben! Dann wäre wenigstens ein gewisser Erfolg abzusehen. Als „Bewegung" derer, die nichts zu melden haben und darauf angewiesen und scharf sind, daß man sie etwas verdienen *läßt*, taugt das Programm nichts.

Zeigen ließe sich das leicht – an der Lage der arbeitenden Klasse im freien Westen, die in manchen ihrer nationalen Abteilungen von jeder UNO-Statistik hinter dem Lebensstandard der alten DDR geführt wird. Mit Gewerkschaften. *Beweisen* läßt es sich aber auch. Insbesondere denen, die stets die eigenen Erfahrungen wie die anderer so nehmen, daß sie aus ihnen „lernen". Lauter verkehrtes Zeug, das sie glauben.

Der Widerspruch eines rücksichtsvollen Kampfes

Die erste Frage des gewerkschaftlichen Kampfes heißt „Was tun?". Was tun, wenn sich wieder einmal herausgestellt hat, daß die Arbeiter die Dummen sind. Wenn die Benützung ihrer Arbeitskraft schädlich war oder zu werden droht, wenn das Geld trotz Arbeit nicht reicht, wenn das Programm „Arbeiten, um zu leben" schon wieder nicht aufgeht. Da gibt es nur eines. Das dürfen sich die Arbeiter nicht gefallen lassen, für solche Fälle sind sie organisiert; statt zu arbeiten, kämpfen sie. Kündigen will keiner, schließlich will jeder nur, was er muß: arbeiten, um zu leben. Es geht also um eine Korrektur der *Bedingungen* – auf der Seite des Lohns und/oder der Leistung –, damit es sich wieder lohnt, zumindest wieder geht. *Streik*, die immer wieder aktuelle Form des Arbeitskampfes, der das Verhältnis von Lohn und Leistung korrigieren will, ist fällig. Das Ziel: weiterarbeiten, aber für mehr Geld und mit weniger Schikanen. Das Mittel: nicht arbeiten, damit die andere Seite sieht, daß sie einen braucht. Der Haken: die Arbeiter brauchen die andere Seite viel nötiger.

Wie sich eine Gewerkschaft – selbst in bester Kampfeslaune – diesen Haken zu Gemüte führt, tut nichts zur Sache. Sie kann sich von ihren Mitgliedern, die etwas verdienen müssen, sagen lassen, daß sich der *Kampf* noch weniger lohnt als die *Arbeit*. Dann bröckelt die Kampffront eben ab. Sie kann sich aber auch vom Unternehmen bedeuten lassen, daß die Forderungen der organisierten Arbeiter „unerfüllbar" sind. Dabei kommt es nicht darauf an, ob die Rentabilität des Kapitals im Falle des Nachgebens wirklich dahin ist oder ob die Herren Arbeitgeber einfach nicht zahlen wollen. Weil sie ihr Geld auch anderswo profitabel anlegen können, weil sie die Gewerkschaftskasse wie die Haushaltskassen der Arbeitnehmer zum Versiegen bringen wollen oder weil es sich einfach wirklich nicht mehr rentiert, wenn sie Zugeständnisse machen. Oder eine Mischung aus Lüge und Wahrheit, alle drei Punkte betreffend, trifft den Nagel auf den Kopf.

In jedem Fall bemerkt eine Gewerkschaft am, im und spätestens nach dem Streik, wie bedingt brauchbar dieser Kampf (das ist Streik tatsächlich!) ist. Um Vernichtung der Arbeitgeber, die man braucht, und ihres Standes geht es nicht. Also ist Rücksicht geboten, wenn man Rücksichten erstreiten will. Die Fortführung des Arbeitsverhältnisses steht als Ziel außer Frage, die *Möglichkeiten* geraten etwas kleiner als die *Notwendigkeiten* – der Arbeiter. Kompromiß ist angesagt, die Forderung, das Unerläßliche, der Grund und Zweck des Kampfes relativieren sich am *Erreichbaren*.

Der notwendig scheiternde Kampf als erkämpftes Recht darauf

Solche elementaren Eigenheiten des gewerkschaftlichen Kampfes sind für moderne Gewerkschaften kein Problem. Sie kommen gar nicht mehr in die Verlegenheit, die begrenzte Leistungsfähigkeit ihres Kampfes für ihre Mitglieder zu erfahren. Sie nehmen sie nämlich vorweg. Die offizielle Anerkennung ihrer Tätigkeit von seiten der höchsten Gewalt, des Staates, des demokratischen zumal, die *Freiheit*, kämpfen *zu dürfen*, sagt ihnen alles. Die Belehrung, die ihre Vorläufer – das ist schon ein Jahrhundert her – durch Niederlagen verbuchten, weil sie keine andere Lehre ziehen wollten, ersparen sie sich. Sie *denken* an die Folgen eines kompromißlosen Vorgehens, und sie *folgen* diesem Gedanken. Aber nicht, weil sie gewahren, daß man das Kapital als Arbeitgeber nicht haben wollen und erpressen kann zugleich. Vielmehr deswegen, weil sie sich nicht in Gegensatz zu der Instanz setzen wollen, die ihren Einsatz für die Lohnarbeiter gewährt. Der Staat, der den Gewerkschaften die Zulassung erteilt, ist für aufrechte Arbeitervertreter nicht ein zusätzlicher und mächtiger Feind, sooft organisierte Arbeiter ihre Interessen durchzusetzen suchen. Schon gleich gar nicht die Aufsichtsinstanz, die die gelungene Benützung der Arbeiter im Auge hat. Eher schon die Behörde, die den gewerkschaftlichen Kampf zuläßt und deswegen auch mit Recht die Grenzen dieses Kampfes definiert.

Im Klartext: Moderne Gewerkschaften „tragen *Verantwortung*". Sie wissen zu unterscheiden zwischen den Interessen der Lohnarbeiter und dem, was geht. Sie kennen auf der einen Seite die Notwendigkeiten ihrer Mitglieder, auf der anderen Seite sind ihnen ganz andere Notwendigkeiten genauso vertraut. Sogar ein bißchen mehr. Die Instanzen, von denen die Lohnabhängigen abhängig sind, von deren Gnade sie leben *müssen*, das arbeitgebende Geld und die Staatsmacht, sind für eine Gewerkschaft Lebensmittel, die Respekt verdienen. Auch wenn die Arbeiter nicht von ihnen leben *können*.

Gewerkschaftliches Fordern: Realismus der Unterordnung

Diese Erklärung des *Opportunismus*, den jede Gewerkschaft pflegt, kommt all denen zu „theoretisch", zu „unverständlich" vor, die den *Realismus* des gewerkschaftlichen Vorgehens voll und ganz verstehen. Wer, außer den paar Kapitalisten, hat denn schon etwas dagegen, wenn die Gewerkschaft etwas weniger Arbeitszeit und etwas mehr Lohn *fordert* und sich dabei *rechtfertigt*? Und zwar nicht mit dem Hinweis auf Arbeitsbedingungen und Geldbeutel der Lohnarbeiter; sondern mit „guten Gründen", die es in sich haben. Erstens mit der guten Ertragslage der Unternehmen wie dem Wachstum der gesamten Wirtschaft, was einfach eine kleine Zulage ermöglicht. Zweitens mit den Arbeitslosen, einem offensichtlichen Opfer der arbeitenden Klasse, das – ginge es nach den Gewerkschaften – einfach überflüssig wäre. Drittens mit der gesteigerten Produktivität der angewandten Arbeitskräfte, die sich in Gewinn niederschlägt, aber nicht im Lohn.

Die „gute Ertragslage" ist ein schäbiges Argument. Nicht nur, weil da Arbeitervertreter locker bekennen, daß es mehr, als die Konjunkturen des Profits erlauben, für Arbeiter sowieso nicht zu vertreten gibt. Das Bekenntnis zum Lohn als abhängige Variable des Geschäfts, aus gewerkschaftlicher Sicht vorgetragen, ersetzt den Gegensatz von Profit und Lohn durch eine Parallele. Wenn arm und reich im Gleichschritt marschieren, dann ist die Gewerkschaft zufrieden. Auch eine

Weise auszudrücken, daß Arbeiter *zuviel* verlangen können, wenn sie zu wenig haben.

Das würde eine Gewerkschaft nie tun. Eher bequemt sie sich zu dem Eingeständnis, daß sie bislang damit beschäftigt war, *Opfer* in dem von ihr vertretenen Stand zuzulassen. Was sie dem Arbeitstag und seinen Strapazen, wie sie in florierenden Betrieben üblich sind, nie entnommen hätte, geht ihr an den Arbeitslosen auf. Sie fordert *Beschäftigung* und drängt die „Arbeitgeber" zur Erfüllung einer Pflicht, die es nicht gibt. Jedenfalls solange nicht, wie Bilanzen über die Höhe der Lohnkosten und damit über die Belegschaft entscheiden. Und das sollen sie ja nach gewerkschaftlicher Auffassung durchaus.

Bloß anders ausfallen sollen die Entscheidungen. Nämlich so, daß die Gewerkschaft feststellen kann, daß der Rolle der Arbeiter in der „Wirtschaft" *entsprochen* wird. So fällt ihr auch die *Arbeits*produktivität als die Quelle des Erfolgs ein, den das Kapital verzeichnet. Gefordert wird, daß sich Unternehmer nach dem Prinzip der „Erfolgsbeteiligung" richten. Wenn sie die Leistung der Arbeit steigern und deren Kosten senken, damit ihre *Kapital*produktivität steigt, so geht das in Ordnung, denn an den Erträgen bemißt sich schließlich, was die Arbeiter zurecht verlangen können. Nicht in Ordnung geht es jedoch, wenn die Senkung der Lohnkosten „nur" das bewirkt, wozu sie stattfindet.

Die Gewerkschaft „geht davon aus", daß Lohnarbeiter ihren Dienst am Geschäft auszuüben haben und dabei schlecht fahren. So verlangt sie immerzu, daß es ihnen nichts ausmachen soll, als *Mittel des Kapitals* tätig zu sein. Und weil die Erfolgsrechnungen der Unternehmen auf Kosten der Lohnabhängigen gehen, hat die Arbeiterorganisation viel zu tun. Ihrer „Pflicht" kommt sie in allen Belangen nach demselben Muster nach. Sie ist für die arbeiterfreundliche Marktwirtschaft zuständig, weil es die ohne ihren Einsatz nicht gibt. Sie kämpft dafür, daß sich das Kapital *auch als Mittel der Arbeiter* versteht und bewährt.

Bilanz und Perspektive:
Der Wunsch, an der Macht beteiligt zu werden

Das tut es zwar nicht, weil sogar die Gewerkschaft seine Rechnungsweise respektiert und seine Erfolge schätzt. Aber als Beweis für die Notwendigkeit des gewerkschaftlichen Kampfes taugt die praktische Widerlegung seiner Absicht allemal.

Gestandene Gewerkschafter pflegen sich ihren Reim auf alles zu machen, was sie erreichen. Zunächst einmal halten sie noch an den peinlichsten Resultaten ihres Kampfes fest, daß sie sich *ihrem* Engagement verdanken. Sie geben die begrenzte Tauglichkeit der Kompromisse zu, die sie aushandeln, geben den Arbeitern aber zu bedenken, daß nicht einmal die unbefriedigenden Bedingungen, unter denen weiterhin gearbeitet werden muß, *ohne Gewerkschaft* zu haben gewesen wären. Diese Art, Bilanz zu ziehen, wird dann zum festen Bestandteil des Programms der Organisation. Jede Gewerkschaft verweist auf die *Tradition*, in der sie steht, und erklärt den Arbeiter, wie er geht und steht, zu einem insgesamt erfreulichen Ergebnis des jahrzehntelangen Wirkens von Gewerkschaften. Die Erfolgsmeldung, mit der da aufgewartet wird, wenn die Tradition der Arbeiterbewegung hochlebt, lautet: *Daß* Arbeiter überhaupt das Regime des Kapitals ertragen und ihr Dasein fristen, zeugt von der Leistung der Bewegung.

So hoch allerdings schätzt keine Gewerkschaft das Erreichte ein, daß sie in ihrem Selbstlob den Beschluß faßt, Schluß zu machen. Die Lage der arbeitenden Klasse – das ist der Bilanz zweiter Teil und die andere Hälfte der Existenzberechtigung – weist auch erhebliche dunkle Seiten auf. Diese werden ausgiebig beklagt; von den Arbeitslosen, den „Billiglöhnen“, den gesundheitszerstörenden Arbeitsplätzen, von der lohnfressenden Inflation und von der teuren Miete weiß man in Gewerkschaften manches Lied zu singen, auch von der Schichtarbeit, den Überstunden am Wochenende. Wenn von diesen Mißständen die Rede ist, dann schlägt die Logik des

Traditionsbewußtseins um. Können Arbeiter dafür, *daß* sie als Manövriermasse des Geschäfts existieren, der Gewerkschaft und ihren jahrzehntelangen Kämpfen nur dankbar sein, sieht es beim *Wie* dieser Existenz genau umgekehrt aus. Dafür ist der Arbeiterverein gerade nicht haftbar zu machen, daß nicht mehr herausgekommen ist. Man behauptet – prinzipiell genauso wie nach jeder Tarifrunde, nach jedem Streitgespräch mit der nationalen Führung ebenso –, daß das *Erreichte* auch das *Erreichbare* sei.

Denn, so die Auskunft, das *Recht auf Kampf* sei entschieden zu knapp bemessen. Deshalb käme für die Arbeiter nur eines in Frage – die kräftige Unterstützung der Gewerkschaft beim *Kampf um Rechte*. Diejenigen, die den *Kampf gegen das Kapital* gar nicht führen, verlangen danach, daß ihnen in möglichst allen Belangen – im Betrieb wie in der Wirtschaftspolitik – *der Kampf erspart wird*. Dadurch, daß sie das Recht zur Entscheidung übertragen bekommen. Sie wollen mehr zu sagen haben, an der Macht beteiligt sein, um dort den Interessen der Arbeitsleute Geltung zu verschaffen. Umgekehrt hat alles, was sich Lohnarbeiter gefallen lassen müssen, seinen Grund darin, daß die Gewerkschaft „zu schwach", „nicht stark genug" ist. Gegner kennt eine solche Gewerkschaft nicht mehr auf dem Feld der Gegensätze, die Arbeiter ausbaden müssen, sondern im Reich der Politik. Die einzig spannende und streitwürdige Frage ist die, wer der Gewerkschaft in welchen Belangen wieviel *Einfluß* zubilligt.

Das vollendete Programm: „Säule der Demokratie" sein!

Auf diese Weise rechtfertigen Gewerkschaften ihr Programm, das in keinem Punkt die Austragung eines Gegensatzes von Arbeiterinteressen auf der einen Seite, denen von Kapital und Staat auf der anderen vorsieht. Sie bemühen sich um *Ersatz* für jede Art von Klassenkampf, den sie für überholt halten und höchstens als Schimpfwort für Aktionen der Parteien kennen, die ihn auf Kosten der Arbeiter führen – natürlich nicht als Kampf, sondern per Macht und Geld. Das

Gewerkschaftsziel heißt *Mitbestimmung* in Staat und Wirtschaft; mit dieser schönen Einrichtung ist die Verhandlung der geschädigten Arbeiterinteressen unter dem Gesichtspunkt prinzipieller Partnerschaft anvisiert. Die praktizieren Gewerkschafter freilich – wie zum Beweis ihres unwiderruflichen Verzichts auf Kampf – schon immer, bevor sie in Gremien und Kommissionen „verantwortlich" herumhocken und um „Kompromisse" ringen. Alles, was in Betrieben, in der Sozial- und Wirtschaftspolitik zum Schaden der Lohnabhängigen angestellt wird, ist in ihren Augen schon immer etwas ganz anderes. Nämlich ein „politischer Skandal", weil sich die andere Seite „undemokratisch" beträgt, sich an der „Vernunft" der Gemeinsamkeit vergeht, einem „sachfremden", „wirtschaftlich nicht zu vertretenden" Egoismus anhängt usw. Erst recht werden Gewerkschafter, die als höchste Form der Kritik „Unternehmer*willkür*" geißeln, zu Fanatikern der einvernehmlichen „Problemlösung", wenn sie tatsächlich als etablierte Vertretung der arbeitenden Klasse etwas zu melden haben. Dann sind ihnen ihre Phrasen endgültig egal, mit denen sie ihre Unverzichtbarkeit für die Arbeiter beschwören. Daß das Kapital auf Kosten von Geldbeutel und Gesundheit der Lohnabhängigen wirtschaftet, daß diese sich deswegen organisiert zur Wehr setzen müssen – solche Aufrufe zur Kritik am System sind dann nicht mehr am Platz. Es *gibt sie*, die organisierte und *etablierte Organisation des Arbeiterstandes*, und als solche bringt sie – voll anerkannt – sowieso die Belange der Arbeiter ein.

In dieser kritischen Mitwirkung an der Ausgestaltung von kapitalistischer Wirtschaftsvernunft *zitiert* die Gewerkschaft gelegentlich noch die von ihr repräsentierten Opfer der „Marktwirtschaft". Sie *erwähnt* alle möglichen Tatbestände von Ausbeutung, aber um sie als „eigentlich" überflüssige Erscheinung in einer „eigentlich" intakten Ordnung hinzustellen. Alle Gemeinheiten und Rücksichtslosigkeiten gegen die Arbeiter definiert sie als Folge von *„Mißwirtschaft"*, von Versäumnissen, die unter Mißachtung ihres Rats zustandekommen. Noch bei jeder Entlassungswelle wartet sie mit alternativen Rechnungen auf, die ein kolossales „*Mißmanagement*“ beweisen sollen. Das sichert zwar keinen Arbeiter gegen den Verlust seines Einkommens ab, kennzeichnet aber den Standpunkt einer Organisation, die *hemmungslos für das System* eintritt. Sie kennt lauter „soziale“ Probleme, und nur solche, die daraus entstehen, daß sich die maßgeblichen Vertreter von Geld und Gewalt an den guten und nützlichen Rechnungsarten der „Marktwirtschaft“ *versündigen*.

„Mitbestimmung“: Rechtsberatung und Dienstaufsichtsbeschwerden für einen ordentlich funktionierenden Kapitalismus

Insbesondere „vor Ort“, in den Betrieben, gedeiht die gewerkschaftliche *Sorge um das korrekte Funktionieren* des Ladens; zur *Mitbestimmung* in *Betriebsräten* weiß sich diese Art der Arbeitervertretung allemal berufen, um die *Einhaltung der Regeln* zu gewährleisten – der Regeln des Kapitalismus, denen ihr Respekt gilt.

— Die Konfrontation mit einer Lohnhierarchie, die sich gewaschen hat, macht dem Arbeiterbüro an der Betriebsfront überhaupt nichts aus; was große und kleine Tarifkommissionen mit den Unternehmern aushandeln, eine Lohnskala auf Grundlage einer „Arbeitsplatzbewertung“, kommt einem Gewerkschafter überhaupt nicht verfehlt vor, auch wenn er die „Lohngerechtigkeit“ vor Augen hat. Das leuchtet nämlich den *Fanatikern des gerechten Lohns* ein, daß Kapitalisten, welche die „Arbeitsplätze“ zur Verfügung stellen und einrichten, diesen auch einen Lohn zuweisen, der der erbrachten „Leistung“ entspricht! Und wenn der Arbeitsplatz wegen seiner arbeitsteiligen Funktion technisch so eingerichtet ist, daß der Arbeiter nichts zu können braucht als sich gründlich zu verschleißen, dann wird er mit einem billigen Lohn dafür haftbar gemacht. Wer im Betrieb „Verantwortung“ trägt, kann sich dafür einer besseren „Bewertung“ seines Arbeitsplatzes gewiß sein. Usw. An den Lohngruppen fällt einem Gewerkschafter nicht auf, daß das mit der „leistungsgerechten Entlohnung“ eine wahrgemachte Ideologie der Unternehmerseite ist, die am Lohn spart. Auch dann nicht, wenn die größte und dreckigste Schinderei nicht als „Leistung“ gewürdigt wird, sondern als „wenig Qualifikation“! Ihm kommt es ganz normal vor, wenn Unternehmer so verfahren, als würden die verschiedenen „Mitarbeiter“ – die alle gebraucht werden – ganz unterschiedliche Beiträge zur Vermehrung ihres Vermögens erbringen; wenn sie – gleichgültig gegen das, was Lohnarbeiter zum Leben brauchen – befinden, daß ganze Abteilungen ihrer Belegschaft einfach nicht mehr verdienen, als sie ihnen geben! So daß ein gewerkschaftlicher Betriebsrat „vor Ort“ nur noch darüber zu wachen braucht, ob die *Einordnung* der Arbeitskräfte in die Lohngruppen korrekt vollzogen wird.

— Wenn von den Arbeitskräften welche nicht mehr gebraucht werden, prüft der Betriebsrat – nach Geist und Buchstaben des Betriebsverfassungsgesetzes, das ihm seine Befugnisse erteilt – schon wieder, ob alles mit rechten Dingen zugeht. Erfolgt eine Kündigung rechtmäßig und rechtzeitig, geht sie in Ordnung – und der Betriebsrat „kann nichts tun“ für die Betroffenen, die dann einen Beitrag zur Arbeitslosenstatistik leisten. Über die jammert er mitsamt seiner Organisation laut. Gegen „Massenentlassungen“ fahren Gewerkschafter in aller Öffentlichkeit lauter Beweise auf, daß bei anderer Betrachtung der Betriebsbilanzen alle Arbeitsplätze zu retten gingen. Sie beteiligen sich – immer ein wenig alternativ – an den Kalkulationen der Unternehmen, denn das ist in ihren Augen allemal „Arbeitersache“. Vor Ort, wo nach offizieller Lesart der Arbeiter ohne eine „betriebliche Vertretung“ aufgeschmissen wäre, gehen sie ihrer Pflicht denkbar sachlich nach. Der Belegschaft, die sich vor Entlassungen fürchtet, stellt sie einen Wortführer – nicht für irgendeine Maßnahme *gegen* die drohende Schädigung, sondern *für Beschwerden*. Die zeihen die Betriebsleitung des Vergehens, nicht kapitalistisch rechnen zu können und deswegen zu Entlassungen „gezwungen“ zu sein. Anschließend wird nochmals die Begründung für die Verminderung der Arbeitsplätze geprüft – und siehe da, sie geht rechtlich in Ordnung und entspricht tatsächlich einer „betrieblichen Notwendigkeit“.

— Dafür ist in den Tarifrunden wieder die Organisation in großem Stil zugange. Sie prangert die Arbeitslosigkeit als großen Mißstand an und fordert, den großen „Arbeitszeittopf" der versammelten Unternehmerschaft besser zu verteilen, so daß „Arbeitsplätze" geschaffen werden durch Arbeitszeitverkürzung. Da es den Topf gar nicht gibt und der *Bedarf des Kapitals an Arbeitskraft und -zeit* die Richtschnur abgibt, weil ja auch die Gewerkschaft nicht stört bei der Kalkulation, geht alles seinen Gang. Auch der betriebliche, wegen der günstigen „Auftragslage" erhöhte Bedarf nach Überstunden und Wochenendarbeit. Die genehmigt gemäß seinen Rechten der Betriebsrat.

— In der höchsten Form der Mitbestimmung schließlich betätigt sich die Gewerkschaft im Aufsichtsrat von großen Unternehmen. Dann sind die Arbeiterinteressen noch ein matter Berufungstitel, wenn in großem Stil „Betriebspolitik" gemacht wird – und die Arbeiter zur *Manövriermasse* der Unternehmensstrategie erklärt werden, die sie nun einmal *sind*. Aber *vertreten* sind sie auch. An höchster Stelle, so daß wirklich jeder Gegensatz zum Kapital entfällt!

Gewerkschaftsauftrag für die DDR: Den sozialen Frieden sichern!

Alle diese herrlichen Errungenschaften für die „arbeitenden Menschen" stehen jetzt in der DDR auf dem demokratischen Wunschzettel. Und es ist zu befürchten, daß die einschlägigen Wünsche in Erfüllung gehen. Denn die Importeure des kapitalistischen Geschäfts haben nicht nur nichts dagegen, daß es eine solche *Korporation* gibt in den neuen Landesteilen. Für ihre zugewonnene Anlagesphäre scheint eine am Gelingen des Ganzen – der Demokratie und der „Wirtschaft", welche die Arbeiter schließlich brauchen – orientierte Arbeitervertretung genau das Richtige. Und daß die hier skizzierte *Methode, Arbeiterinteressen so zu vertreten, daß von ihnen nichts übrig bleibt*, korrekt befolgt wird, garantieren die Gründer aus Ost wie West. Wenn beim Aufbau und in der steigenden *Wahrnehmung von gewerkschaftlichen Rechten* die Ähnlichkeiten mit dem DGB immer größer werden, so ist auch das kein Zufall.

Genauso wenig dürfte auch die zunehmende „Angleichung“ in der Lage der arbeitenden Klasse an die kapitalistischen Standards ein Zufall sein. Es geht ja auch gleich los mit einer enorm sachlich begründeten, mit dem Recht des Kapitals durchgesetzten *Lohndifferenzierung größeren Stils* – und die Gewerkschaft dürfte sich als erster die Sache mit der „Arbeitsproduktivität“ einleuchten lassen. Die ist drüben so niedrig, daß die passende Kapitalproduktivität mit dem Lohn herbeireguliert wird. Es geht ja auch gleich los mit einem Sockel von *Arbeitslosen* – und diese Reservearmee hat angeblich schon wieder nichts mit der Bedarfs- und Gewinnrechnung des Kapitals zu tun. Sie ist ein „Problem“, für dessen Behandlung die Gewerkschaft das Recht braucht, ganz „problembewußt“ mitverhandeln zu dürfen. Daß bei einem solchen schwierigen Auftakt erst einmal Lohnkämpfe nur in extremen Schadensfällen in Betracht kommen, die „Willkür“ und „Unrecht“ erkennen lassen, versteht sich von selbst. Der Aufbau geordneter Verhältnisse, in denen die *Lohnarbeiter* erst einmal welche werden, als solche *existieren und zurechtkommen*, verlangt *sozialen Frieden*. Ob sie mehr schlecht oder recht ihren neuen Beruf ausüben und aushalten, fällt weniger ins Gewicht.

Die passenden Sprachregelungen für den Beweis, daß eine solche moderne Gewerkschaft alles andere als überflüssig und schädlich ist, sind schon im Umlauf. Wenn die Werktätigen der Zone schon nichts anderes werden sollen als Lohnarbeiter des Kapitals, dann brauchen sie auch eine *starke Gewerkschaft, ohne* die es einfach nicht geht. *Mit* ihr umso besser.

Vom Aufstieg einer neuen europäischen Weltmacht

Reichtum, Macht und Recht des neuen Deutschland

Das deutsche Volk unterhält sich mit falschen Fragen nach den *Kosten* der deutschen „Wiedervereinigung". Seine Machthaber befassen sich unterdessen mit den praktischen Aufgaben, die der neue *Reichtum* und die neue *Größe* der Nation ihnen stellen: Sie tun alles, um ihrem Staat den neuen weltpolitischen Rang zu erobern, den sie begehren. *Was das* kostet und *wen* – danach fragt leider niemand. Schon gar nicht diejenigen, die *das* bezahlen müssen.

Die Rechte des neuen Reichtums

Das vergrößerte Deutschland steht schlagartig anders da in der Konkurrenz der kapitalistischen Nationen. Denn mit der „Währungs- und Wirtschaftsunion" verzeichnet die aufs D-Mark-Verdienen aufgebaute Volkswirtschaft einen Zugewinn, der jede normale Wachstumsrate des „Bruttosozialprodukts", dieser Gesamtziffer des kapitalistischen Reichtums einer Nation, grandios in den Schatten stellt. Eine ganze, „realsozialistisch" gewesene Nationalökonomie wird auf den Zweck umgestellt, *Geld zu machen,* und zwar zusammen mit der westdeutschen Ökonomie *deutsches* Geld, D-Mark. Auch in der DDR wird fortan ausschließlich mit dem Ziel und dem Ergebnis produziert, daß mit Waren D-Mark verdient werden; produziert werden also genaugenommen wohlverdiente, geschäftstüchtige, nach weiterer Vermehrung strebende D-Mark-Summen. Alles, was bislang für die Ausstattung des ostdeutschen Staates und für die ärmliche Versorgung seiner Einwohner hergestellt worden ist, erblickt nun als *Geschäftsmittel* das Licht der Welt; es *ist* also *Reichtum* – nämlich neu erschaffener Geldwert und Mittel für neue, erweiterte Geschäfte –, ganz gleich, was aus dem „Lebensstandard" der Ostdeutschen geworden ist, ob sie wohlhabender oder ärmer geworden sind. Alles, was gemacht und verkauft wird, trägt zur Verwertung von D-Mark-Kapital bei, steigert also den Reichtum von Geldbesitzern, die ihr Kapital in D-Mark „arbeiten" lassen, und vergrößert damit den Anteil der deutschen Währung am weltweiten Geschäftsleben, also das Gewicht der D-Mark als Weltwährung. Das ist der erste und hauptsächliche Zugewinn der D-Mark-Ökonomie. Hinzu kommen die Investitionschancen, die diese Umstellung selber bietet. Anlagesuchendes Kapital findet „drüben" neue Gelegenheiten, sich erstklassig zu verwerten; für Kapital aus aller Welt wird es noch attraktiver als bisher schon, sich in der D-Mark-Zone zu betätigen. So steht auch den Wachstumsraten der D-Mark-Produktion ein Aufschwung bevor.

Und gleich ist klar, was die anderen Nationen davon haben. Deren führende Leute jedenfalls wissen sofort, daß sie sich mit neuen ökonomischen Sachzwängen auseinanderzusetzen haben. Wenn die Masse des als D-Mark existierenden und sich verwertenden Reichtums wächst, verliert ihre Währung an Gewicht im internationalen Geldhandel. Wenn das neue Deutschland dem Kapital bessere Verwertungsgelegenheiten bietet, erlahmt das Wirtschaftswachstum in ihrem Land oder wird noch mehr zur abhängigen Variablen des deutschen Wachstums. Wenn die maßgeblichen Absatzmärkte „sich verlagern", geraten zukunftsträchtige Investitionen bei ihnen in Gefahr. Das wirft Probleme auf – weniger für ihre Firmenwelt, die sowieso international zu Werke geht; um so mehr für alle nationalen Bilanzen, für die Solidität der nationalen Schulden, für die Stabilität der nationalen Währung und für die Kreditwürdigkeit ihrer gesamten Nationalökonomie.

Die entsprechenden wirtschaftspolitischen Sorgen werden von den EG-Partnern der BRD im Beschwerdeton vorgetragen: Die Westdeutschen würden über ihrer DDR den europäischen Binnenmarkt vergessen, über der deutsch-deutschen „Währungsunion" die geplante europäische vernachlässigen und überhaupt das Interesse an Europa verlieren. Nun glauben die regierenden Europäer selber nicht, das vergrößerte Deutschland würde sie in Zukunft in Ruhe lassen. Im Vorwurf deutschen *Des*interesses an ihnen drücken sie bloß das Bewußtsein aus, daß sie vom deutschen *Interesse abhängiger* werden. Ihre Nationalökonomien nehmen durch den Erfolg der erweiterten D-Mark-Wirtschaft Schaden, das gehört zu den Schönheiten der freien Konkurrenz; je mehr Nachteile sie hinnehmen müssen, um so mehr wissen sie sich auf ihren übermächtigen Konkurrenten angewiesen; und zugleich ist ihnen klar, daß sie um so weniger Bedingungen stellen können, denn das Bedingungen-Stellen ist Sache des Stärkeren. So gibt die Warnung vor einer deutschen *Abkehr* von Europa die Besorgnis der konkurrierenden Partner vor dem Standpunkt wieder, mit dem sich ein vergrößertes Deutschland den europäischen Angelegenheiten *zuwenden* wird: Sie fürchten den erpresserischen Anspruch auf Unterordnung – womöglich nach dem wunderbaren Vorbild des DDR-Anschlusses... – , der vom deutschen Boden ausgeht und die Nachbarn vor lauter unangenehme Alternativen stellt.

Die Antwort aus Bonn fällt dementsprechend aus: im Tonfall beschwichtigend, in der Sache knallhart. Der Anschluß der DDR wird als Gewinn für die Europäische Gemeinschaft insgesamt dargestellt, so als gäbe es gar keinen Unterschied zwischen der Erweiterung der D-Mark-Nationalökonomie und einer Erweiterung der EG um eine eigenständige Volkswirtschaft und als käme es auf die gegensätzlichen Konkurrenzinteressen in diesem Punkt schon gleich nicht an. Statt dessen machen die Deutschen noch zusätzlich ihren Zuerwerb im Osten als besondere Last geltend, für die sie mehr Hilfe als bisher aus Brüssel brauchen; Mittel, auf die die andern natürlich verzichten müssen. Entgegenkommen demonstriert die westdeutsche Regierung dafür in einem andern Punkt: Nichts, aber auch gar nichts werde „hinter dem Rücken der Verbündeten“ geschehen. Wie auch? Die Vergrößerung Deutschlands ist schwerlich zu übersehen; und auf die sollen die Nachbarn sich schließlich einstellen. Dafür, daß sie das wunschgemäß tun, verläßt man sich in Bonn auf die Macht der Fakten, die mit der Eingliederung der DDR gesetzt werden.

Diese Rechnung geht auf – was sich wirklich nicht einfach von selbst versteht. Denn immerhin zieht der deutsche Erfolg nationale Interessen der andern in Mitleidenschaft. Und die hätten – einerseits – Mittel, um dem westdeutschen Staat auf seinem Erfolgsweg zumindest Hindernisse zu bereiten, vielleicht sogar Beschränkungen aufzuerlegen, deren Verbindlichkeit nicht auf Wirtschaftsmacht, also auf Vorteilsrechnungen und Kreditpolitik beruht, sondern auf „höherer" *Gewalt*. Die Regierungen Frankreichs und Großbritanniens haben daran sogar erinnert, als sie sich als *Siegermächte* des 2. Weltkriegs ins Spiel gebracht, die Rolle bloßer *Notare* der deutschen Einheit abgelehnt und ihre *Entscheidungsbefugnis* darüber angemeldet haben, was aus der neuen Großnation mitten in Europa überhaupt werden darf. Das klang fast wie ein Einspruch gegen den deutschen Zugewinn, der die Konkurrenzlage zwischen den führenden kapitalistischen Nationen Europas gründlich verschiebt.

Dazu ist es dann doch nicht gekommen. Das Kräfteverhältnis der friedlichen Konkurrenz der kapitalistischen Nationalökonomien hat hier das letzte Wort behalten gegen die Gewalt der Waffen, durch die die politische Lage im Nachkriegs-Europa gegen Deutschland entschieden worden war. Immerhin ist da wieder einmal deutlich geworden, daß die Macht ökonomischer Fakten nicht das letzte Wort *ist*, das zwischen Staaten, auch zwischen verbündeten kapitalistischen Demokratien, gilt. Wie auch: Geld, Kredit und die „Sachzwänge" der Konkurrenz darum können selber nicht garantieren, daß die Konkurrenz um Geld und Kredit von allen Staaten als höchstes und letztes politisches Diktat hingenommen wird; als die Sache, von der sie ihr Schicksal abhängig machen. Für diese Sicherheit braucht es eine *Gewalt*, die den Staatsgewalten keine Alternative läßt.

Zu der Gewalt, die genau das garantiert, haben sich die wichtigen kapitalistischen Mächte Europas zusammengetan. Übrigens nicht gerade aus guter Einsicht, sondern unter amerikanischer Führung und mit einer eindeutigen Stoßrichtung: Die Welt der freien Konkurrenz war – und bleibt noch immer – zu sichern gegen die „realsozialistische" Ausnahme, die als „Ostblock" dem freiheitlichen Westblock jahrzehntelang sehr bedrohlich vorgekommen ist. Diese Allianz schließt aus, daß die beteiligten Nationen gegeneinander andere Konkurrenz- und Kampfmittel in Anschlag bringen als die zivilen ihrer nationalen Ökonomien. Und sie schließt ein, daß das Ziel eines gemeinsamen Erfolgs gegen die gegnerische Weltmacht Vorrang vor allen Gesichtspunkten hat, unter denen die Verbündeten sich gegenseitig Gründe zur Feindschaft geben. So ist die Liquidierung der DDR dann doch viel zu sehr ein Gewinn für die gemeinsame antisowjetische Sache des Westens, als daß die Abneigung der Partner gegen den speziell deutschen Gewinn Recht bekommen hätte. Immerhin: An diese letzte heiße Frage der friedlichen Konkurrenz kapitalistischer Nationen, *die* Grundfrage des modernen Imperialismus, rührt die deutsche Einigung ganz heftig. Und das muß sich eine Nation erst einmal leisten können, daß sie so bedenkenlos so massiv – wie die BRD mit der Annexion der DDR – im Konkurrenzkampf mit ihren gleichgearteten Nachbarn in die Offensive geht.

Die Macht der neuen Größe

Ihre Politik, mit ihrer zivilen Macht Fakten zu schaffen, von denen die andern Staaten bei ihrer Politik auszugehen haben, verfolgt die Bundesregierung genauso bedenkenlos und offensiv in die andere Himmelsrichtung. Sie *macht* die DDR schlichtweg unbrauchbar für alle Interessen, die die Sowjetunion dort verfolgt hat. Statt weiterhin als „realsozialistischer" Partner die RGW-Staaten zu beliefern, wird die östliche Exportnation zum kapitalistischen Hartwährungsland, mit dem nur gegen Devisen und zum Nutzen einer scharf kalkulierenden Geschäftswelt Handel zu treiben ist. Das schadet nicht nur der sowjetischen Wirtschaft direkt, sondern richtet überhaupt alles zugrunde, was im RGW-Bereich noch an Arbeitsteilung zwischen den Partnern existiert hat. Ebenso ersatzlos entfallen alle Dienste eines militärischen Verbündeten, die der ehemalige „Frontstaat“ der Sowjetmacht je geleistet hat.

Für die anderen Mitglieder des ehemaligen Ostblocks war die BRD schon zu Zeiten des „realen Sozialismus“ wichtigster Partner in deren Bemühen, wirtschaftlich Anschluß an den westlichen Weltmarkt zu gewinnen. Der Ruin des RGW macht diesen Anschluß, den die reformsozialistischen bis antikommunistischen Regierungen Osteuropas ohnehin mehr denn je wollen, zur Überlebensbedingung ihrer Nationalökonomien – und als erste Adresse präsentiert sich ihnen das um ihren ehemaligen RGW-Kompagnon erweiterte Deutschland. Es hat „Hilfen“ zu bieten, die freilich bedeuten, daß die vom „Sozialismus“ befreiten Staaten mit ihren nationalen Entwicklungsinteressen zu abhängigen Unterposten des kapitalistischen Wirtschaftswachstums in Westeuropa umgewertet und den entsprechenden geschäftsmäßigen Vorteilsrechnungen anheimgestellt werden. Dieser neue „Sachzwang“ macht auch diese Nationen untauglich für alle ihre bisher erbrachten Leistungen für die sowjetische Ökonomie; vom sowjetischen Anspruch auf kriegstaugliche Verbündete ganz zu schweigen. Die Mittel der Nationen sind längst für andere Dienste in Anspruch genommen, und ihr politischer Wille sowieso.

Mit der angeregten Diskussion über die Grenze zwischen dem „wiedervereinigten“ Deutschland und Polen hat die Bundesregierung noch ein zusätzliches politisches Faktum geschaffen. Nämlich eben dies, daß mit der Beseitigung des „realsozialistischen“ Systems die Staatsgrenzen in Osteuropa durchaus neu zur Diskussion stehen. Der Schwur, keine Grenze in Europa mit Gewalt ändern zu wollen, nimmt da nichts zurück: Die DDR-Grenze ist schließlich auch ohne Gewaltanwendung gebrochen worden. Das ist, auch wenn es x-mal widerrufen wird, ein Präzedenzfall; zumindest dafür, wie sehr es sich lohnen kann, nationale Gebietsforderungen als „offene Frage“ aufrechtzuerhalten. Die Bekräftigung, welche Grenzen man in Bonn ganz bestimmt nicht in Frage stellen will, hat gleichfalls ihre Kehrseite, nämlich in einem heimlichen „obwohl...“: Ein gewisses Recht auf Zweifel an ihrer

Gültigkeit wird in so einem Dementi schon angemeldet. Im übrigen ist für die Neuordnung Europas nach dem Ende des „realen Sozialismus" nicht bloß die Abschaffung von Grenzen interessant. Die Herstellung neuer Grenzen dort, wo ein völkischer Separatismus sich rührt, die Aussicht, daß sich handliche Kleinstaaten aus dem sowjetischen „Imperium" abteilen, das sind schon bemerkenswerte Optionen für eine zentraleuropäische Großmacht, die allen ihren osteuropäischen Nachbarn genau so viele Überlebenschancen eröffnet, wie sie an nützlichen Diensten von ihnen kassiert.

Daß Deutschland das alles „darf", was es da an politischer und ökonomischer Neusortierung Osteuropas betreibt und an strategischem Positionsgewinn anstrebt, ist endgültig nicht normal und selbstverständlich in einer Welt bewaffneter Souveräne. Die Bundesregierung selber rechnet hier mit Einsprüchen der höheren Art. Immerhin stehen ja noch Truppen der sowjetischen Siegermacht in ihrem demnächst wieder einigen Land; und die sowjetische Regierung hat zumindest soviel klargestellt, daß ihre Militärmacht in der DDR für ihr Recht einsteht, als Sieger über Hitler mit darüber zu entscheiden, welche Freiheiten dem neuen Deutschland gelassen werden und welche nicht.

Auf diesen Anspruch antwortet die Bundesregierung mit der Diplomatie, die sich schon bisher in ihrer Ostpolitik so bravourös bewährt hat. Sie äußert Verständnis für sowjetische Sicherheitsbedenken; sie übt Nachsicht gegen die Vorstellung, ihr Staat müßte in eine Art kollektiver Kontrolle eingebunden werden; sie setzt sich selbst an die Spitze aller Forderungen nach einem gesamteuropäischen, blockübergreifenden Sicherheitssystem; und sie stellt dessen Prinzipien in mustergültiger Eindeutigkeit klar. Sie lehnt es nämlich strikt und entschieden ab, irgendetwas in Europa durch die Drohung mit militärischer Gewalt, geschweige denn durch ihren Einsatz zu „regeln" – und: hält sie sich nicht vorbildlich daran? Ganz anders als ihr Vorgängerstaat bei seinen Unternehmungen zum Anschluß weiterer Reichsgebiete hat sie für die Beseitigung der „innerdeutschen" Grenze nicht einen Soldaten in Marsch gesetzt; der Anschluß wird diesmal durch die Bundesbank in Frankfurt und ein frei gewähltes Parlament in Ostberlin vollzogen. Nur so ungefähr das gleiche Verfahren, sonst nichts, verlangt die westdeutsche Regierung von allen andern und natürlich vor allem von der Sowjetunion, die mit ihrer Roten Armee bis neulich noch die Garantiemacht für die Existenz eines „sozialistischen Lagers" war. Die BRD verspricht, was sie fordert: Kein Waffeneinsatz für die Veränderung der politischen Landkarte Europas.

Darin ist sie sich schon immer leicht einig geworden mit ihrem sowjetischen Kontrahenten. Der hat nämlich immer nur *eine* imperialistische Gefahr in Europa gesehen: die Gefahr eines revanchistischen Überfalls nach dem Muster Hitlers vom Boden des waffenstarrenden NATO-Deutschland aus. Von Gewaltverzichtserklärungen hat man daher in Moskau immer sehr viel gehalten – und die Kleinigkeit übersehen oder für unbeachtlich gehalten, daß es der deutschen Seite dabei immer auf etwas anderes angekommen ist, als auf einen Feldzug zu verzichten, der absehbarerweise sowieso nicht gescheit zu gewinnen gewesen wäre. Die westdeutsche Zusage, keine gewaltsame Revision der europäischen Lage anzustreben, hieß nie, man wolle die europäische Lage unrevidiert bestehen lassen. Im Gegenteil: Für den wohlfeilen Verzicht auf Eroberungskriege verlangte die BRD die Sicherheit, daß Militär und strategische Kalkulationen überhaupt kein Hindernis sein dürften für eine mit *anderen* Machtmitteln betriebene Neugestaltung der politischen Landkarte des Kontinents. *Freie Hand fürs Hineinregieren* in den Osten: das war schon immer der bundesdeutsche Preis für das Zugeständnis, den Blitzkrieg bestimmt nicht noch einmal zu probieren. Was einvernehmlich „Gewaltverzicht" genannt wurde, mochte den Regierungen der Sowjetunion und ihrer Verbündeten als Bestandsgarantie erscheinen; für die westdeutsche Politik war es ein Freibrief für alle erdenklichen nicht-militärischen Anstrengungen, den Bestand des Ostblocks zu untergraben. Bei dessen Mitgliedern neue, dem Westen und speziell dem westlichen Deutschland zugewandte nationale Interessen zu stiften, die sich immer weniger mit den Verfahrensweisen des „realen Sozialismus" vertrugen: Das war das bundesdeutsche Erfolgsrezept.

Und das ist über alle Erwartungen hinaus nun aufgegangen: Eine der bislang wichtigsten Grenzen in Europa fällt. Hätte die Bundesregierung dafür ihre Bundeswehr aufgeboten, dann wäre die Sowjetmacht mit den nötigen Gegenmitteln zur Stelle gewesen. Jetzt sieht es so aus, als hätte die unterdrückte Reiselust der DDR-Bürger Weltgeschichte gemacht, als würde die D-Mark den Rest erledigen; und Moskau interveniert nicht, sondern zieht Truppen ab. Keine westliche Macht hat so dreist wie die BRD darauf gerechnet, daß sie nur profitieren kann, wenn sie mit den Waffen des kapitalistischen Reichtums ungehindert „Wandel durch Annäherung" betreiben, den „realen Sozialismus" ruinieren und Osteuropa eine neue Kolonialisierungsperspektive anbieten darf. Die Rechnung ist aufgegangen, ohne daß die BRD sich etwas vergeben hätte. Jetzt wünscht sie, nach demselben Muster ihrer Diplomatie des „allseitigen Gewaltverzichts", die Absegnung ihres Erfolgs durch die Sowjetmacht.

Gerade da wird freilich klar, daß die *Grundlage* dieser Politik gar nicht die friedlichen Machtmittel sind, die da eine Nation, die genügend davon hat, zum Einsatz bringt. Das zeigt sich an den *Sicherheitsproblemen*, die sich für die Bundesregierung als *Folge* ihrer erfolgreichen Politik ergeben.

Die Rechte der neuen Macht

Es ist doppelt verlogen, wenn die bundesdeutsche Regierung die DDR-Annexion und ihre offensive Ost- und Europa-Politik unter den Imperativ des allseitigen Gewaltverzichts stellt. Erstens läßt sie diesen menschenfreundlichen Befehl für sich nur gelten, weil sie die Absicht und die Mittel hat, etwas ganz anderes daraus zu machen, nämlich eine von gegnerischen Einsprüchen unbehelligte Umgestaltung Europas im westlichen Sinn und deutschen Interesse. Zweitens ist dieser diplomatische Standpunkt weder ihr erstes noch ihr letztes Wort. Die Verbannung militärischer Gewalt aus der operativen Politik ist gar keine Sache, die Regierungen untereinander absprechen und auf die sie sich dann verlassen würden; schon gar nicht, wenn dem Gegner eine ganze Einflußsphäre entzogen wird, wo es also um so viel Erfolg auf der eigenen und so viel politische Schädigung der anderen Seite geht. Wo mit dem Imperativ der Friedfertigkeit tatsächlich Politik gemacht wird, da soll ein Kontrahent bei Zumutungen stillhalten; und das „Argument" dafür ist nie im Leben der eigene „Gewaltverzicht", sondern allemal die Bereitschaft, für die beabsichtigte und erzielte Schädigung des Gegners nötigenfalls auch mit eigener Gewalt einzustehen. So ist mit den deutschland-, ost- und europapolitischen Fakten, die die Bundesregierung schafft, sofort das Problem akut, wie deren Geltung zu sichern ist, nämlich gegen überlegene strategische Interessen der Weltmacht Sowjetunion. Und es ist sofort klar, daß *das* nicht mit den Mitteln des deutschen Nationalreichtums, einer Parlamentswahl und viel raffinierter Diplomatie zu machen ist. Die westlichen Politiker jedenfalls erkennen *ihren Erfolg* viel zu genau, um die *sowjetische Niederlage* zu verkennen, und verfallen deswegen logischerweise auf die *Gewaltfrage*.

Dieser Zusammenhang zwischen ziviler Politik und militärischer Macht ist in der Demokratie so selbstverständlich wie die Ressortaufteilung des regierenden Kabinetts. Zwar würde kein demokratischer Weltpolitiker zugeben, daß die Natur der friedlichen, zivilen Erfolge, auf die er scharf ist, geregelte Gewaltverhältnisse voraussetzt und einschließt, also auf Waffen beruht, weil Konkurrenzkampf zwischen Nationen gar nicht geht, ohne daß sie sich Feinde schaffen. Politiker pflegen den Sicherheitsbedarf ihrer Nation abstrakt zu definieren, getrennt von dem *Wofür*. Umgekehrt ist ihnen aber allemal die Rechnung geläufig, daß ihre „legitimen Sicherheitsinteressen" mit der Reichweite ihrer zivilen Unternehmungen und Erfolge wachsen. Ihre politökonomische Anspruchshaltung gegen den Rest der Welt und ihre tatsächlich bedienten Interessen lassen sie zwar nicht als *Ursache* für militärische Gewaltverhältnisse zwischen den Nationen gelten; als *guten Grund* dafür und nationales *Recht* darauf wollen sie ihre alltäglichen Einmischungen in auswärtige Angelegenheiten um so mehr respektiert haben. Und das verrät ja immerhin auch einiges über die Rolle des Militärs in der gesitteten Staatenwelt der Gegenwart.

In diesem ideologisch verdrehten Sinn – als wäre die „Sicherheitsfrage“ ein Folgeproblem und nicht die Basis aller politischen Offensiven der Deutschen – macht die Bonner Polit- und Militär-Nomenklatura auch gar kein Geheimnis daraus: Mit ihrer Deutschlandpolitik der vollendeten Anschluß-Fakten verläßt sich die BRD auf das *NATO-Militär*. Dessen Aufgabe heißt *Abschreckung*; und damit ist, jenseits aller ideologischen Unterstellungen über angriffslustige Feinde und gerechte Verteidigung, der anspruchsvolle Auftrag dieser Kriegsmacht durchaus angegeben. Sie soll jede gegnerische Gewaltanwendung durch die Drohung mit eigenen – zweckmäßigerweise überlegenen – Mitteln zuverlässig unterbinden, und zwar überall dort, wo die NATO sich zuständig erklärt. Auch ohne daß sie Kriege führen, sind die NATO-Streitkräfte für diesen Auftrag ununterbrochen im Dienst. Sie machen die Politik des Westens durchführbar, indem sie durch ihre Waffendrohung Gegenwehr verhindern, die Hinnahme politischer Fakten erzwingen. So definiert das westliche Bündnis seinen militärischen Daseinszweck ausdrücklich gegen das – nun in Auflösung begriffene – östliche System, seinen einzigen ernstzunehmenden Gegner.

Nun verfängt ausgerechnet gegen den die Abschreckung im eigentlichen, idealen Sinn *nicht*, eben wegen dessen atomar gerüsteter Roter Armee. Die Selbstbehauptung einer eigenständigen „realsozialistischen“ Politik und die Gegenwehr gegen jede bedrohliche Schwächung sowjetischer Macht *innerhalb* der östlichen Einflußsphäre hat die NATO aus eigener Kraft nicht unterbinden können. Immerhin hat sie aber dafür gesorgt, daß *nur* auf dem der Sowjetmacht notgedrungen „zugestandenen“ Terrain andere Maßstäbe gegolten haben als diejenigen der freien kapitalistischen Konkurrenz und der politökonomischen Erpressung. Im gesamten Rest der Staatenwelt hat der vereinigte Westen mit seinem faktischen

Gewaltmonopol diese zutiefst menschenwürdigen Grundsätze verbindlich gemacht, mit denen die „entwickelten" kapitalistischen Nationen so gut gefahren sind. Sogar unter den Hauptkonkurrenten des bürgerlichen „Lagers" selbst hat die gemeinsame Abschreckungsaufgabe gegen den sowjetischen „Störenfried" für zivile Verkehrsformen gesorgt und sichergestellt, daß aus wechselseitigen Schädigungen und Kriegsgründen keine militärischen Auseinandersetzungen geworden sind – wenn irgendwo, dann stimmt da einmal das Kompliment, die NATO hätte Jahrzehnt um Jahrzehnt „den Frieden gesichert".

Auf die Abschreckungsmacht der NATO baut die deutsche Bundesregierung, wenn sie die Eroberung der DDR als friedliches Währungs- und Wirtschaftsprogramm durchzieht – und sie unterläßt es wohlweislich, diesen Zusammenhang der Sowjetunion gegenüber offensiv zur Geltung zu bringen. Denn so weit hat die NATO-Abschreckung bislang nie gereicht, daß NATO-Staaten ungestraft und unbehindert das osteuropäische Vorfeld der Sowjetunion hätten aufmischen dürfen. Dagegen standen die sowjetischen Truppen und Atomraketen, und die hat die NATO ihrerseits als „Gegenabschrekkung" gegen eigenes Eingreifen und gegen eine Ausdehnung ihrer Zuständigkeit nach Osten respektiert.

Der westdeutsche Vorstoß, der innerhalb von Wochen die DDR weltpolitisch total herumgedreht hat, vollstreckt daher nicht einfach ein NATO-Recht; er nutzt den Beschluß der sowjetischen Regierung aus, nach der These zu handeln, die Rücknahme ihrer Machtpositionen in Osteuropa wäre keine Schwächung, weil diese Positionen ohnehin unhaltbar und nur noch eine Last gewesen wären. Von dieser eigentümlichen sowjetischen Verzichtspolitik will die Bundesregierung sich und ihr neues Deutschland andererseits auf gar keinen Fall abhängig machen; sie baut also auch nicht wirklich auf den sowjetischen Rückzugsbeschluß, den sie so hemmungslos ausbeutet. Das wäre auch in der Tat absurd: die Rolle als europäische Zentralmacht, die die Bonner Regierung für ihren gesamtdeutschen Staat anstrebt, unter den Vorbehalt zu stellen, daß die Sowjetunion in ihrer Eigenschaft als Mit-Gewinner des 2. Weltkriegs und atomare Supermacht ihre jederzeit widerrufliche Zustimmung erteilt. Ihrer Sache sicher sind sich die Schöpfer des neuen Deutschland nur insoweit, wie sie ihr Produkt *einseitig* gegen jede Gefahr einer Infragestellung durch sowjetische Einsprüche absichern können. Sie trauen einem Frieden nicht, der darauf beruht, daß der Kreml den westlichen Vormarsch billigt, weil er darin die Beseitigung von Konfliktherden sieht und mehr nicht sehen will – sie werden selber am besten wissen warum: Um die Bereinigung einer west-östlichen Konfrontation ist es ihnen nie zu tun gewesen; für sie hat die Sache einen positiven und viel interessanteren Inhalt, nämlich eine enorme Ausweitung ihrer nationalen Handlungsfreiheit; und mit der haben sie erst recht mehr vor als ausgerechnet das inhaltslose „Programm" – das im Grunde überhaupt kein politisches Programm, sondern der Verzicht auf ein solches wäre –, Frieden zu geben. Und daß damit ganz neue Konflikte mit der Sowjetunion anstehen, ist den Bonner Machthabern völlig klar.

So *beruht* das westdeutsche Vorgehen also doch auf *NATO-Recht*: Die Bonner Regierung handelt nicht einfach auf eine von Gorbatschow gewährte Chance hin. Wenn sie die so ausnutzt, wie sie das tut, dann handelt sie in der Sicherheit einer NATO-Garantie, die für sie bereits weiter reicht als das bisher definierte Bündnisgebiet und die neuen deutschen Unternehmungen mit abdeckt. Sie nimmt die NATO-Abschreckung praktisch in Anspruch gegen die Möglichkeit eines ernstzunehmenden sowjetischen Veto gegen eine deutsche Politik, von der ihre Macher sich jetzt schon sicher sind, daß es selbst einem Gorbatschow noch schwerfallen wird, sie als substanziellen Entspannungsbeitrag zu verstehen. Und deswegen hat man in Bonn so gar kein Verständnis für den sowjetischen Antrag, das neue Deutschland sollte den Stammplatz der BRD in der NATO räumen.

Den können nämlich auch die schönsten frei vereinbarten „Rahmenbedingungen" für ein „friedliches Zusammenleben in Europa" und alle „blockübergreifenden Sicherheitssysteme" nicht ersetzen, wie sie auf den geplanten europäischen Konferenzen geschaffen werden sollen. Denn davon erhoffen sich ja schon wieder beide Seite ganz Entgegengesetztes: die sowjetische eine endgültige Bereinigung aller europäischen Streitfragen, die einen Grund zur Feindschaft gegen sie abgeben könnten; der Westen einen sowjetischen Rückzug, der ihm das Sagen in Europa allein überläßt, – und die Deutschen auf dieser Basis freie Hand für die Schaffung von osteuropäischen Satelliten. Vereinbarungen über friedliche Methoden der Neuordnung Europas im deutschen und westlichen Sinn leisten daher in der entscheidenden Hinsicht, nämlich gegen die „Gefahr" sowjetischer Einsprüche, wieder nur so viel wie der ganz andere „Rahmen", den die NATO mit ihrer Abschreckung errichtet.

Um deren *Ausweitung* ist es der Bundesregierung zu tun, weil sie sich mit ihrer ganzen Politik voll darauf verläßt, so als wäre sie schon geschehen und festgeschrieben. Damit rührt die „Wiedervereinigung" endgültig an gewisse Grundfragen des Weltfriedens, nämlich des strategischen Kräfteverhältnisses, auf die bislang noch immer die beiden großen Atommächte ein Monopol haben. *Die* stehen zu einer Neu-„Regelung" an, wenn Deutschland darf, was es will und betreibt. Deswegen gehört und gerät das „Zusammenwachsen der Deutschen" auf die Tagesordnung der Gipfelgespräche zwischen USA und Sowjetunion, die das globale Abschreckungsverhältnis, also die letzten Bedingungen des Weltfriedens zum Gegenstand haben. Und man tut gut daran, sich durch die Form, in der da zwei „Supermächte" miteinander verkehren, nicht über den Inhalt der Sache täuschen zu lassen. *Was* da „ausgemacht" wird, ist kein friedensstiftender „Konsens" der Weltmächte, sondern die politische Reichweite der NATO-Abschreckung, die in letzter Instanz von den amerikanischen Atomwaffen ausgeht und die Sowjetunion zur Hinnahme der westlichen und speziell deutschen Vorstöße zwingen soll.

Damit rührt die deutsche Einigungspolitik nebenbei noch einen fundamentalen bündnisinternen Widerspruch auf: Um der besonderen deutschen Erfolge willen haben die USA ihr strategisches Atomwaffenarsenal wahrlich nicht aufgestellt. Bislang haben es die bundesdeutschen NATO-Politiker zwar noch immer verstanden, mit dem Gegensatz zwischen ihrem Interesse, sich durch die NATO die militärische Geschäftsgrundlage für ihre welt- und vor allem ostpolitischen Unternehmungen zu beschaffen, und der Interessenslage ihrer Führungsmacht konstruktiv umzugehen. Sie haben es meistens geschafft, so viel Deckungsgleichheit zwischen ihrem nationalen Erfolgsstreben und der gemeinsamen antisowjetischen Bündnislinie herzustellen, daß noch kein interner Streit sie zu erkennbarer Bescheidenheit gezwungen hat. Ihre Beiträge zum Bündnis haben den Westdeutschen die Rückendeckung durch dessen gesamte Militärmacht verschafft, die es ihnen bislang erlaubt, ihre Eingriffe in die Politik anderer Staaten und sogar die Beseitigung der DDR als ihr gutes, allgemein respektgebietendes und anerkanntes Recht abzuwickeln. Der deutsche Aufbruch zu neuen weltpolitischen Ufern verändert allerdings auch an diesem gedeihlichen Gewaltverhältnis einige Maßstäbe und Voraussetzungen.

*

Und unterdessen läßt sich das deutsche Volk in Ost und West mit der heißen Wahlkampffrage unterhalten, ob der Kanzler nicht doch einen Wechselkurs versprochen hat und das „Zusammenwachsen“ nun eigentlich zu schnell oder zu langsam geht...

Die militärische Zuordnung und Ausstattung des wiedervereinigten Deutschland oder:

Warum für die Deutschen ein *neutrales* vereintes Deutschland unmöglich ist.

Kaum war der Anschluß der DDR an den Rechtsnachfolger des Deutschen Reiches, die BRD, eine realistische Perspektive geworden, stand fest, daß die Angelegenheit der Deutschen ein *Sicherheitsproblem* von weltpolitischer Dimension darstellt. Seitdem steht die heiße Frage auf der Tagesordnung, wie auf Grundlage der offenkundigen Veränderungen des Staatengefüges in der Mitte Europas der *Frieden* in Europa und zwischen den Blöcken in Ost und West *militärisch* zu sichern sei. Die abzusehende friedliche Lösung der deutschen Frage bringt also das harte Problem auf den Plan, mit welcher militärischen Ausstattung den Sicherheitsinteressen sowohl des westlichen als auch des östlichen Bündnisses wie auch dem Sicherheitsinteresse des neuen großen Deutschland entsprochen werden kann.

Daß ein friedlich wiedervereinigtes Deutschland derart grundsätzliche Machtfragen aufwirft und die Neuordnung im Zentrum Europas nach einer neuen europäischen Friedensordnung verlangt, ist für seine Herren wie für die übrigen Nationen selbstverständlich. Offenbar handelt es sich bei dem Anschluß der Deutschen-Ost an die Deutschen-West nicht einfach um die Einlösung des „natürlichen" Völkerrechts der Deutschen, in einem Staat zusammenleben zu dürfen. Um so unschuldige Anliegen geht es nicht, wenn die Sicherheit und der Frieden in Europa und überhaupt zur Debatte stehen.

Das Recht der Deutschen, sich zu einem „einig deutschen Vaterland" zusammenzutun, ist allenthalben von anderen Staaten anerkannt, in West und in Ost. Das freut vor allem die westdeutschen Politiker sehr. Überhaupt nicht erfreut sind sie aber darüber, daß dabei die Idee eines *neutralen* Deutschland wieder aufgekommen ist. Die Sowjetunion hat den Vorschlag gemacht und damit zu erkennen gegeben, daß ihr an einer europäischen Sicherheitsstruktur mit einem entmilitarisierten neutralen Großdeutschland gelegen ist, weil sie bemerkt, daß ihre Sicherheit nach der Auflösung ihres Ostblocks von der Politik des neuen großen Deutschland entscheidend abhängt. Diesen Vorschlag lehnen die NATO und die Bundesrepublik entschieden ab. Fragt sich nur, warum? Die Friedensfreunde von der NATO geben doch vor, an der „Auflösung der Blockkonfrontation" interessiert zu sein. Und ein neutrales Deutschland, das nicht mit militärischen Machtmitteln auftrumpfen und weitere Grenzen verändern kann, wäre doch sicher ein Gewinn für die „Stabilität Europas". Die ist offenbar anders gemeint. Die NATO nimmt die deutsche Wiedervereinigung eben nicht als Anlaß, in Europa den Ost-West-Gegensatz zu begraben. Sicheren Frieden definiert dieses Bündnis anders.

Und warum wollen bundesrepublikanische Politiker der Vereinigung mit der DDR nicht froh werden, wenn das vergrößerte Gebilde den Status der Neutralität hätte? Die vielbeklagte deutsche Tragik: die Grenze mitten durch Deutschland, die Unfreiheit der Brüder und Schwestern, die Trennung der Deutschen von Deutschen, wäre doch mit einem vereinten neutralen Deutschland aus der Welt. Offenbar ist der Zweck der Wiedervereinigung der beiden deutschen Staaten gar nicht die Einlösung der gerne vorgetragenen Losung, daß man nicht trennen dürfe, was zusammengehört. Offenbar sehen die verantwortlichen westdeutschen Politiker in dem so neutral anmutenden Einigungswerk der Deutschen die Chance, daß ein vergrößertes Deutschland an Macht und Einfluß gewinnt in der Staatenwelt, und erklären deswegen Neutralität für unmöglich.

Die westlichen Verbündeten und Freunde der Bundesrepublik melden Bedenken an gegen eine allzu rasche deutsche Wiedervereinigung. Alle beharren sie darauf, dabei mitreden zu wollen. Wie das, wenn doch bloß ein legitimes Recht der

Deutschen verwirklicht werden soll? Offenbar wissen die westlichen Partner der Bundesrepublik ganz genau, daß da in Europa eine Großmacht zusammenwächst, die ihnen mit mehr Rechten und vermehrten Ansprüchen härter als bisher Konkurrenz macht.

Warum tun sich die bundesrepublikanischen Politiker so schwer, die Sicherheitsinteressen des polnischen Staats zufriedenzustellen und ihm unwiderruflich die bestehenden Grenzen einfach anzuerkennen? Offenbar halten die Herren in Bonn, gerade da sie dabei sind, ihr Staatsgebiet nach Osten auszudehnen, es für eine dem deutschen Staat nicht angemessene Unterwerfung unter das kleine Polen, das durch deutsche Verluste zustandegekommen ist. Auch wenn gegenwärtig kein Politiker der BRD die Korrektur der Oder-Neiße-Grenze auf seiner Tagesordnung hat, geht jeder dieser Herren, die den Vorwurf des Revanchismus weit von sich weisen, selbstverständlich davon aus, daß sich Deutschland nach der Revision der Grenze *in* Deutschland gegenüber seinem polnischen Nachbarn mehr erlauben kann und will. Der Aufforderung, jetzt im Namen des künftigen Deutschland eine endgültige *Garantie* der polnischen Westgrenze zu erklären, entnimmt ein deutscher Kanzler die künftige „Lage". In der ist nämlich Deutschland erstens unmittelbarer Nachbar und Kontrahent Polens, so daß es zweitens im Ermessensbereich deutscher Politik liegt, was diesem Nachbarn zusteht. Angesichts dieser Perspektive ist alles, was an einen Friedensvertrag gemahnt, in dem Deutschland als Verlierer dasteht und einen historisch berechtigten Verzicht übt, verkehrt. Getreu dem Motto, daß man – und Staaten schon gleich – nur auf etwas verzichten kann, was einem gehört, wird die Bundesregierung deutlich. Die polnischen Grenzen sind, bleiben und werden erst recht durch die neuen Kräfteverhältnisse in Europa ein Bestandteil deutscher Außenpolitik. Der Anspruch besteht, und nur *wir* entscheiden, ob und wieviel Gebietsansprüche wir geltend machen. Diese Position und sonst nichts spricht aus der Stellungnahme des BRD-Außenministers, die nach ausgiebigem moralischen Hin und Her und einer frechen Absage an eventuelle Reparationsforderungen die Gemüter beruhigen sollte: „Wir sagen allen unseren Nachbarn, was wir vereinigen wollen: die Bundesrepublik Deutschland, die Deutsche Demokratische Republik und ganz Berlin, nicht weniger und nicht mehr. Wir haben keine Gebietsansprüche gegen einen unserer Nachbarn." (Genscher)

An welchen ewigen Frieden denkt der Kanzler, wenn er in Rücksicht auf das Sicherheitsinteresse der Sowjetunion dieser das Angebot macht, „daß keine Einheiten und Einrichtungen des westlichen Bündnisses auf das heutige Gebiet der DDR vorgeschoben werden"? Es braucht doch nicht erst den – inzwischen regierungsamtlich für inopportun erklärten – Hinweis des Bundesverteidigungsministers auf „das Recht jeden Staates, sein eigenes Territorium an den Grenzen zu schützen", um zu wissen, daß die Bundesregierung natürlich ihre militärische Hoheit auf ganz Deutschland ausdehnt. Nur hält sie einen Vormarsch ihrer Truppen, den sie selbstverständlich als ihr legitimes Recht ansieht, gegenwärtig – wegen der Sowjetunion – (noch) nicht für machbar. Offensichtlich verwechseln diejenigen, die in Bonn emsig an der deutschen Wiedervereinigung arbeiten, diese friedliche Eroberung der DDR nicht mit der Schaffung der friedlichen Idylle einer einigen und ganzen deutschen Heimat. Daß deutsche Wiedervereinigung Machtzuwachs und mehr Einfluß bedeutet, das haben unsere Friedenspolitiker von vorneherein bedacht. Und daß mehr Macht der Nation mit Panzern und Soldaten zu tun hat, darüber brauchen sie gar nicht erst nachzudenken. Wer anders als der, der das will, übt denn Zurückhaltung, wenn er vorläufig noch auf die Ausdehnung der NATO-Präsenz bis an die Oder-Neiße-Linie verzichtet?

Die deutsche Wiedervereinigung ist die Verwirklichung eines imperialistischen Programms, das die Bundesrepublik, seit es sie gibt, verfolgt. Deshalb wirft die sich abzeichnende Lösung der deutschen Frage lauter Sicherheitsfragen auf – von Grenzfragen, den polnischen Nachbarn betreffend, über weltpolitische Probleme, die eine Veränderung des militärischen Kräfteverhältnisses zwischen West und Ost mit sich bringen, bis zu der konkreten Frage, über welche Militärmacht das neue größere Deutschland verfügen, wie weit nach Osten es mit seinen Truppen gehen darf und ob es Deutschland erlaubt bleibt, mit der NATO und in der NATO Außenpolitik zu machen, wenn es seine Vergrößerung bekommt. Noch ist es nicht soweit, daß die deutsche Mittelmacht, der ökonomische Riese, die Vormacht in Europa allein bestimmen könnte, wie sie ihre Macht und den Zuwachs an Macht militärisch untermauert und strategisch absichert. Die Erfolge des deutschen Imperialismus hängen noch ab von der NATO und von der Sowjetunion, die es ja auch noch gibt. Letztere freilich eröffnet den wiedervereinigten Deutschen enorme Perspektiven.

Das moderne Sicherheitskonzept der Sowjetunion:
— militärischer Rückzug aus Europa
— Zustimmung zur deutschen Einheit
— Aufbau einer „blockübergreifenden Friedensstruktur" für Europa

Die Sowjetunion hat im Zuge ihrer Perestroika auch einen Umbau ihrer Militärpolitik vollzogen. Die Weltmacht Nr. 2 definiert *ihre* bisherige Außenpolitik als die Ursache der immer noch währenden Konfrontation zwischen dem östlichen und westlichen Lager. Die zweite Supermacht ist dabei, an so gut wie allen Fronten der Militärstrategie Rückzüge vorzunehmen, um so ihre – von ihr selbst so kritisierte – „Machtpolitik", die auch sie für die entscheidende Ursache des unseligen Ost-West-Gegensatzes hält, tatsächlich und für alle Welt sichtbar zu widerrufen.

Gegenüber Osteuropa praktiziert Moskau die weitestgehende Revision der alten Doktrin, wonach neben der glaubwürdigen Atomkriegsdrohung die Präsenz konventioneller Truppen für die Sicherheit der Sowjetunion sorgt und für ihren weltpolitischen Einfluß dort, wo sie stehen. Die Sowjetunion gibt ihr Glacis in Osteuropa auf: Radikal Schluß gemacht wird mit der Breschnew-Doktrin, nach der den Staaten des Warschauer Pakts nur eine begrenzte Souveränität zugedacht war. Jetzt sollen die osteuropäischen Länder ihren eigenen nationalen Weg gehen, und das heißt sehr viel mehr, als – was bisher schon erlaubt war – ihre nationale Besonderheit im Bündnis einbringen zu dürfen. Ökonomisch werden diese Staaten aus der Abhängigkeit des RGW entlassen und dürfen sich nach westlichem Vorbild ihr Wirtschaftssystem schaffen in Abhängigkeit vom kapitalistischen Weltmarkt. Sicherheitspolitisch hat der Warschauer Pakt faktisch seine Funktion verloren; auf die freigesetzten Staaten kann kein Verlaß mehr sein, und die Sowjetunion setzt auch gar nicht mehr auf sie als militärische Verbündete. Aus Ungarn und der Tschechoslowakei werden die sowjetischen Truppen abgezogen, mit Polen wird darüber verhandelt. Ausgerechnet auf dem Gebiet des Staates, der noch DDR heißt und in Kürze zur Bundesrepublik gehört, sollen die 280.000 Mann sowjetischer Truppen noch verbleiben. Fragt sich nur, wofür? Stehen sie doch in einem fremden Land, abgeschnitten und weit entfernt vom russischen Mutterland.

Der Rückzug der Sowjetunion ist radikal. Die zweitgrößte Militärmacht der Erde verzichtet auf die vorgeschobene Front mitten in Europa, auf ihr bisheriges militärisches Aufmarschgebiet im Osten Europas. Sie gibt damit eine bedeutende geostrategische Position auf und zieht sich, militärstrategisch gesehen, hinter ihre Grenzen zurück.

Freilich will damit der russische Bär, der sich zur Freude des Westens selbst seine Tatzen beschneidet, nicht sein Sicherheitsinteresse in und an Europa überhaupt aufgeben. Es wird anders als bisher definiert – und zwar widersprüchlich: Die bisherige militärische Kontrolle über den Ostblock gilt seit neuestem im Kreml als Last. Die Erhaltung der entsprechenden strategischen Position wird an ihrem Preis gemessen, an ihren wirklichen Kosten wie an der Vorstellung, mit dem militärischen Aufbau in Osteuropa würde die Sowjetunion sich überhaupt Sympathien ihrer Nachbarvölker verscherzen und die Feindschaft des Westens verdienen. Deswegen erscheint der sowjetischen Regierung viel einseitige Abrüstung als gute Sicherheitspolitik. Einseitige Entwaffnung kommt für sie aber auch nicht in Frage. Die neuen Denker im Kreml scheinen noch zu wissen, daß auch die weitestgehende Friedensdiplomatie nur klappt, wenn eine Militärmacht mit ihrem Abschreckungspotential dahintersteht. Umgekehrt möchten sie mit ihrer Militärmacht nichts anderes mehr anfangen, als für ihren Abbau diplomatische Sicherheiten einzutauschen. Die Sowjetunion leistet sich den Widerspruch, das Lebensmittel jeder Außenpolitik, die Grundlage jeder Diplomatie, die militärische Macht, zu reduzieren, um per Diplomatie mehr Sicherheit zu erreichen. Der militärische Rückzug aus Europa soll geradezu dazu führen, daß auf dem Wege der diplomatischen Vereinbarung zwischen den USA, der Sowjetunion und den europäischen Staaten eine „europäische Sicherheitsstruktur", noch besser: eine „europäische Friedensstruktur", noch schöner: ein „europäisches Haus" zustandekommt, was endgültig den gefährlichen Zustand der Konfrontation beenden würde.

Dieses Konzept führt ein *Ideal* der bewaffneten *Konkurrenz* zwischen Staaten, das schöne Gegenbild zu den *wirklichen* Verhältnissen, als praktisch gemeintes Ziel in die Auseinandersetzung mit dem Westen ein. Und das führt – logischerweise – zum *Streit* zwischen den Perestroika-Anhängern im Kreml und ihren NATO-Gegnern, die zwischen ihrem Machtwillen, dessen Durchsetzung sie „gesicherten Frieden" nennen, und politischen Harmonieidealen besser zu unterscheiden wissen und deswegen immer anspruchsvoller werden, je weiter sich die Sowjetmacht zurückzieht. Die sowjetischen Friedenspolitiker streiten für ihr Konzept, indem sie aus ihrer Sicht alles tun, um die alte Konfrontation endgültig aus der Welt zu schaffen und ihr Wiederaufleben zu verhindern. Sie erbringen Vorleistungen, die auf den guten Willen der Gegenseite berechnet sind, ohne daß man auf ihn bauen könnte. Sie machen sich von einem diplomatischen Entgegenkommen ihrer Kontrahenten abhängig, für das sie selber mit einer Kombination von Warnungen und der Räumung eigener Positionen sorgen müssen.

Diese widersprüchliche Politik einer zum *Nachgeben* bereiten *Weltmacht* wird schön deutlich am sowjetischen Umgang mit der deutschen Wiedervereinigung, die für die Deutschen in West und Ost inzwischen ausgemachte Sache ist. Da akkumuliert die russische Außenpolitik Widersprüche, daß die Geschichte, die ja bekanntlich vor Widersprüchen nur so trieft, kaum mehr nachkommt:

1. Gorbatschow entnimmt seiner Perestroika, daß es unpassend ist, der sozialistischen DDR, so wie sie seit 40 Jahren geht und steht, eine russische Beistandsgarantie zu geben.

2. Die Geschichte läßt sich nicht aufhalten: DDR kaputt, Mauer weg, Wiedervereinigung auf der Tagesordnung. Kohl macht seinen Stufenplan.

3. Gorbatschow kontert: „Die deutsche Frage steht nicht auf der Tagesordnung." Er vergißt aber nicht zu sagen: „Die Geschichte wird über die Zukunft Europas entscheiden."

4. Nachdem der Kreml-Chef die DDR längst den Imperialisten überlassen hat, fällt ihm dann doch noch die Sicherheit der Sowjetunion ein. Ob das nicht zu spät war? „Wir unterstreichen mit aller Entschiedenheit, daß wir die DDR nicht im Stich lassen; sie ist unser strategischer Verbündeter und ein Mitglied des Warschauer Pakts. Es muß von den nach dem Krieg entstandenen Realitäten ausgegangen werden, zu denen die Existenz zweier souveräner deutscher Staaten zählt. Ein Abrücken davon bringt die Gefahr einer Destabilisierung Europas mit sich." (Vor dem Zentralkomitee am 9.Dezember 1989)

5. Gorbatschow überrascht: „Und nun setzte sich die Geschichte unerwartet schnell in Bewegung." (Prawda, 21.2.)

6. Gorbatschow reagiert auf diese Geschichte: „Im Hinblick darauf bekräftigen wir ein weiteres Mal, daß die Deutschen selbst zu bestimmen haben, wie, zu welchen Fristen und in welchen Formen ihre Vereinigung vor sich gehen soll." (ebenda)

7. Gorbatschow greift in die Geschichte ein, indem er das „Recht der Deutschen auf Einheit" (ebenda) höflich behandelt: „Bei allem Respekt vor ihrem nationalen Recht ist die Situa-

tion doch so, daß man sich nicht vorstellen kann, daß sich die Deutschen untereinander einigen und danach allen anderen vorschlagen, nur noch die von ihnen gefaßten Beschlüsse zu billigen." (ebenda)

8. Gorbatschow bemerkt – und pfeift schon wieder auf die Geschichte –, daß das Recht der Deutschen „nur eine Seite des Problems und auch nicht das einzige" ist: „Ferner muß von vornherein klar sein, daß weder der Prozeß der Annäherung zwischen der BRD und der DDR selbst, noch ein geeintes Deutschland eine Bedrohung oder Beeinträchtigung der nationalen Interessen der Nachbarn und überhaupt irgendeiner anderen Seite mit sich bringen darf. Ausgeschlossen ist natürlich auch jede Infragestellung der Grenzen anderer Staaten." (ebenda)

9. Der Kreml-Führer weiß also nicht – oder will das nicht wissen –, daß das Recht der Deutschen auf ihre Wiedervereinigung *selbst* die imperialistische Bedrohung ist und daß die „Gefahr" sich nicht erst als mögliche *Folge* dieser Wiedervereinigung *ergibt*. Dabei kann er sich an den Folgen der geschichtlich anstehenden Veränderung in Mitteleuropa sogar vorstellen, daß die ganze weltpolitische Konstellation zuungunsten Rußlands verändert wird: „Folglich muß auch eine Vereinigung Deutschlands unter Berücksichtigung dieser Gegebenheiten vor sich gehen, und zwar der Unzulässigkeit einer Störung des militärstrategischen Gleichgewichts dieser beiden internationalen Organisationen." (ebenda)

10. Gorbatschow denkt an die NATO, seinen Warschauer Pakt hat er ja quasi abgeschafft, und wünscht sich von der, daß sie eine mehr „politische Rolle" erfüllen möge. Der Kreml-Chef stellt sich so eine „Auflösung der Blockkonfrontation" vor und ein neutrales Deutschland als Hauptelement einer neuen „europäischen Friedensstruktur".

11. Gorbatschow erfährt, daß die Anschlußstrategen der Bundesrepublik Deutschland diese am liebsten ganz in der NATO belassen wollen, und daß die NATO-Verbündeten der Deutschen das auch so sehen.

12. Der sowjetische Außenminister warnt: „Das Gespenst

des Revanchismus geht in Europa Arm in Arm mit den Ideen der Einheit und Vereinigung um, der Durst nach Gerechtigkeit mit dem Durst nach politischer Rache."

13. Gorbatschow entwarnt ein wenig und bemüht dafür die Weltöffentlichkeit: „Wichtig ist natürlich auch, daß nicht nur von der Öffentlichkeit der BRD und der DDR, sondern auch auf offizieller staatlicher Ebene vor der ganzen Welt mehr als einmal erklärt wurde: Von deutschem Boden darf niemals mehr ein Krieg ausgehen. Und im Gespräch mit mir hat Helmut Kohl eine Erläuterung dieser Formel gegeben, die zu noch mehr verpflichtet: Von deutschem Boden darf nur Frieden ausgehen." (Prawda, 21.2.)

14. Auf die Frage, ob eine Mitgliedschaft eines vereinten Deutschland in der NATO von der Sowjetunion akzeptiert werde, antwortet Gorbatschow mit einem eindeutigen „Njet". Zugleich befürwortet er zum x-ten Male das Recht der Deutschen auf Wiedervereinigung. Ein außenpolitischer Berater des russischen Präsidenten sieht im Verbleiben Deutschlands in der NATO eine „positive Funktion". Teile des Warschauer Pakts sehen das auch so.

Mit dieser Methode benennt die sowjetische Politik keine Grenzen mehr, auf denen sie im Interesse ihrer Sicherheit beharrt. Sie definiert nicht mehr, wo ihre Bereitschaft aufhört, westlichen Ansprüchen nachzugeben. Und das liegt zunächst einmal durchaus in der Logik der neuen sowjetischen Außenpolitik: Mit dem Verzicht auf jede machtpolitische Drohung soll ja die bisherige Konfrontation in Europa ihr Ende finden. Dann aber erscheint den russischen Friedensstrategen jedes Beharren auf einer militärischen Position, was ihnen immer dann einfällt, wenn sie die frechen Ansprüche des Westens bemerken, wie ein Rückfall in „altes Denken". Immanent ist der Widerspruch des neuen sowjetischen Friedensprogramms für Europa ja auch nicht aufzulösen. Die Satelliten-Länder der Sowjetunion sind faktisch aus dem Bündnis mit Moskau entlassen. Diese Bruderstaaten von gestern haben ihre sozialistische Staatsraison fallengelassen, basteln an einer neuen nach westlichem Vorbild und neigen allesamt sehr dazu, sich außenpolitisch dem Westen zuzuwenden. Die DDR strebt den Anschluß an die BRD an, obwohl sie das so nicht genannt haben möchte. Und alle diese Länder werden von den Wirtschaftsmächten und der Militärmacht der NATO umworben, daß sie sich gefälligst zu entscheiden hätten, wohin sie gehören, wenn sie in ihrem nationalen Interesse noch etwas wollen. Damit – und nicht erst seitdem die Sowjetunion ihre Truppen aus mehreren dieser Länder abzieht – wird das Beharren der Sowjetunion auf der formellen Mitgliedschaft der Länder Osteuropas im Warschauer Pakt bodenlos.

Dort, wo die Sowjetunion ihre Truppen belassen will – etwa im östlichen Teil eines Deutschland, dessen westlicher Teil zur NATO gehört? –, kann ihre isolierte militärische Präsenz nurmehr symbolischen Charakter haben: russisches Militär als Argument, und *bloß* das, für das Zustandekommen und die Einhaltung von Vereinbarungen, in denen der Kreml Frieden für Europa und Sicherheit für die Sowjetunion zugesichert bekommen möchte. Demgegenüber haben die Truppen der USA in Westdeutschland weiter einen eindeutig militärischen Auftrag im Programm der NATO.

Die Sache, deutsche Wiedervereinigung, hat nur noch einen Haken. Und das wissen die NATO-Strategen genauso wie die deutschen Einigungs-Politiker: die Position der Sowjetunion. Aber diese Position hat längst nichts Ultimatives mehr. Einerseits wird der Vereinigung der Deutschen aus russischer Sicht recht gegeben, weil so ein Brennpunkt der Konfrontation getilgt werden soll. Andererseits soll daraus kein Vordringen der NATO nach Osten werden – was aber die Auflösung des Ostblocks längst ist –, also das russische Sicherheitsinteresse gewahrt bleiben. Die sowjetische Forderung nach einem neutralen Deutschland ist kein russisches „Njet" gegenüber jeder anderen „Lösung" der deutschen Frage. Immerhin hat Moskau den Verhandlungen „2 + 4" zugestimmt. Immerhin werden da die vier Siegermächte des Zweiten Weltkriegs und zwei deutsche Verlierer über die anstehende Revision des Ergebnisses des letzten großen Kriegs beratschlagen. Da freut sich die NATO, daß die Veränderung des Kräfteverhältnisses in Europa schon feststeht und sich der Einspruch der Sowjetunion auf die ebenso matten wie beliebten Fragen des Tempos beschränkt. Die Bereitschaft der Sowjetunion, ihre Macht zurückzunehmen und im Verhandlungspoker nicht zu nutzen, wird dankend entgegengenommen.

Deutsche Wiedervereinigung – ein durchschlagender Erfolg der NATO. Ihre neue Parole: mächtig auf der Hut sein und den Sieg kontrolliert heimbringen.

Mit dem militärischen Rückzug der Sowjetunion aus Osteuropa, mit der anstehenden Heimholung des östlichen Frontstaats ins westdeutsche Reich hat die NATO einen grandiosen Teilsieg errungen. Das Ziel der NATO-Strategie für Europa ist im Grunde erreicht. Das Programm des „Containment", der „Einhegung" des kommunistischen „Expansionsdrangs", kann endgültig ad acta gelegt werden. Viel mehr ist gewonnen: Ohne daß ein NATO-Panzer hat losfahren müssen, ist das östliche militärische Bündnis zerbröckelt, die militärische Zuständigkeit bis an die Grenze Rußlands vorgeschoben und Europa „befreit" worden.

Sehr zu Unrecht heften sich die NATO-Strategen diese für sie so erfreuliche neue Lage als ihren Erfolg an die Brust, indem sie darauf verweisen, daß nur die solidarische und standhafte Erhaltung der Verteidigungskraft des westlichen Bündnisses die Entwicklung in Osteuropa und der Sowjetunion erst ermöglicht habe. Aber das kennt man ja von diesen Burschen. Bemerkenswerter ist, daß die NATO – sehr im Unterschied zur Sowjetunion, die gewaltige Vorgaben der Abrüstung und des militärischen Rückzugs macht – erst einmal in der neuen Lage keinen Grund sieht, an der militärischen Planung, an der Strategie, am Bündnis überhaupt etwas zu ändern. Immer hat die NATO aus der Bedrohung durch die Sowjetunion und ihren Warschauer Pakt ihr Existenzrecht abgeleitet. Jetzt geben die Herren des westlichen Bündnisses sogar zu, daß die Sowjetunion zu einem Überraschungsangriff gar nicht mehr fähig ist, daß Verbündete im Warschauer Pakt „im militärischen Sinn nicht mehr als Verbündete funktionieren“ und daß das „Aufmarschfeld“ der Roten Armee problematisch geworden ist. Das soll aber an der Wachsamkeit, also an der Notwendigkeit des westlichen Pakts im Grunde nichts ändern.

„Es wäre ein schwerwiegender strategischer Irrtum, für den Fall einer zunehmenden Erosion des Warschauer Pakts quasi im Gegenzug die NATO zur Disposition zu stellen.“ (Verteidigungsminister Stoltenberg)

Ohne Begründung! Offenbar gehört es zur Machtpolitik, daß sie selbst ihr hinreichender Grund ist. Dennoch sind Strategen von dem gleichen Kaliber in der Lage, auf demselben Felde konkreter zu argumentieren.

„Heute haben wir eine militärisch starke Sowjetunion und viel Unruhe in Osteuropa. Was die potentiellen militärischen Gefahren angeht, ist die Situation in gewisser Weise mit der vergleichbar, in der die NATO gebildet wurde. Damals passierten im Grundsatz die gleichen Dinge. Die NATO war die Antwort darauf. Ich finde, daß sie noch immer eine exzellente Antwort auf Unvorhersehbares ist und auf die Möglichkeit der Instabilität im Europa von heute sein kann, besonders auf die in Osteuropa. Wenn Osteuropa und die Sowjetunion in Unruhe sind, und die Situation ist nicht ganz vorhersehbar, was sollten wir dann tun? Wir sollten sehr berechenbar sein, sehr stabil. Und woher bekommen wir die Stabilität? Auf die gleiche Weise wie in den letzten Jahren: mit der Allianz.“ (General Galvin, NATO-Oberbefehlshaber Europa)

Das ist absolut gedacht, einmal gegenüber der natürlich zur Kenntnis genommenen Veränderung des militärischen Kräfteverhältnisses in Europa; dann gegenüber dem Feind überhaupt. Schwäche und Stärke des Gegners der NATO sind gleichermaßen Grund für gediegene „Abschreckung und Verteidigung“ (derselbe). Entgegen anderslautenden Gerüchten stimmt das Feindbild der NATO also immer noch. Und neben dem alten Grund für ein starkes Bündnis – „Die Erfahrung lehrt, daß wir wachsam bleiben müssen“ (NATO-Erklärung, Mai 1989) – wissen die Rechner aus den NATO-Zentralen neue Aufgaben für ihren Pakt, die der schon erreichte Erfolg erfordere.

„Wir dürfen niemals vergessen, daß eine neue europäische Ordnung nur möglich ist auf der Grundlage weiterhin gesicherter Verteidigungsfähigkeit in einem handlungsfähigen Bündnis.“ (Verteidigungsminister Stoltenberg)

Jetzt sind es also sowjetische Streitkräfte, denen niemand von den hiesigen Strategen mehr einen Angriff zutraut, vor denen die NATO mit überlegeneren Kräften auf der Hut sein muß. Jetzt muß sich die NATO mit aller Gewalt vor der Möglichkeit unberechenbarer politischer Entwicklungen in der Sowjetunion vorsehen. Jetzt muß die NATO stark sein, um den Prozeß der Erneuerung und Demokratisierung in Osteuropa als den Fortschritt der westlichen Einflußnahme auf diese Länder zu garantieren und zu kontrollieren. Die Herrschaften der NATO geben praktisch zu, daß ihr Militärbündnis zu mehr da ist, als zur Verhinderung eines Angriffs aus dem Osten. Es geht ihnen um die Erledigung der Sowjetunion als konkurrierende Weltmacht: Für die Durchsetzung westlicher Interessen allüberall, für Einfluß und Kontrolle auf dem gesamten Globus, für dieses anspruchsvolle imperialistische Programm wird ein Machtmonopol für unerläßlich gehalten.

Aus diesem Grunde ist ein neutrales, gar ein entmilitarisiertes vereintes Deutschland für den westlichen Pakt nie eine überlegenswerte Frage gewesen. Der sowjetische Vorschlag, *so* ein vereinigtes Deutschland in eine europäische Friedensstruktur einzubetten, wird von den Friedensfreunden des Westens für unmöglich erklärt und abgelehnt. Die aberwitzigen Begründungen für diese Ablehnung stehen nur dafür, was die verbündeten westlichen Militärmächte *wollen*: Deutschland muß in der NATO bleiben.

„Ein freischwebendes neutrales Deutschland kann angesichts seiner geostrategischen Lage und seines politischen, wirtschaftlichen und militärischen Machtpotentials aus der Sicht aller Bündnispartner ebenso wie auch im wohlverstandenen Eigeninteresse der Sowjetunion keine Lösung sein.“ (NATO-Generalsekretär Wörner)

Allen anderen Staaten und – ausgerechnet – auch der Sowjetunion soll es gut bekommen, wenn ein nach Osten ausgedehntes Deutschland die Macht und die Reichweite der NATO stärkt und die neue Großmacht Deutschland weiterhin die Potenz der NATO an ihrer Seite weiß. Generäle und Politiker des westlichen Bündnisses versuchen penetrant zu beweisen, daß ihr Interesse am Verbleiben des vereinten Deutschland in der NATO „Stabilität in Europa“ sichern würde – und lassen dabei keinen Zweifel, daß sie Stabilität mit ihrer militärischen Machtvollkommenheit gleichsetzen. Ein neutrales Deutschland, das erscheint den NATO-Strategen wie eine unsinnige Aufgabe eines schon erreichten Erfolgs.

Das Programm der NATO, den militärischen Rückzug der Sowjetunion unumkehrbar zu machen, hat freilich noch eine andere Seite: Einerseits wird auf einer starken NATO und der Fortsetzung ihrer Abschreckungspolitik bestanden; andererseits geht die westliche Allianz auf die diplomatischen Vorstöße der Russen, die für diese den Erfolg ihrer neuen Sicherheitspolitik erbringen sollen, ein und berücksichtigt „berechtigte“ Sicherheitsinteressen, wie sie die Sowjetunion in der von ihr selbst veränderten Lage anmeldet. Die westliche Diplomatie ist bemüht, alles zu vermeiden, was dem raschen Fortschritt der neuen sowjetischen Außenpolitik Abbruch tun könnte. Man will von sich aus keinen Vorwand liefern, der die Sowjetunion dazu veranlassen könnte, bei der Rücknahme ihrer militärischen Bedrohung innezuhalten. Westliche Diplomaten und Generäle der NATO tun die einseitigen Abrüstungsschritte, die Maßnahmen zur Demobilisierung des Warschauer Pakts längst nicht mehr als bloße Scheinmanöver ab, sondern anerkennen großzügig die Schwächung der sowjetischen Militärmacht durch Moskau selbst als echten Beitrag zum Abbau der Konfrontation und zur Sicherung des Friedens. Dem Wunsch der Sowjetunion nach baldigen Vereinbarungen in Sachen Abrüstung der atomaren und chemischen Waffen und Truppenreduzierung in Europa wird ohne grundsätzliche Einwände entsprochen. Daß KSZE und die Konferenz „2 + 4“ im Herbst über die deutsche Einheit zu befinden haben, ist auch schon beschlossene Sache.

In der Frage der Modalitäten einer deutschen Vereinigung erkennt die NATO ein besonderes Sicherheitsinteresse der Sowjetunion an, heißt es in den diplomatischen Verlautbarungen des Westens. In dieser Hinsicht gehen die Verbündeten der Deutschen so weit, den Russen einen trickreichen Kompromißvorschlag anzubieten: Zwar soll das künftige Deutschland Mitglied der NATO bleiben, ohne daß aber Truppen der Allianz auf dem Gebiet der heutigen DDR stationiert würden. Und selbst mit der von den Deutschen erfundenen Idee können sich NATO-Politiker anfreunden, daß nämlich für eine Übergangszeit auf dem östlichen Territorium des neuen Gesamtdeutschland, das Mitglied der NATO ist, noch russische Truppen verbleiben. Diese absurd erscheinenden Konstruktionen sind Produkt der neuen Konstellation zwischen Ost und West: Gegenüber dem festen Willen der Sowjetunion, sich als Militärmacht aus Osteuropa zurückzuziehen, dafür aber politische Sicherheitsgarantien zu fordern, erscheint es dem Westen als kein zu hoher Preis, für die Absicherung der Veränderung des Kräfteverhältnisses in Europa – und die deutsche Vereinigung *ist* ein wesentliches Stück dieser Veränderung – Moskau diplomatisch entgegenzukommen. Ein NATO-freies Gebiet in NATO-Deutschland, Feindtruppen im freien Gesamtdeutschland-Ost – das sind quasi verkörperte und damit besonders unterstrichene Garantieerklärungen an die Adresse der Sowjetunion. Das sowjetische Sicherheitsinteresse soll sich damit fundiert bedient sehen.

Mehr aber auch nicht. Denn Voraussetzung dieser Zugeständnisse ist, daß Deutschland nicht neutral wird, sondern in der NATO bleibt, also die NATO die Reichweite ihrer militärischen Souveränität grundsätzlich nach Osten ausdehnt. Und es ist keine Frage, in welche Richtung das widersprüchliche Sicherheitsvertragswerk – sollte es so oder so ähnlich zustandekommen – auf seine Auflösung drängt. Nicht wegen des Völkerrechts, sondern weil der neue deutsche Staat selbstverständlich das Recht für sich in Anspruch nimmt, unbedingte Souveränität über ganz Deutschland auszuüben, also auch in militärischer Hinsicht die ganze Hoheit zu besitzen.

Russische Politiker, aber auch westliche Zeitgenossen liegen gar nicht so falsch, wenn ihnen heute die 1936 vollzogene Besetzung des vom Versailler Vertrag zur entmilitarisierten Zone erklärten Rheinlands durch deutsche Truppen einfällt.

Das deutsche Sicherheitsinteresse: Mit der NATO zu einem stabilen deutschen Europa

In den 50er Jahren wies die Bundesrepublik alle Vorschläge Moskaus für eine deutsche Wiedervereinigung mit neutralem Status zurück mit der Begründung, daß ein entmilitarisiertes Deutschland ohne Rückhalt in einem Militärbündnis des Westens hilflos dem russischen Expansionsdrang ausgesetzt wäre. Heute, da die Wiedervereinigung kommt, wird das Konzept eines neutralen Deutschland abgelehnt, weil ein „zwischen Ost und West schwankendes Deutschland die Stabilität Europas gefährde" (Kohl). Deutsche Einheit, das ist eben überhaupt kein Selbstzweck. Die Bundesrepublik verfolgt mit der Eingemeindung der DDR das imperialistische Ziel, als deutscher Staat an Macht zu gewinnen in der Konkurrenz der Staatenwelt. Deshalb ist die Begründung der Ablehnung eines neutralen Deutschland von heute genauso verlogen wie die von gestern.

Den Politikern in Bonn geht es darum, Deutschland zu einer europäischen Großmacht auszubauen, und sie sind sich darüber im klaren, daß das für die verbündeten Staaten im Westen, für den Ostblock und vor allem für die Sowjetunion sehr viel bedeutet. Gleich ist die abstrakteste und grundsätzlichste Frage der Nation auf dem Tisch, die Gewaltfrage. Wer denn, wenn nicht der, der sie stellt, fühlt sich bemüßigt, immer wieder zu erklären, daß Deutschland die Rechte der anderen Nationen achten will? Woher kommt der Erklärungsbedarf?

„Wir müssen neue, übergreifende Sicherheitsstrukturen aufbauen.

Das heißt für uns Deutsche:

- *Wir achten die berechtigten Sicherheitsinteressen aller europäischen Länder, gerade auch der Sowjetunion,*

– *und wir respektieren die Sicherheitsbedürfnisse und die Gefühle aller Europäer, selbstverständlich und vor allem auch unserer Nachbarn." (Regierungserklärung des Bundeskanzlers)*

Die befreundeten Konkurrenten der Deutschen im Westen und der Feind im Osten, der mit seinen Truppen noch in der DDR steht, kriegen natürlich mit, was da mitten in Europa auf sie zukommt. Auf Freund und Feind, auf alle also, die auch noch etwas zu sagen haben, richtet sich die bundesdeutsche Beschwichtigungspolitik, damit die deutsche Einheit bald unter Dach und Fach ist. Der Genscherismus hat Hoch-Zeit, diese Tour der bundesdeutschen Außenpolitik, als dickwolliges Schäflein mit lauter Friedensabsichten überall aufzukreuzen, um Rechte anzumelden, die im Interesse aller lägen, über die sich also kein realistisch denkender Staatsmann hinwegsetzen könne.

Der *NATO* gegenüber bzw. ihren Verbündeten geben die Bonner Herren zu verstehen, daß die Expansion des deutschen Staats nur der Sache der NATO diene, nämlich dem Aufrollen des Ostblocks. Und das ist ja auch nicht zu bezweifeln, daß der Anschluß des ehemaligen Frontstaats des Ostens die Speerspitze der Allianz weiter in den Ostblock hineintreibt, als es auf der Landkarte den Anschein hat, und den Deutschen eine noch bessere Position als bisher verschafft, die Aufgabe des Bündnisses zu erfüllen, die Länder Osteuropas ins westliche Lager zu ziehen und unter die Kontrolle dieser Wertegemeinschaft zu bringen. Nur ist das bei weitem nicht das ganze Interesse der Bundesrepublik: Sie will ihre Souveränität ausweiten und ihre Machtmittel vermehren. Dafür, also auch dafür, daß die Stellung Deutschlands in der NATO an Gewicht gewinnt, wissen westdeutsche Politiker das immer noch nicht zuende gebrachte Programm des westlichen Militärbündnisses zu instrumentalisieren – und erklären ihre unverbrüchliche Treue zum westlichen Bündnis. Gegen den naheliegenden Verdacht, daß sich da ein deutsches Sonderinteresse breit macht, wird die übertreibende und historisch vergleichende Kritik „Gefahr eines deutschen Sonderwegs" aufgenommen, um sie um so leichter zurückweisen zu können mit einer erneuten Bekräftigung der treuen Zugehörigkeit Deutschlands zum Bündnis, so als wären damit dem nationalen Interesse der deutschen Großmacht straffe Zügel angelegt.

„Deutschland im festen Bündnis mit freiheitlichen Demokratien und in zunehmender politischer und wirtschaftlicher Integration in der Europäischen Gemeinschaft ist der unerläßliche Stabilitätsfaktor, den Europa gerade auch in seiner Mitte braucht."
(Regierungserklärung des Bundeskanzlers)

Die Bundesregierung bekommt von ihren Verbündeten, was sie will: die Unterstützung für die Vereinigung Deutschlands und die Zusage, daß das neue Deutschland Militärmacht bleiben soll. „Berechtigte Ängste" westeuropäischer Nachbarn vor einer deutschen Großmacht werden mit dem Hinweis auf die Mitgliedschaft in der NATO und in der EG besänftigt. Weil die westeuropäischen Partner bisher schon nicht an der ökonomischen und politischen Macht der BRD vorbeikommen, lassen sie sich von den Deutschen den Unterschied zwischen einem „europäischen Deutschland" und einem „deutschen Europa" erklären, obwohl es den gar nicht gibt.

In die *Sowjetunion* fahren höchste deutsche Politiker mit dem Rückhalt der NATO im Gepäck und rechnen damit, daß Gorbatschow sein „neues Denken" in der Außen- und Militärpolitik fortsetzen wird. Den Russenchef wegen seiner Friedenspolitik per Rückzug zu loben, macht sich immer gut. Dieses „Macht so weiter!" läßt sich sogar mit frechen Ansprüchen der Bundesrepublik verbinden.

„... haben Generalsekretär Gorbatschow und ich – sowie Bundesaußenminister Genscher und Außenminister Schewardnadse – die wohl schwierigste Frage angesprochen: die Zukunft der Bündnisse. Ich habe meine Überzeugung ausgedrückt, daß auch bei vernünftiger Würdigung der Sicherheitsinteressen der Sowjetunion ein künftiges Deutschland

— *nicht neutralisiert oder demilitarisiert werden darf – dies ist, kurz gesagt, „altes Denken" –,*
— *sondern daß wir im westlichen Bündnis eingebunden bleiben sollen und wollen." (Regierungserklärung)*

Klar, was „wir“ vom Feind wollen; seine Zustimmung zu einem militärisch starken Gesamtdeutschland, das ist nichts als sein „neues Denken“.

Den nicht geringen russischen Vorbehalten gegen ein geeintes Deutschland in der NATO begegnen Kohl und Genscher mit der trickreichen Variante, daß das Aufkommen alter nationalstaatlicher deutscher Unarten am besten durch die Einbindung Deutschlands in ein Militärbündnis verhindert werden könne. So soll ausgerechnet eine vergrößerte Militärmacht, die zudem noch eine ganze NATO hinter sich weiß, dem sowjetischen Sicherheitsinteresse entgegenkommen. Auch sonst gibt sich die Bundesrepublik rücksichtsvoll gegenüber der immer noch großen Sowjetunion. NATO-Streitkräfte auf (ehemaligem) DDR-Gebiet, die Bundeswehr in Sachsen, das braucht vorerst nicht zu sein. Ein kleiner Koalitionsstreit darüber belebt das ernste Spiel, wie man am geschicktesten die Russen hereinlegt: Stoltenberg darf nicht mehr sagen, was alle denken, daß nämlich seine Bundeswehr in ganz Deutschland stehen soll.

Gorbatschows Statement – *„Die Deutschen selbst müssen die Frage der Einheit der deutschen Nation lösen und selbst ihre Wahl treffen, in welchen staatlichen Formen, in welchen Fristen, mit welchem Tempo und unter welchen Bedingungen sie diese Einheit verwirklichen werden.“* – wird von der Bundesregierung wie ein Durchbruch für den Erfolg der Position der Bundesrepublik vorgestellt und gefeiert. Die Westdeutschen setzen eben darauf, daß die Großmacht im Osten nach dem Recht des deutschen Volkes auf Selbstvereinigung auch das Recht des deutschen Volkes auf Selbstverteidigung anerkennt. Und diese Kalkulation ist keineswegs hoffnungslos. Immerhin weiß die BRD die NATO und insbesondere die drei westlichen Siegermächte des Weltkriegs auf ihrer Seite.

Das Anhängsel hat auch irgendeine deutsche Meinung

Die noch real-existierende souveräne Regierung der DDR hat bei der Festlegung des militärischen Status im Grunde kein entscheidendes Wort mehr mitzureden. Sicher, sie ist an der Deutschland-Konferenz „2 + 4“ beteiligt. Sie mag für eine Entmilitarisierung Deutschlands plädieren oder für ein „gesamtdeutsches Bundesheer mit 150000 bis 200000 Mann“ und für eine „stärker politische“ Funktion der beiden Bündnissysteme. Aber die Politiker der DDR sind ja entschlossen, ihre Souveränität an die Bundesrepublik abzugeben. Wofür sollen also ihre Vorschläge zur militärischen Ausstattung Gesamtdeutschlands gut sein. Eine Menge Politiker der DDR redet auch schon genauso verantwortungsvoll daher, wie die bundesdeutschen Freunde. Ja, wenn's um Deutschland geht!

Von der „realsozialistischen" Gesinnungskontrolle zur demokratischen Meinungsfreiheit

„Stasi! Stasi!"

Die Rolle, die das Ministerium für Staatssicherheit im SED-Staat gespielt hat, ist eine Sache.

Die Rolle, die der Stasi nach der Beseitigung der alten Herrschaft in der „politischen Kultur" der DDR spielt, ist etwas ganz anderes. Das hat seinen Grund: Der Stasi, wie er in den Köpfen der Bürger herumgeistert, ist das Produkt eines ausgeprägten Gerechtigkeitsempfindens. Dem geht es um die *Verurteilung* der Spitzel und Denunzianten, die vielen Leuten das Leben versaut haben. Manchmal ist auch schon das Bedürfnis nach *Vergeltung* im Spiel, und immer lautet der Beschluß: Sie sollen nichts mehr zu melden haben. Einfache Bürger, Oppositionelle aus der Zeit vor der „Wende", aber auch konkurrenzbeflissene Politiker haben sich darauf verlegt, Stasi-Leute zu entlarven, sie zu stellen und ihre Datensammlungen zu vernichten.

Der in der Kampagne „Stasi raus!" an den Tag gelegte Eifer ist in einer Hinsicht bedenklich. Nein, nicht wegen des einen oder anderen blauen Flecks, den sich ein Stasi-Mann in der Hitze des Gefechts bisweilen einfängt. Vielmehr wegen der *Absicht*, die mit der „Säuberung" verbunden ist. Die auf Bloßstellung von alten Geheimdienstlern erpichte Bewegung schreibt sich nämlich eine *politische Leistung* zu. Die soll einerseits darin bestehen, daß durch gegen Stasi-Büros gerichtete Aktionen und mit der Aufdeckung der Zugehörigkeit zum Schnüffelverein die immer *noch vorhandene Macht gebrochen* werden muß, die diese Organisation hat. Andererseits soll das *Eindringen* des Stasi-Personals in Posten und Ämter des neuen Staatswesens *verhindert* werden – eine solche Mitwirkung wird für einen erheblichen Schaden gehalten. Beiden Motiven des aufgeregten Treibens liegt offenbar das Bedürfnis zugrunde, daß der gerade etablierte Staat Schutz verdient, weil er in Gefahr ist; von einer Agentur des alten Systems droht angeblich Unterwanderung und Mißbrauch.

Die dazu passende Behauptung, der Stasi-Apparat sei nach dem Sturz von Honecker und Co. die nach wie vor geheime und wirksame Macht im Lande, widerlegen die Aktivisten der Bewegung eigentlich seit Monaten selber. Wenn ganze Abordnungen von aufgebrachten Bürgern die Büros des Geheimdientes stürmen, ohne daß der Staat das verhindert, dann ist es dahin mit dem Glanz der Behörde. Sie wird nämlich nicht mehr von ihrem Dienstherrn und seinen Truppen gedeckt, weil durch den Wechsel in der „Linie" der nationalen Politik der *Dienst überholt* ist. Wenn Autoritätspersonen der neuen Führung gar zusammen mit Demonstranten in den Dateien des Stasi herumwühlen und *mit den Opfern* des Geheimdienstes das Material sichten und sichern, dann ist den Observierern *gekündigt* worden. Ihre Leistungen waren ein *Mittel der alten* Regierung – und mit dem erfolgreichen Angriff auf deren Kurs und Macht ist auch das *Werkzeug* des SED-Staates der neuen Mannschaft nicht mehr gemäß.

Natürlich braucht auch der geläuterte, den Richtlinien westdeutscher Politik zugetane Staat eine politische Wach- und Schließgesellschaft. Und für diese – natürlich „Verfassungsschutz" benannte – Abteilung der Demokratie ist das Material in den Stasi-Archiven über die politischen Regungen des Volkes allemal interessant, wenngleich die Sortierung in Freund und Feind etwas anders ausfallen dürfte. Sicher sind Technik und „Strukturen" – wie das höflich heißt – brauchbar für jeden Staatsschutz jeglicher Ausrichtung. Insofern ist es sehr verständlich, daß aus ganz DDR-feindlichen Ecken der Ruf ertönt, man möge es mit der „Säuberung" nicht zu weit treiben. Aber gerade dann, wenn der Verdacht darin besteht, daß die „Erkenntnisse" und vielleicht auch einige ihrer Sammler auch künftig ihre Rolle spielen, ist eines sehr verkehrt: die künftigen *Benutzer* als *mögliche Opfer ihres Werkzeugs* zu nehmen. Denn die „Macht“ eines Stasi und der Schaden, den er anrichtet, ist allemal so groß wie das Interesse, das die Führung der Nation an seinem Einsatz hat.

Genau dieser Fehler wird offenkundig, wenn der Volkszorn dazu übergeht, den Einstieg von ehemaligen Stasi-Mitarbeitern in die Politik der neuen Ära zu geißeln. Nicht etwa mit der gar nicht so schwierigen Einsicht, daß es mit dem neuen Berufsfeld des demokratischen Amtsträgers auch nicht übermäßig weit her sein kann, wenn die Denunzianten und Opportunisten der letzten Jahrzehnte erfolgreich und volksbeglaubigt im neuen politischen Geschäft ihren Weg machen. *Diese* Kontinuität, die allein in der vorteilhaften Anpassung an die Techniken der Macht, in der Teilhabe an ihr liegt, ist gerade nicht das Ziel der Angriffe. Stattdessen lautet die Parole eben „Stasi raus!“, was soviel bedeutet wie: „In unsere feine Volkskammer passen und gehören die nicht!“ Getragen ist eine solche Aufregung von einer maßlosen Hochachtung vor den neuen *Ämtern* und dem *Verfahren* (Wahlen!), über das sie besetzt werden. Das Regieren, die Vorhaben des neuen Staates gehen in Ordnung und bedürfen keiner Prüfung – außer eben der, ob sich nicht das „Machtstreben des Stasi“ im Geschäft der geschätzten Macht betätigt!

Fragt sich nur, was ehemalige Mitarbeiter des Stasi für Schaden anrichten, wenn sie jetzt Politik treiben – und zwar nach den neuen Regeln dieser Kunst. Politiker wie der zu Fall gebrachte Vorsitzende Schnur haben doch ihre „Pflicht“ getan: An ihrem Einsatz für die Einheit, an ihren Reden, an ihrer Zusammenarbeit mit der westdeutschen CDU/CSU – für dergleichen hat der Stasi bis gestern Leute verfolgt – hat doch niemand etwas Anstößiges entdeckt. Solche Leute geben doch tatsächlich stattliche Minister ab und verstehen sich prächtig mit Kohl und Lafontaine. Sie tun doch genau das, wozu ihnen die Wähler die „Verantwortung“ übertragen haben, passen also auch gut ins gesamtdeutsche Parlament der Zukunft. Weder in Worten noch in Taten haben sie ihre politische „Leistung“ mit Schnitzern und Unarten befleckt, denen die Unarten des Stasi anzumerken wären. So daß für ihren Ausschluß nur ein „guter Grund“ gegeben ist. Diese Leute haben ihre politische Karriere im alten Staat begonnen, ihm gedient – und deswegen *entehren sie als Personen das Amt*. Letzteres genießt offenbar den uneingeschränkten Respekt der Gemeinde, die auf saubere Volksvertreter Wert legt. Und das ist mit Kontrolle der Politik durch das Volk wahrlich nicht zu verwechseln.

Eher schon steht zu befürchten, daß das ausgeprägte Bedürfnis, die *politische Macht von moralischen Altlasten freizuhalten*, um sie ohne Vorbehalt in ihrem Schalten und Walten akzeptieren zu können, in das Gegenteil von Kontrolle umschlägt. Nämlich in ein bedingungsloses Zugeständnis an eine Führung, deren „Integrität“ und „Glaubwürdigkeit“ durch keinen Makel des Personals in Zweifel zu ziehen ist. Einer solchen Mannschaft, die nachweislich nie etwas anderes im Sinn hatte als die Sache der Nation, an deren Spitze sie steht, billigen auf Anstand versessene Bürger gewöhnlich alles zu. Auch das Recht, ihr Amt und sich damit auch *gegen Kritik zu sichern* und *vor Kritikern zu schützen*. Also auch das Recht auf eine Abteilung „Staatssicherheit“, deren tatsächliche Rolle von den aufgebrachten Bürgern der DDR so wenig gewürdigt wird. Sonst würden sie aus ihren schlechten Erfahrungen mit dem Stasi nicht die Konsequenzen ziehen, die sie zu Fanatikern *„sauberer Politik“* werden läßt. Die gibt es nämlich gar nicht.

“Staatssicherheit“, „politische Polizei“, „Verfassungsschutz“

Anmerkungen zu einem systemübergreifenden Bedürfnis

Die *gewöhnliche* Polizei befaßt sich mit Vergehen gegen das Recht, das von Staats wegen gilt. Verkehrsdelikte, Diebstahl, Mord und Totschlag werden verfolgt, die Täter der Justiz überstellt, damit die sich um die Wiederherstellung des Rechts kümmert. Manche Bürger halten die Ahndung von Verbrechen, die Ausstellung von Haftbefehlen sogar für ihren Schutz und meinen mit Hilfe von ein paar verkehrten Schlußfolgerungen, der Staat wäre genau dafür da.

Die *außergewöhnliche* Polizei, um die es hier geht und die ebenfalls kein Staat missen will, befaßt sich mit dem *Schutz des Staates*, was mit Anstrengungen dieser Behörde verbunden ist, die eine Verwechslung mit dem Schutz des Bürgers gar nicht erst aufkommen lassen.

Das Delikt, das diese erst einmal im Geheimen operierende Polizei beschäftigt, gehört nicht in den Kreis von Rechtsbrüchen, durch die sich Bürger aller Stände unerlaubte Vorteile verschaffen, Konkurrenten an Person oder Eigentum schädigen oder der Staatskasse das Ihre vorenthalten. Es heißt schlicht *Staatsfeindlichkeit*. Die liegt vor, wenn sich Bürger anschicken, ihren Staat für Mißstände und Beschränkungen verantwortlich zu machen, die ihnen nicht passen; wenn sie von der Bürgertugend ablassen, in der öffentlichen Gewalt ein Mittel ihres Fortkommens zu sehen. Dann sind sie Leute, die *politische* Kritik üben, die das Treiben des Staates, dem sie angehören, ablehnen.

Staatsschützer gehen dem Verdacht nach – und nur *diesem* Verdacht –, ob die Regierten in ihrer Unzufriedenheit auch immer das Recht der Regierung anerkennen. Darüber, daß einige der Untertanen ihr Glück durch die Umgehung der Vorschriften machen wollen, deren Einhaltung ihnen nichts oder nicht genug bringt, zerbrechen sie sich nicht den Kopf. Für diese Alltäglichkeiten ist der umfangreiche Apparat von Polizei und Justiz zuständig. Staatsschützer kümmern sich um die Übertretung anderer Grenzen, der *Grenzen legitimer politischer Opposition*.

Insofern handelt es sich bei ihrem Beruf um staatlich organisierte

Gesinnungsschnüffelei

Sie bildet die passende Ergänzung zum staatlich angeleiteten Diskutieren und Kritisieren. Aus dem theoretischen Gebot der konstruktiven bzw. schöpferischen Kritik wird hier das

Recht auf Kontrolle. Erstens von politischen Meinungen, die für *abweichend* befunden werden. Zweitens von Abweichungen nicht von irgendwelchen anderen Auffassungen, sondern von denen, welche die Führung zur *praktischen Maxime* „unseres demokratischen Zusammenlebens" oder der „sozialistischen Gemeinschaft" erklärt. Drittens werden die Abweichungen nicht als irrige *Ansichten* von Bürgern behandelt, die sich *Täuschungen* in Fragen der Politik hingeben, sondern als *Absichten*. Es geht darum, diese Absichten *unschädlich* zu machen.

So wenig einem Staatsschützer daran liegt, eine der von ihm zu prüfenden und irgendwo vertretenen Auffassungen zu begreifen und zu beurteilen, so viel liegt ihm an „*Erkenntnissen*". An der kleinen semantischen Verschiebung, die jedem Ami bei dem CIA längst geläufig ist – das I heißt „intelligence" –, braucht man sich nicht zu stören. Eher schon lohnen sich ein paar Bedenken über die Natur des Auftrags, der hier von Amts wegen an *Organisationen* und dann an *Individuen* durchgeführt wird. In der organisierten Meinungsäußerung forschen lesende und mit den Maßstäben der nationalen Politik geistig bestens präparierte Staatsschützer nach *Programmen*, in denen Angriffe auf die Zuständigkeit der Staatsorgane und Instanzen enthalten sind, von denen der ganze Geheimdienst seine Richtlinien bezieht. Und wenn ein solches Programm einmal ausgemacht ist, belaufen sich die „Erkenntnisse", die unbedingt her müssen, auf die Registrierung sämtlicher Personen, die im Umfeld des jeweiligen Vereins verkehren.

Wie erkennt man Staatsfeinde...?

Die ideologischen Sortierer des demokratischen wie des sozialistischen Staatsschutzes tun sich da sehr leicht. Auf der einen Seite liefern ihnen die „Extremisten" und „Elemente", nach denen sie suchen, eine Reihe von „Bekenntnissen", wenn sie den *Weg* zur Beseitigung der Ungerechtigkeiten, Mißstände und Schweinereien bezeichnen. Dieser Weg führt stets über die *Entmachtung* derer, die die Macht haben – und das ist für einen Staatsschutz-Beamten schlicht und einfach *Gewalt*.

Auf der anderen Seite haben sich viele der kritischen Bürger auf eine Selbsteinschätzung verlegt, die vom berufsmäßigen Meinungsüberwacher korrigiert werden muß. Diese Selbsteinschätzung läuft darauf hinaus, daß die einschlägigen politischen Aktivitäten nicht nur nichts Unrechtes und Polizeiwidriges darstellen würden, sondern geradezu dem Staatswesen auf die Sprünge helfen. Wo im Namen der „eigentlichen" Demokratie oder des „wirklichen" Sozialismus Front gegen die wirkliche Staatsmacht gemacht wird, dürfen sich die prüfungsbeflissenen Anwälte der Verfassung nicht täuschen lassen. Klarheit tut not – ob die angestrebten Ideale der verwirklichten Volksherrschaft nicht auf die Bestreitung des gültigen Gewaltmonopols *hinauslaufen*? Und ob die Berufung auf die höheren Prinzipien des mit Opposition bedachten Staates womöglich nichts als eine *Tarnung* darstellt, der man besser keinen Glauben schenkt?

Denn der *Verdacht* ist das Prinzip. Schließlich gilt es mit einer *Gefahr* fertigzuwerden, und das heißt soviel wie: *ihren Agenten zuvorkommen*. Dem Schutz des Staates und seinen Handwerkern ist deshalb auch überhaupt nicht damit gedient, daß sich Gerechtigkeitsfanatiker aller Art mit den höchsten Maßstäben der von ihnen bemängelten Ordnung ständig gemein machen. Ob die Instanzen des *Rechts* in *Frage gestellt* werden, erscheint ihnen bei weitem wichtiger. Und wenn sie in dieser Sache fündig geworden sind, gibt es für die zweite Abteilung, für die, welche nur noch nach dem „wer" fragt, ausreichend zu tun. Wer sich dort herumtreibt, wo falsches Gedankengut vertreten wird, unterliegt der *Observation*.

...und wie behandelt man sie?

a) Im demokratischen Deutschland

Man *merkt* sie sich zunächst einmal genau, die politisch Verdächtigen des Landes. Und dieser Umgang bietet verantwortungsbewußten Demokraten regelmäßig Gelegenheit zur gründlichen Verharmlosung der Geheimpolizei.

Mit Hilfe der Vorstellung, was ihre Beamten und Teilzeitbeschäftigten dem staatsgefährdenden Potential *nicht antun*, gerät nämlich der *Zweck* der Veranstaltung in den guten Ruf, um ihn, den Zugriff auf Verfassungsfeinde, ginge es gar nicht. Das Fertigmachen wäre sogar verboten. Weil der Verfassungsschutz weder die Auflösung von Organisationen noch die Strafverfolgung ihrer Mitglieder vollzieht – dafür hat sein Auftraggeber andere Organe –, wollen die Liebhaber der freiheitlich-demokratischen Grundordnung die Leistungen des Amtes gleich ganz leugnen. Dabei verkündet jeder Verfassungsschutzbericht sämtlicher Innenminister, in welchen Fällen der Übergang zur Kriminalisierung erwogen und vorgenommen wird. Mit der größten Selbstverständlichkeit werden Gründe der *politischen Opportunität* angeführt – dafür, irgendeinen Verein (noch) nicht zu verbieten, was zwar fällig wäre, aber wegen seines mangelnden Anklangs die Mühe nicht lohnt. Im Untergrund, in den man die Gesinnungstäter treiben würde, wären sie nicht so locker auszumachen und mit Spitzeln zu durchsetzen, heißt es da ganz offen. Und proportional zu den Vorhaben, mit denen die Regierenden Anlässe in die Welt setzen, an ihren guten Werken zu zweifeln, beugen sie vor. Durch finanzielle und personelle Erweiterung des Aufwands, mit dem der Geheimdienst jede „Szene" des Bürgerprotests, jede alte und neue Opposition überwacht.

Auf die Lieferung von „Erkenntnissen" bedacht, wollen und dürfen sich die Fahnder selbstverständlich nicht auf die zufällig beobachteten Zeichen verlassen, die hie und da als solche des Willens zur Staatsgefährdung gegeben werden. Da bleibt es nicht bei der Mitschrift auf öffentlichen Veranstaltungen und beim Filmen von Demonstrationen; getreu dem Prinzip des Verdachts profilieren sich V-Männer, indem sie durch vorbildliche Vergehen gegen das polizeilich Erlaubte die Bereitschaft einer „Szene" testen, dergleichen mitzumachen. Dabei stellen sich auch durchaus erwünschte ein. Denn was Verfassungsschützer, schon im Interesse ihres *geheimen* Wirkens, nicht sollen, dazu sind ja andere Abteilungen der öffentlichen Gewalt befugt und verpflichtet. Die Auflösung von Demonstrationen aus Anlaß einer eingeworfenen Fensterscheibe darf ein Verfassungsschützer schon auslösen; und wenn auf die *amtlichen Körperverletzungen* noch *Prozesse* gegen die einkassierten Staatsfeinde und erkennungsdienstlich behandelten „Gewalttäter“ folgen, sind die Zeugenaussagen möglichst ohne die Preisgabe der Zeugen sehr gefragt. Weder Innenminister noch Polizei haben demokratische Skrupel, diese Praktiken als unverzichtbar darzulegen. Wie anders sollte man denn die Verfassung schützen?

Im übrigen gelten strenge Rechtsgrundsätze, vor allem der eine und oberste: Wer nicht an der falschen Stelle und in verdächtiger Umgebung gesichtet wird, hat vom Rechtsstaat und seinem Verfassungsschutz auch nichts zu befürchten! Einschlägige Kontakte aber berechtigen die Behörden schon zu gewissen Maßnahmen. Zumindest in dem Bereich, wo die *Staatstreue* der Bürger *von Berufs wegen* unerläßlich ist. Nach der Überlegung, daß einer seinen verfassungskonformen Dienst wohl kaum gewährleistet, der sich in linken Studentenkreisen herumtreibt und sein Auto bei Anti-Raketen-Demonstrationen parkt, werden *Berufsverbote* verfügt, die aber nicht so genannt werden dürfen. Was kann ein Mann des Staates auch dafür, daß manche Berufe durch ihre Verpflichtung auf die öffentliche Gewalt definiert und organisiert sind!

So folgenlos, wie die Saubermänner der Demokratie es gerne hinstellen, ist die Sammlung von „Erkenntnissen“ eben überhaupt nicht. Durch plazierte Information aus den Sicherheitsbehörden geht manche „Karriere“ kaputt, zumal nach gültiger Auffassung die „sicherheitsempfindlichen“ Bereiche nicht nur im Staatsdienst zu suchen sind, sondern auch in der Industrie, die in wachsendem Ausmaß ihr Geschäft mit der Rüstung macht, der anderen Abteilung staatlicher Sicherheit. Außerdem tut auch sonst das Denunzieren bei „Arbeitgebern“

gute Dienste, weil den staatsfeindlichen Umtreibern, die ihre Bemühungen vom eigenen Einkommen finanzieren und nicht von der Wahlkampfkostenerstattung, durch berufliche Engpässe die Lust am Kritisieren vergeht.

Die beliebten Vergleiche mit der Macht der Geheimpolizei in „Unrechtsstaaten“ wollen – zumindest, wenn sie von Vertretern demokratischer Sicherheitsorgane vorgetragen werden – auch weniger auf die Unvereinbarkeit von Demokratie und Überwachung hinaus; eher schon plädieren sie für wirksamere Methoden zur Gewährleistung der „inneren Sicherheit“ in der Demokratie. Und von der Demokratie angetanen Bürgern fällt höchstens dann etwas gegen die Praktiken der „wehrhaften Demokratie“ ein, wenn ein Berufsverbotsverfahren wirklich einen Falschen erwischt. Dann wird im Namen der heiligen Privatsphäre protestiert, als ob es um die ginge. Daß ein Geheimdienst einiger Rechtsgrundsätze dauerhaft enthoben ist, auch derer der gewöhnlichen Polizei, stört die Eitelkeit des rechtsbewußten Bürgers, wenn er ein *Un*recht gesichtet haben will – daß es „die Richtigen“ trifft, macht ihm dagegen nichts aus. Nur im Falle eines öffentlich bekannt gewordenen Falles, in dem ein *un*zutreffender Verdacht zu praktischen Folgen geführt hat, macht sich ein wohlerzogener Demokrat im Verein mit dem „Spiegel“ und kritischen Moderatoren stark – für den Widerspruch einer demokratischen Kontrolle des Geheimdienstes und ein „Benachrichtigungsrecht“ der Überwachten!

Die gelegentliche Aufregung, in der aus einer Panne des staatssichernden Handwerks eine einzige Hymne auf die Demokratie verfertigt wird, stecken die Mannschaften vom Verfassungsschutz leicht weg. Sie wissen nämlich sehr genau, warum sie so viel zu tun haben mit Wanzen und Kameras, szenengerechter Verkleidung und minutiös durchprotokollierten Tagesabläufen, Autonummern und Postdurchsicht: Schließlich wollen die *demokratischen Politiker* von ihnen Gewißheit darüber, wer die Freiheit nicht verdient, weil er ihr Feind ist. Verfassungsschützer verrichten nur ihre Berufspflicht, wenn sie ihre Daten sammeln und fristgemäß zur Verfügung stellen – wer jetzt oder ein andermal mit welchen Methoden kaltgestellt wird, geht sie gar nichts an. Das entscheiden Leute mit Wählerauftrag, die über das *„politische Klima“* und die *„sicherheitsempfindlichen Bereiche“* ihres Regierens befinden.

b) Im „realsozialistischen“ Deutschland

Die Staatssicherheit des SED-Staates steht in dem Ruf, die Leistungen der politischen Polizei in bürgerlichen Staaten so weit zu übertreffen, daß letztere wiederum den Ruf genießen, eigentlich gar nichts weiter zu machen. Letzteres ist zwar schiere Lüge, denn die Tätigkeit des Verfassungsschutzes wird ziemlich flächendeckend verrichtet. Allerdings in einer Weise, daß man weitgehend von *geheimen* Ermittlungen sprechen kann – deswegen „erschrecken“ manche Demokraten gerne, wenn einmal eine Aktion samt der umfassenden „Arbeit“, die dazugehört, an die Öffentlichkeit gezerrt wird; wenn das Abhören und Ausspionieren eines Wissenschaftlers, eine V-Mann-Glanztat für einen Skandal sorgt oder eine „Datenschutz- Affäre“ die Gemüter erschüttert. Was den Eifer und die brutalen Wirkungen des „realsozialistischen“ Staatsschutzes angeht, so ist es allerdings mit „schlimmer“ nicht getan. Das *Maß*, in dem da observiert, denunziert und schikaniert wurde, wirft nämlich erstens ein Licht auf das eigenartige *Sicherheitsbedürfnis*, mit dem das „Schild und Schwert der Partei“ seine Aufgaben definierte. Zweitens geht daraus hervor, daß in der DDR mächtig viel *Staatsfanatismus* und ebensoviel *staatsbürgerlicher Opportunismus* am Werk waren, aber Kommunisten durch Abwesenheit glänzten.

Kommunistische Funktionäre hätten sich jedenfalls nicht darauf eingelassen, für das Funktionieren eines Staates einzutreten, in dem das ganze Volk in dem Verdacht stand, staatsfeindliche Absichten zu verfolgen. Genau das war nämlich der „Kampfauftrag“ der Staatssicherheit. Es kam darauf an zu verhindern, daß diese staatsfeindlichen Absichten zum Zug kamen. In der Partei war man sich sicher, daß von der Tag und Nacht verkündeten und gefeierten Einheit zwischen

Staat und Volk nichts zu halten war. Und das hat diese weise Führung nicht dazu bewogen, ihre Art, zu regieren und „Sozialismus" zu organisieren, aufzugeben. Sie hat eine Doppelstrategie eingeschlagen, die 40 Jahre lang das Leben in diesem Land prägte: Auf der einen Seite hat sie öffentlich den Schein einer unverbrüchlichen Einheit gepflegt, in der ein sturzzufriedenes Volk seinen Staatsmännern treu verbunden ist, weil sie es von einer Errungenschaft zur nächsten führen. Andererseits hat dieselbe Partei jede Äußerung der ihr durchaus bekannten Unzufriedenheit verhindert, und zwar durch die politische Polizei.

Der Stasi hat diese Aufgabe übernommen und ist – wie jeder andere Staatsschutz auch – mit Spitzeln, Wanzen und Kameras ans Werk gegangen. Dadurch ist herausgekommen, daß der *Verdacht* völlig berechtigt war: Im Volk gab es genug Leute, die nur auf eine Gelegenheit warteten, diesem Staat die Gefolgschaft aufzukündigen. Und das „mußte" unterbunden werden.

Der auffällige Unterschied zu den vergleichsweise „verhaltenen" Aktivitäten des Verfassungsschutzes BRD liegt hier klar zutage: Was die Partei mit Sicherheit „vermutete" – daß sich im Volk Staatsgegner umtreiben –, wurde mit jeder „Untersuchung" des Geheimdienstes erneut bestätigt. Und zwar in einem Ausmaß, das eine *Trennung* zwischen der *Sammlung von Erkenntnissen* und ihrer *Anwendung* nicht zuließ. Dieser Staat hat die staatsfeindlichen Bestrebungen im Lande für so ernst und so gefährlich erachtet, daß er immerzu ein Regime führte, das sich andere Staaten für den Fall eines „*Notstandes*" vorbehalten. Das SED-Regime kannte nicht die Berechnung, die das *Bescheidwissen* über staatsfeindliche Bestrebungen als Mittel für den „Ernstfall" handhabt. Für diesen Staat gab es offenbar nicht die Freiheit, seine Gegner ausfindig zu machen, sie sich zu merken und sich ihre „Erledigung" *vorzubehalten* – er hat immer gleich *zugeschlagen*.

Das lag nicht daran, daß im Volk eine stramme Oppositionsbewegung vom Stasi ausgemacht worden wäre – auch auf dieser Seite waren Kommunisten nicht vorhanden. Die „Kritik", gegen die die SED meinte vorgehen zu müssen, war eine Staatsgefährdung ganz anderer Art. Der „Aufstand“, den sie dauernd zerschlug, bestand erst einmal in der *Republikflucht*. Die Bürger entzogen sich der Herrschaft, die sie nicht leiden mochten, und suchten ihr Heil im privaten Anschluß an die BRD. Es war also die Not des Frontstaates DDR, die seine Führung und ihren Gewaltapparat so erfinderisch gemacht hat. Die Abwerbung, die Tag und Nacht aus dem westlichen Ausland importierte „Kritik“ an ihm hat bei seinem Volk verfangen – und dafür ließ die SED es büßen.

Diese Antwort auf die Techniken des „Revanchismus“ – der keine Lüge der SED war, sondern tatsächlich das Programm jeder Bundesregierung – fiel ebenso originell wie brutal aus. „Originell“ meint hier kein Kompliment, sondern das Gegenteil: Den Regierenden war offenbar zu keinem Zeitpunkt die Überlegung geläufig, daß sie nicht irgendetwas, sondern *alles* verkehrt gemacht haben müssen, wenn das eigene Volk das Leben im Kapitalismus für eine Verlockung ansieht – schließlich behauptete doch auch ihre „sozialistische Lehre“, *ihre Staatsdoktrin*, daß die *Überwindung des Kapitalismus* zum Zwecke allgemeiner Wohlfahrt, eines Lebens mit weniger Not und Gewalt fällig sei. Umgekehrt haben die SED und ihr Stasi das gesehen. Die *Gewalt gegen das Volk* haben sie zur speziellen Maßnahme erklärt – immer und überall, wo sie staatsfeindliche Regungen entdeckten –, die „Untreue“ ihres Volkes zu kurieren.

Dieser Selbstbehauptungswahn der Staatspartei hat vielen Leuten die Karriere versaut, vielen Gefängnis eingebracht und andere das Leben gekostet. Denn der Stasi konnte und wollte nicht unterscheiden zwischen Bürgern, die einfach *unzufrieden* waren und einfach meckerten, wie das in allen Staaten der Welt üblich ist, und *oppositionellen* Leuten. Solchen, die tatsächlich versuchten, diesen Staat zu bekämpfen und seine Entmachtung in Angriff zu nehmen. *Die* wären – das wagen wir hier zu behaupten – sicherlich eine vernachlässigenswerte Minderheit gewesen, die der Stasi beobachten hätte können, ohne auf ihre „Ausschaltung“ dringen zu müssen. Die Gefahr einer Revolution hat diesem Staat nie gedroht, die seiner Zerstörung aber schon. *Das* hat der Stasi „in den Griff" kriegen müssen: *Die praktische Orientierung nach Westen*! Und weil die geheimdienstlichen Werkzeuge den Auftrag der Partei richtig verstanden, nahmen sie das ganze Volk unter dem Gesichtspunkt unter die Lupe, ob seine Regungen nicht die Vorstufe zur Republikflucht, zur prinzipiellen Ablehnung der eigenen Nation waren. Jede Abweichung in einer Meinungsäußerung, jedes praktische Verhalten, dem *nicht die Linientreue anzumerken* war, wurde zum „Fall". Aber nicht nur zum Fall, der in einer Kartei niedergeschrieben und um neue „Erkenntnisse" ergänzt wurde. Mit den Leistungen dieses Geheimdienstes ging unmittelbar die praktische Verfolgung der Verdächtigten einher.

Dieser Kurs des Staatsschutzes führte auf der einen Seite den *Alltag des politischen Strafrechts* herbei. Was sich andere Nationen als Ausnahme vorbehalten, war in der DDR die Regel. Eine Regel, die mehr oder minder erklärte Anhänger des Westens ebenso zu *Opfern* machte wie Leute, die sich im christlichen Glauben aufgehoben wußten oder einfach ein von der Parteilinie und ihrem „Humanismus" abweichendes Menschenbild pflegten – sei es in der Wissenschaft oder per Dichtung. Die Ausnahme zu dieser Regel hat die Staatssicherheit aber auch noch geregelt: Zur *Vermeidung von Opfern konnte man sich an ihrem Werk beteiligen*. Und diesen Weg scheinen nicht wenige gegangen zu sein – mit der Einstellung, daß sie so mit dem „realen Sozialismus" und seiner Gewalt zurechtkämen.

Nachtrag

An dieser Bilanz sind diejenigen am wenigsten interessiert, die immer noch „Stasi raus!" rufen. Wenn sich Politiker auf die Stasi-Vergangenheit ihrer Kollegen besinnen, dann geht es ihnen darum, lästige Konkurrenten um die Macht loszuwerden. Deswegen behalten sie sich auch die Entscheidung vor, in welchen Fällen Vergangenheitsbewältigung angesagt ist. Also auch, welchen Umgang mit dem Material der alten die

Umstellung auf einen neuen Typ Staatssicherheit gebietet. Nicht Vernichtung von „Daten“ ist angesagt, sondern Auswertung. Der Ankündigung des neuen Innenministers, es ginge um „Rehabilitierung“, sollte man besser keinen Glauben schenken. Denen, die im Gefängnis waren, könnte er auch ohne größeres Aktenstudium einen Urlaub stiften.

Der Ruf „Stasi raus!“, so weit er „von unten“ kommt, ist nur bedingt willkommen, nämlich so weit, wie er der Sache der neuen Macht dient. In anderen Fällen wird er als unzulässige Einmischung zurückgewiesen. Auch daran könnten die Rufer etwas gar nicht Nebensächliches bemerken. Das billige Vergnügen, einer Macht den Kampf anzusagen, von der man sich nichts mehr gefallen zu lassen braucht, weil es sie nicht mehr gibt, ist eine Sache. Eine andere ist es, den Gebrauch der Macht neu zu regeln und zu bestimmen, was ab sofort auf welche Weise geschützt wird.

Dazu paßt der Aufruf zum „Vergeben und Vergessen“, auf daß die frische Staatsmacht souverän das Volk der alten seiner neuen Benützung sozialfriedlich zuführen kann. Davon, daß man sich von den neuen Herren nicht wieder alles gefallen lassen soll, ist nirgends die Rede.

SED-PDS: „Wendehälse“? Überlegungen zu einem verkehrten Vorwurf

1.

Was wird ihnen eigentlich zur Last gelegt, den „Wendehälsen“ von der PDS? Genaugenommen nur, daß sie die Nachfolge-Partei der alten SED sind. Deswegen sollen sie nichts mehr zu melden haben, in der Politik. *Die* nicht!

Dabei haben sie sich doch gewendet – wie manche anderen auch –, und sie vertreten dasselbe Zeug wie die anderen. Sie befürworten den „demokratischen Rechtsstaat“, sie kennen „keine Alternative zur Marktwirtschaft“, sie wollen an der „Einheit Deutschlands“ mitwirken. Nützt aber nichts.

Der Kurswechsel ist offensichtlich. Aber die Korrektur wird den selbstkritischen Erben der alten Partei nicht als zwar späte, aber erfreuliche Einsicht zugute gehalten. Sie kriegen kein „Vertrauen“!

Gegen sie läuft ein landesweiter Antrag auf Ausschluß – aus der demokratischen Konkurrenz um die Macht. Und zwar ohne Ansehen dessen, *was* die „Wendehälse“ vertreten. Darum kümmern sich die Sittenwächter der Nation nichts, sie stehen ja für *dasselbe* Programm ein.

2.

Mit dieser Aburteilung aus dem Geiste des Verdachts – „Das sind die von gestern!“ – trifft das sittenstrenge Volk keineswegs bloß ein paar ausgewählte Exemplare, also einflußreiche Funktionäre, die Land und Volk verantwortlich zugrundegerichtet haben. Der Kampfruf „Rote raus!“ stellt in der DDR, wo „rot“ vierzig Jahre lang dasselbe war wie „mitwirken“, ein paar mehr Leute ins moralisch-politische Abseits. Das realsozialistische Gemeinwesen war eben nicht nur die Sache einiger böser *Macher*, sondern auch das Werk vieler *Mit-Macher*, die sich ihrer „Verantwortung“ gestellt haben. Aktivisten und Opportunisten, gewöhnlich beides in Personalunion, haben die SED und die anderen Parteien der nationalen Front stark gemacht. Die Gewerkschaften, die organisierte Jugend, sämtliche „gesellschaftlichen“ Betätigungen gewidmeten Verbände und Vereine – das Funktionieren des gesamten Lebens eben – waren *staatstragende* Veranstaltungen. Davon wollen die eifrigen Wendehalsjäger nichts wissen. Mit ihrer billigen Tour der Ausgrenzung stellen sie sich selbst ihren Persilschein aus, wenn sie *ihre* Wende vollziehen und Repräsentanten oder Anhänger der neuen politischen Macht werden.

3.

Umgekehrt kann sich die PDS, was die Abwendung von ihren früheren Positionen betrifft, mit den „unbelasteten“ Neugründungen durchaus messen. Die Einheitssozialisten von gestern verwerfen die Wirtschaftsweise, die sie eingerichtet hatten; ihr Sozialsystem definieren sie auf gut kapitalistisch als der „Wirtschaft“ abträgliche „Subventionen“. Das bis vor kurzem gültige Recht gilt ihnen jetzt als Unrecht, durch dessen gewaltsame Durchsetzung sich die Partei jede Menge „Schuld gegenüber unserem Volk aufgeladen hat“. Und eine „Klassenpartei der Werktätigen“ halten die PDSler für die überflüssigste Sache von der Welt. Usw.

Insofern mutet die nach dem katastrophalen November ‘89 ausgerufene Losung *„Die Partei als politische Kraft erhalten!“* einigermaßen seltsam an. Denn *die* Partei ist es nicht mehr, die „sich nicht aus der Verantwortung stehlen“ will. Aus Gründen der Selbsterhaltung hat sich da eine Mannschaft so gründlich umgestellt, daß sie sich selbst nicht mehr wiedererkennt. Damit es *sie* noch gibt, haben diese Sozialisten ihren Katechismus weggeworfen und sich einen neuen zugelegt. So daß es jetzt eine *andere* Partei gibt.

4.

Insofern geben die strebsamen Modernisierer von der PDS erst einmal Auskunft darüber, was der Sozialismus für sie *war*. Die alte SED hielt ihn für eine alternative Art, in Konkurrenz mit der kapitalistischen Demokratie, *Staat* zu machen.

Kaum war die *Macht* flöten, deren Gebrauch sie unter ausgiebiger Berufung auf die „Ideen des Sozialismus" betrieben hatten, haben sie auch das „Scheitern des Sozialismus" eingesehen. Jahrzehntelang war jede Dummheit und Gemeinheit als Erfordernis des Sozialismus verkauft worden, hatte sich die Staatspartei jede Maßnahme als Auftrag zurechtgelegt, den die ehernen „Prinzipien des Sozialismus" gebieten. Und mit einem Male lautet der selbsterteilte Auftrag „die Partei als politische Kraft erhalten!" Diese Art auszudrücken, daß das Programm nur die Folge und das opportunistisch gewählte Mittel ist – dafür, daß die Partei in der Politik mitmischt –, ist wirklich unverfroren. Dergleichen schließt ganz nebenbei den Verdacht aus, die PDS wolle insgeheim eine Rückkehr zu den alten Zuständen. Von denen wissen die Neuerer nur eines, das aber ganz genau: So etwas geht nicht mehr!

5.

Was jetzt „geht", heißt „Marktwirtschaft" und „Demokratie". In diesem neuen Kurs des Staates sieht die PDS die *Bedingungen*, unter denen sie sich zu bewähren hat. Sie hat sich vorgenommen, auch unter den kapitalistischen Verhältnissen zu bestehen. Die politische Konkurrenz unter den Parteien, die den staatlichen Rahmen setzen und verwalten, wenn die „Marktwirtschaft" ihren Lauf nehmen soll, gebietet gewisse unterscheidende Merkmale. Die PDS hat sich entschlossen, als *„moderne Linkspartei"* ins Geschehen einzugreifen. Von den fahnenschwenkenden Anschlußfanatikern und willfährigen Partnern der BRD-Parteien setzt sie sich ab, indem sie mögliche Wirkungen der deutschen Marktwirtschaft thematisiert. Sie erklärt sich zum Sprachrohr von Vorbehalten, was die Durchführung der Kapitalisierung der DDR angeht. Und erklärt aller Welt, was der Sozialismus für sie *ist*.

6.

Erstens hat er *nichts mehr mit Anti-Kapitalismus* zu tun, mag er auch einst bei Marx über die Kritik am Kapital und seinen notwendigen Wirkungen auf die benutzte Klasse der Arbeiter begründet worden sein. Zweitens ist aus dem Sozialismus ein *Modell des Kapitalismus* geworden. Propagiert wird es von Gysi & Co. mit der Behauptung, daß alle Härten und Rücksichtslosigkeiten, die von der „Marktwirtschaft“ zu befürchten seien, nicht sein müssen: „Nicht das ‘Was’ ist eine strittige Frage, sondern das ‘Wie’! Nicht Marktwirtschaft oder nicht, sondern was für eine; es kommt immer auf die Rahmenbedingungen an.“ Drittens also ist Sozialismus die Ergänzungsveranstaltung des *Sozialen*, ein *Bestandteil des Kapitalismus*, mit dessen Hilfe die „Marktwirtschaft“ gebändigt und zivilisiert wird. Sozialisten sind Politiker, die *im* Kapitalismus die Entschädigung seiner Opfer befürworten. Sie beanspruchen das Recht auf die politische Betreuung der Schadensfälle, die das „System“ schafft, das sie (mit-)regieren wollen.

7.

Diese uralte sozialdemokratische Idee hat die PDS bei ihrem Einstieg in die Parteienkonkurrenz auf originelle Weise verkauft. Da sich die neuen Wahlbürger ihre Umstellung auf die ersehnte Marktwirtschaft nach dem Muster zurechtlegen: „Was vom alten Leben entfällt, was gibt’s stattdessen Neues?“, hat die Mannschaft um Modrow und Gysi diesem Verfahren entsprochen. Aus der realsozialistischen Verpflegung mit dem Notwendigsten ist noch einmal eine Liste von „Errungenschaften“ verfertigt worden, die – in den Kapitalismus übernommen – eine ansehnliche „Sozialpolitik“ abgeben würden. *Würden*, wenn dergleichen in der Marktwirtschaft einen Platz hätte! Da dem aber nicht so ist und das an der DM orientierte Arbeiten und Leben keine „soziale Gängelung“ vorsieht, war der *gute Wille* der PDS zum Schutz der „kleinen Leute“ im Dschungel des Profits eine respektable Position. Auch wenn diese Partei ausgerechnet mit Rückgriffen auf die alte, verhaßte Ordnung operierte, war doch immerhin eines erkennbar: Da meldet sich ein Wahlverein zu Wort, der die Schutzbedürftigkeit der in die „Marktwirtschaft“ entlassenen Werktätigen, Mieter, Mütter und Renter sieht und anerkennt. 16% haben das honoriert.

8.

Diese 16% haben sich weder an der unschicklichen Herkunft der PDS gestört noch an dem Zynismus, mit dem sich diese erneuerten Sozialisten in die Konkurrenz echter Demokraten eingeklinkt haben. „Für die sozial Schwachen eine starke Opposition!" lautete der Wahlslogan, der überzeugen sollte. Klar, daß jetzt Politik darin besteht, „sozial Schwache" zu vertreten. Denn erstens gibt es sie, und zweitens können sie nach gut demokratischem Brauch nichts gegen die Starken unternehmen. Außer eben jemandem ihre soziale Schwäche zur politischen Fürsprache anvertrauen. Drittens kriegen die Starken sowieso die Regierung, so daß die Opposition den sozial Schwachen ihre Abstimmungsniederlagen mitteilen kann. Bis sie vielleicht einmal mehr Stimmen kriegt und selbst die Balance zwischen wirtschaftlichen Sachzwängen und sozialen Nöten verantwortlich regieren darf.

9.

Diese reife Leistung der „modernen Linkspartei" ist gar nicht hoch genug einzuschätzen. Diese Sozialisten richten sich und ihre Anhänger so *„realistisch"* an der „Marktwirtschaft" und den Techniken ihrer politischen Herrschaft aus, daß der *Sozialismus endgültig zum Ideal* verkommt. Als solches ziert er das Programm einer Partei, die den *Kapitalismus* will, ihn *„Marktwirtschaft" nennt* – weil sie die Austragung des Klassengegensatzes für verfehlt und die Verwaltung „sozialer Probleme" für angebracht hält – und die *Opfer erwähnt*, damit sie „als politische Kraft" im Geschäft bleibt.

10.

Aber das interessiert ja wiederum all jene nicht, die „Wendehälse" nicht leiden können. Weil sie die Politik der DM-Demokraten so hoch achten, erscheint ihnen der Opportunismus der einstigen Realsozialisten wie das unbefugte Eindringen in eine Sphäre, in der sich ansonsten nur dem Volke und seinen Anliegen verpflichtete Figuren tummeln.

„Endlich BILD in der DDR“ („Bild“-Zeitung)

Der schwarz-rot-goldene Durchblick und sein täglich Brot aus Dummheit, Moral und Hetze

„Seit einer Woche ist jetzt Euer Spitzenblatt in Leipzig. Daß Ihr den anderen öfter einen Kick voraus seid, habt Ihr ja schon häufig genug bewiesen.“ „Bei uns in Leipzig ist BILD zur Zeit die beliebteste Zeitung.“

Das hat den Leuten in der DDR also auch die ganze Zeit gefehlt: die „Bild“-Zeitung und ihre Art, die Welt zu sehen, nämlich derzeit alles im Verhältnis zur nationalen Sache. Ob die DDR-Bürger ein Blatt vermißt haben, das täglich aufschreibt, was und wie sie sowieso schon denken? Oder eine Zeitung, die ihnen beim Denken, das sie in den Zeiten des Unterdrückungsstaates so gründlich verlernt haben, behilflich ist, so daß sie jetzt endlich auf neue Gedanken kommen? Wir wissen es nicht genau. Es ist im Grunde aber auch gleichgültig.

Was die „Bild“-Zeitung leistet, erfüllt so oder so den Tatbestand der Volksverhetzung. Die funktioniert so, daß es bei jeder Meldung über Geschehnisse nicht auf die Tatsachen ankommt und schon gleich nicht auf die Frage, ob sie zutrifft. „Bild“ legt Wert darauf, an allen Dingen die Moral von der Geschicht’ herauszustellen, nämlich eine nationale Weltanschauung an allem und jedem abzuziehen und diese Moral als den Ausdruck des gesunden Menschenverstandes ihrer Leser auszugeben. Eines Menschenverstandes, der nicht nur verkehrt urteilt, sondern seine Überzeugungen in allen Fällen als Antrag formuliert, an die Mächtigen wie an den großen Rest der Mitbürger. Dieser Antrag kennt nur einen Inhalt: eine breitgetretene Vorstellung über ordentliche Verhältnisse, über unschickliches und gelungenes Leben, über gerechten Erfolg und ungerechten Mißerfolg, über Glück und Pech, über das, was verboten und erlaubt gehört...

Dabei ist die bleibende Ohnmacht der Leser eine ausgemachte Sache. Der Genuß, mit seiner Zeitung radikal über gut und böse der lieben Mitmenschen, vor allem aber in Kreisen der Prominenz aus Politik, Wirtschaft & Kultur zu rechten, ist nicht zu verwechseln mit der Macht, auch darüber zu richten. Die „Bild“-Zeitung leitet die von ihr aufgesetzten Anträge auf ordentliche Führung und korrekte Pflichterfüllung bei den Geführten an die berufenen Instanzen weiter. Die machen sich dann ihren Reim darauf und sind sehr zufrieden, daß das Volk sich durch „Bild“ bedient weiß.

Die national bewegten Zeiten im Frühjahr 1990 haben in diesem Blatt ihre national gesehen vorbildliche Würdigung erfahren. Wir stellen diese journalistische Leistung an einer beliebig herausgegriffenen Januar/Februar-Woche vor – und schenken uns den Nachweis, daß „Spiegel“- und „Süddeutsche“-Leser auch nicht schlechter bedient worden sind als die Liebhaber des populärsten Blattes der Nation.

Sonntag

Gleich an der Spitze unübersehbar die Spitzenmeldung: *„Das Terror-Camp der DDR / – Stasi bildete Terroristen aus – auch RAF? / – Bombentraining an Mercedes und BMW / – Selbst Frauen lernten das lautlose Töten“*. Die Sache: BamS hat was entdeckt – einen Übungsplatz des DDR-Staatssicherheitsdienstes. Für sich genommen langweilig: Welcher Spionagedienst, welcher Bundesgrenzschutz hat so etwas nicht? Und öffentlich vorzeigen tut das kein Geheimdienst so gern – deswegen heißt er ja so.

Die Aufbereitung bringt's: Beim Stasi der DDR heißen die Profis „Terroristen“. Damit es jeder begreift, wird per Frage nahegelegt: auch die RAF, die politischen Lieblingsverbrecher der ordentlichen BRD, sind ein Stasi-Produkt. Das vereinfacht das politische Weltbild und spitzt es außerdem in die zur Zeit gewünschte Richtung zu: gegen die staatlichen Überreste der ehemaligen DDR.

Hinten im Text kommt gerechterweise ein Volksarmee-Mann zu Wort: Vielleicht wär's ja zur Terroristen-*Abwehr* gut gewesen... Da kann BamS aber nur lachen. Die sind doch selber welche. Und den *Anti*-Terrorismus hat „unsere“ GSG 9 gepachtet. Das versteht sich doch von selbst – so sehr, daß darüber gar kein Wort mehr verloren werden muß. Statt dessen werden alle Details zu verräterischen Indizien: Haben die doch glatt allen Schrott von ihren Sprengversuchen wieder eingesammelt, so daß ihnen nichts nachzuweisen ist. (Demokratische Sondereinsatzkommandos lassen bekanntlich immer alles liegen, für die „Bild"-Reporter.) Wenn das kein Beweis ist!

So läßt BamS ihre Leser hinter die Kulissen der DDR blikken und zum Vorschein kommen, was sich ein BamS-Leser nach Auffassung dieser Zeitung sowieso schon denkt. Damit der Leser mit seinem einsilbigen Gedanken über den Stasi-Staat – „pfui!" – nicht aus der Übung kommt, wird Zeug vorgestellt, *wozu* BamS und ihr Leser gemeinsam „pfui!" sagen können. Dem feststehenden Urteil wird Anschauungsmaterial untergeschoben. So werden die Zeitung und ihre Leser sich handelseinig: Mit dem Gedanken „DDR pfui!" hat man die deutsche Welt geistig schon ganz gut im Griff.

Die Lage im Griff behalten: Darauf kommt es überhaupt sehr an. Wenn's abends vor die Glotze geht, wissen BamS-Leser auch da schon wieder mehr. Sie haben hinter die Kulissen der glänzenden Monster-Show *„Die 80er"* geblickt und mitgekriegt: Jauch ist auf den Arsch geflogen. Der bewunderte smarte Jüngling – in Wahrheit auch bloß ein Mensch! Welche Erkenntnis für Leute, die überhaupt „bloß Mensch" sind! Die sind jetzt jedenfalls keine bloßen „passiven Zuschauer" mehr, sondern Meister des Show-Geschehens. Nicht bloß bei der DDR gilt: Einem BamS-Leser kann kein Kulissenschieber was vormachen!

Dafür muß der sich natürlich auch manche Sorge machen, die er sonst nicht hätte. Z.B. ob und warum nicht Boris für Deutschland um den Davis-Cup spielt. Wer jetzt nicht gleich auf S. 82 vorblättert, muß sich statt dessen mit der *„Blutschande in Deutschland"* auseinandersetzen: *„300.000 Kinder klagen an". Wen?* Das wird auch auf den Seiten 8 bis 10 nicht so ganz klar. Auf alle Fälle aber sind BamS und ihre Leser die höhere Instanz, bei der die Anklagen einlaufen. In Form von kurzgefaßten Lebensgeschichten, die, aufs Wesentliche konzentriert, ein paar Schweinereien enthalten. BamS genießt das: die Sauereien *und* die Empörung des Sittenwächters, der sich natürlich nur aus Pflichtgefühl damit befaßt. Porno wird bekanntlich durch Moral erst schön. Ein paar Politiker dürfen damit angeben, daß sie sich auch schon darum kümmern. Die Welt in ihrer Schlechtigkeit wäre insoweit also wieder in Ordnung.

Was noch? Für Liebhaber des deutsch-deutschen Sexualverkehrs eine Aufklärung darüber, daß auch an dieser Front die Teilung des Landes nicht mehr zu halten ist: Wie die Dinge jetzt liegen, spannen picklige, dickbäuchige Bayern-Jünglinge ihren thüringischen Ebenbildern mit D-Mark und frisierten Golfs die Weiber aus. *„Die Mädchen von Schwarza: Das ‚Chiko' – die Disco in Schwarza. Das Publikum ist jung, meist um die 20. Das schönste für männliche Gäste aus dem Westen: Die Mädchen sind klar in der Überzahl. Wer Westmark hat, ist nicht lange allein"*. Was folgt daraus? Das, was für BamS sowieso fällig ist: Die drüben brauchen unbedingt schleunigst auch D-Mark. Ohne Kapitalismus – keine sexuellen Erfolgs-Chancen für die Thüringer Jugend. Weltpolitik als Dienst an gerechtem Vögeln ... – Hauptsache, das Ergebnis stimmt.

Montag

„Bild" hat einen neuen Kalender: *„Noch 48 Tage bis zur Freiheits-Wahl"*. Das Kalenderblatt ist schwarz-rot-golden. Freiheit ist eben dasselbe wie Deutschland. Alles andere wäre ein Mißbrauch der Freiheit des Wählens, den „Bild" sich gar nicht erst vorstellen mag. Dann kann's nämlich auch sonst keiner, und die Wahl geht garantiert richtig aus. Insofern ist die Wahl am 18. März in der DDR – um die geht's – dermaßen frei, daß ihr Ergebnis schon heute feststeht. Deutschland eben.

Daneben wird, *„BILD exklusiv, Honecker verhaftet"*. Warum muß der Leser das in den dicken 3,5-cm-Buchstaben erfahren? Weil es Honecker recht geschieht? Weil die „Freiheits-Wahl" dadurch erst so richtig schön wird? Oder weil „Bild" schon seit 20 Jahren diese Schlagzeile parat hat?

„Das widerlichste Verbrechen“ hat jedenfalls jemand anders begangen: *„Baby (9 Monate) aus Klinik entführt und vergewaltigt“*. Die Steigerung war nötig: Nach den unschuldigen Kindern vom Sonntag klagen nun auch noch die Babys an. Das Publikum soll in Gedanken mit-fahnden – nein, nicht nach der halbnackten Trulla daneben, das ist Caroline, das Genußmittel für den Wochenend-geplagten „Bild“-Leser. In der Baby-Sache geht es um „einen etwa 35 Jahre alten Mann“. Gegen diesen Unhold stehen „Bild“ und ihre rechtschaffenen Leser wie ein Mann als Rächer auf der Seite der verfolgten Unschuld. Erhebend!

Zurück zu Deutschland: *„Bild-Leser stimmten ab: Na, wie heißt Deutschland wohl?“* Wenn's erst einmal wieder ganz ist, fällt das ganze undeutsche Zeug von wegen „Bund“, „Republik“ oder gar „Demokratisch“ endlich weg. Übrig bleibt: Deutschland pur. Und 9021 Leser dürfen sich dazu gratulieren, daß sie das entschieden haben. Gegen Frau Süssmuth, diese verdächtige CDU-Linke, die noch in einem „Schnörkel“ auf etwas so Unwichtiges wie die Staats*form* hingewiesen haben wollte. Der hat es der lesende Wähler jetzt aber eingetränkt! Was die Regierenden in Bonn demnächst zu regieren haben, heißt Deutschland, und damit basta! So geht Freiheit!

Und wer darf es regieren? Die wichtige Weichenstellung vom Wochenende kriegt der „Bild“-Leser natürlich auch mit, und zwar in Lebensgröße (die 3-cm-Buchstaben) ganz oben: *„Riesensieg für Lafontaine“*. Damit steht fest: *„Der Weg nach Bonn ist frei“* für den Mann. Denn das weiß doch jeder und findet es in Ordnung: Ob ein Politiker für die SPD als Kanzlerkandidat taugt, das wird einzig und allein anhand der Wahlerfolge entschieden, die der Kandidat vorzuweisen hat. *Warum* er gewonnen hat, ist scheißegal; *daß* er gewonnen hat, ist der einzige gute und stichhaltige Grund, den es für seinen *nächsten* Wahlerfolg gibt. Oder anders: Wähler sind so bescheuerte Figuren, daß sie sich bei ihrer Wahlentscheidung hauptsächlich dadurch beeindrucken lassen, daß ganz viele andere Wähler sich schon vorher so entschieden haben. So sehen das jedenfalls die Parteien; so sieht das die „Bild“-Zeitung; und das finden auch „Bild“-Leser offenbar so selbstverständlich, daß ihnen die Wahlanalyse auf einen Blick einleuchtet: *„CDU gaaanz schwach / FDP halbiert / Grüne im Keller / Schönhuber gescheitert“*. Was braucht der Wähler mehr zu seiner Meinungsbildung über Politik?

Dienstag

Vor allem andern wird jetzt erst einmal Honecker verhaftet, wirklich, auf 2 Bildern und 4 cm hoch weiß auf schwarz: *„So holten sie ihn ab“*. Warum ist das schon den zweiten Tag so superwichtig? Gönnt „Bild“ dem alten Ex-Staatschef sein „gnadenloses Schicksal“ so sehr? Oder meint die Zeitung, ihre Leser könnten den Untergang der DDR nur dann begreifen und richtig einordnen, wenn sie ihn als den persönlichen Untergang eines Mannes bebildert kriegen, als das Ende einer Verbrecherkarriere? Auf alle Fälle kommt es auf den Schwindel an, das politische Geschehen wäre eine Sache von Schuld und Sühne – statt von Interessen und deren Macht –; und an diesem angeblichen moralischen Welttheater soll der Leser teilhaben in der eingebildeten Funktion des moralischen Richters – als wäre das eine Belohnung dafür, daß er in Wirklichkeit bloß als Arbeiter und Wähler durch die Welt stolpert.

Als moralischer Richter jedenfalls darf der „Bild“-Leser sich im Kommentar mit Lothar Loewe darüber einig werden, daß Honecker zwar ein Schwein war, aber immerhin *eine* gute Seite hatte: Auch er ist ein Deutscher, und *„als Deutscher“* verdient er ein wenig Milde. *„Gnade vor Recht“* – der „Bild“-Leser begnadigt mit.

Denn Hauptsache ist doch, daß der Sozialismus im Gefängnis verschwindet. Dafür plädiert im anderen Kommentar Herbert Kremp. Statt Sozialismus ist jetzt – nein, nicht einfach „Freiheit“ fällig, das war einmal, sondern der nationale Klartext, den gute Deutsche sich beim Gerede über „Freiheit“ schon immer gedacht haben: *„Einheit“*. Der Nation.

Daneben noch einmal ganz groß: *„Die Uhr läuft ab. Die letzten 6 Wochen des SED-Staates“*. Der richtige Kandidat sitzt in der Todeszelle; am 18. März wird hingerichtet. Daß diese Deutung in Ordnung geht, beweist „Bild“ schlicht dadurch, daß sie es so darstellt.

Beim Hinrichten möchte im übrigen, siehe da, mittlerweile die SED selbst mithelfen: *„Na bitte! Auch Gysi für Wiedervereinigung“*. Vertrauen darf man dem SED-Chef deswegen aber noch lange nicht. Das tut zwar sowieso kein „Bild“-Leser; aber genau deswegen schuldet die Zeitung ihrem Publikum die tägliche Bekräftigung des gemeinsamen Standpunkts. „Bild“-Leser haben ein Recht darauf, ihre schlechte Meinung über die DDR und die SED als die sittliche Pflicht jedes anständigen Menschen vorgeführt zu kriegen. Deswegen verkauft die SED diesmal auf Seite 1 einen höchst dubiosen 2-Milliarden-Goldschatz. Und auf der *„Seite für Deutschland“* wird mit unterbrochenen Telefongesprächen einwandfrei bewiesen: *„Stasi schnüffelt munter weiter“* – sehr stümperhaft offenbar, wenn es sogar „Heimatdichter Hans-Werner Stegemann (40) aus Bartelshagen bei Rostock“ merkt.

Neben dem Stasi macht außerdem eine Kripo-Abteilung für Staatsschutz weiter: *„K 1 – Vorsicht, die neue Spitzel-Truppe!“* „Bild“-Leser müssen sich also in Acht nehmen. Ob sie außerdem wenigstens wissen, daß auch ihre bundesdeutsche Polizei eine eigene Schnüffel-Abteilung unterhält, die kein Flugblatt unbeobachtet läßt? Aus ihrer Zeitung jedenfalls erfahren sie nicht einmal – aber das ist ja auch ganz unwesentlich für die richtige Meinung! –, daß, was die Beschnüffelung der DDR betrifft, der westdeutsche BND einsam an der Spitze steht. Aber der schnüffelt selbstverständlich so perfekt, daß es nicht einmal der Modrow merkt, wenn westdeutsche Spione per Satellit in seiner Leitung hängen.

Was hat daneben noch Platz im Weltbild der „Bild“-Zeitung? *„Oh, Boris!“* Über die Autobahn-Raserei des Tennis-Profis braucht der Leser unbedingt Informationen und die Lageeinschätzung, daß der Junge zur Zeit auch moralisch nicht so besonders gut drauf ist. Dabei haben sie in Chicago herausgefunden: *„Rasen hält jung“* – was es nicht alles für Überraschungen gibt. Vor allem müssen die Deutschen aber noch mitkriegen, daß sie „erregt“ sind. Nämlich über die „Bild“-Story vom

Vortag: Hat da doch ein Amtsrichter entschieden, daß Sex keine selbstverständliche Ehepflicht wäre. Da muß man sich doch fragen: *„Sex in der Ehe – Pflicht oder nicht?“* „Bild“-Leser sind eben für alles zuständig. Auch dafür, ob die anderen Deutschen richtig vögeln.

Mittwoch

Endlich wieder ein knackiger Weiberhintern auf der Titelseite – das wurde aber auch Zeit nach den trübseligen Honekker-Fotos vom Dienstag. Was Honecker betrifft: Der ist frei – aber das beunruhigt den Leser nicht mehr; er hat ihn ja gestern schon ein bißchen begnadigt. Viel wichtiger ist sowieso: *„Gorbatschow. Er hat Ja gesagt“*. Wozu? Das verrät dem mitdenkenden Leser schon das Druckbild: „Gorbatschow“ in schwarz-rot-gold. Ein bißchen kindisch, die Aufmachung. Aber „Bild“ will nun einmal, daß ihre Leser sich freuen wie die Kinder über die Erlaubnis, wieder Heile-heile-Deutschland zu machen. Dann fragt wenigstens erst gar keiner nach Nutzen und Kosten dieses Ja-Worts.

Sorgen macht heute *„Diese Niedertracht! Klarner-Witwe ausgeraubt“*. Der Leser darf seinen Beruf als mitfühlender Hilfs-Sheriff für unschuldige Opfer keinen Augenblick an den Nagel hängen – die bösen Verbrecher schrecken nicht einmal dann vor ihrer Untat zurück, wenn alle „Bild“-Leser den Gatten des Opfers vom Fernsehen her kennen. Und das geht doch wohl endgültig zu weit. (Warum auch immer.)

Zu weit geht auch das: *„Regisseur ließ 2 Pferde erschießen“*. Für wenige Sekunden Kino, wie man erfährt. Das baut den Tierfreund so richtig auf, wenn er lesen muß, daß schlechte Menschen bloß fürs Vergnügen über Tierleichen gehen! Und außerdem ist er in prominenter Gesellschaft: „Glowna warf sich weinend über das tote Pferd“. Es gibt eben doch noch echte Menschlichkeit!

Die Sache mit Sex und Pflicht geht in eine neue Runde. Mit einem neuen Fall: Pfleghar und Wencke haben eine *„Probe-Ehe ohne Intimitäten“* vereinbart. Wenn's trotzdem zu Intimitäten kommt, ist „Bild“ sicher wieder dabei, damit der

„Bild"-Leser seiner Aufsichtspflicht nachkommen kann.

Noch ein Blick auf die Kommentare. Reginald Rudorf erledigt heute die Abteilung DDR-Hetze. Nach dem schlichten Muster: Denen drüben alles zum Vorwurf machen, was bei jedem andern Staat in Ordnung geht.

„Persilschein für Waffenschieber: 40 Jahre stießen doppelzüngige SED-Engel in die Friedens-Posaunen: Heile DDR. Hinterrücks aber verkauften Ostberlins Bonzen heiße MGs und scharfe Munition in alle Welt. Jetzt kommt raus: Auch Massenvernichtungsmittel. Panzer, Kampf-Jets, Waffensysteme. Bevorzugt in Kriesengebiete. Und? Ostberlins Militär-Statsanwälte winken ab. Nach DDR-Gesetz nicht verboten. Völkerrecht interessiert nicht. Staatsanwälte oder Stasi-Anwälte?"

Waffenhandel: in der BRD ein ehrenwertes Geschäft; da kümmert sich sogar der Bundeswirtschaftsminister um den Ausbau von Daimler zum Rüstungskonzern der höheren Art. Drüben hingegen ist der Staatsanwalt nicht zur Strafverfolgung von Waffenhändlern bereit. Daß Gesetze nicht verletzt wurden, kann für drüben nur eine dumme Ausrede sein. Für Reginald jedenfalls ist klar, auch wenn er noch ein Fragezeichen dahinter setzt: *„Staatsanwälte oder Stasi-Anwälte?"*

Im andern Kommentar kriegt Gorbatschow noch einmal eine Eins für seinen Schwenk in der Deutschland-Politik. „Bild" bedankt sich, als hätte der Russe ihren Lesern persönlich einen Gefallen getan. Genauso persönlich dürfen die Leser sich zu Gegenleistungen herausgefordert fühlen – so als hätten sie über die Verwendung des bundesdeutschen Nationalreichtums zu entscheiden: „Wir haben jeden Grund, Gorbatschow dankbar zu sein. Wir haben jeden Grund, ihm und seinem Land zu helfen. Jetzt noch mehr. Jetzt erst recht!" Fragt sich bloß: Wer ist der „Wir"?

Donnerstag

Irgendwie muß es wohl doch zwei Seiten geben am einigen deutschen „Wir"-Volk. Die Schlagzeile von heute: *„Macht Gorbatschow zum Ehren-Deutschen!"* „Bild" ist sich sicher, daß sie ihren Lesern mit diesem Antrag aus dem Herzen spricht; deswegen teilt sie das denen mit. Aber wer sind die Zuständigen? Wer vergibt den Doktor deutsch ehrenhalber? Und ob das dem Oberrussen überhaupt gefällt, wo er doch schon genug Nationalitätenprobleme im eigenen Land hat und gar keinen Grund, so breit zu grinsen wie auf dem Fahndungsbildchen von „Bild“ – ?

Bis zur „Freiheits-Wahl“ sind es heute „noch 45 Tage“, und schon kriegt unsere Nato-Truppe Verstärkung von drüben: *„DDR-Offiziere bewerben sich bei der Bundeswehr“*. Die drüben wissen also nicht nur, wo das siegreiche Geld, sondern auch, wo die stärkeren Waffen zu Hause sind.

Die Fahndungsmeldung des Tages, das täglich Brot für „Bild“-lesende Hilfspolizisten, kommt diesmal aus der 'besseren Gesellschaft' und wird durch die 4-cm-Buchstaben wichtig gemacht: *„Kokain? Polizei bei Modekönig Joop“*. Die Nachricht selbst ist wieder eher langweilig, steht daher auch erst auf der letzten Seite: Die angezeigten 42 Gramm Rauschgift wurden noch nicht einmal gefunden. Der Reiz der Nachricht liegt aber sowieso in der Person, die der „Bild“-Leser, würdig vertreten durch die Polizei und seine Reporter, einmal quasi besuchen und ganz indiskret ausforschen darf. Mit dem Polizeirecht im Rücken ein tiefer Einblick in das Leben der Reichen und Schönen: Wann ist ihm das schon mal vergönnt? Doch immer nur, wenn „Bild“ ihn bei der Hand nimmt und in die andere Welt des Reichtums einführt und dem ärmsten Hund staatsanwaltschaftliches Mit-Schnüffeln gestattet. So hat doch auch ein Mitglied der eher armseligen gesellschaftlichen Klassen mal was von der Existenz einer gesellschaftlich höherstehenden Menschengattung...

Die Alltagssorgen der kleinen Leute, die sich keine „sündhaft teuren“ Joop-Kleider und -Parfüms leisten können, kommen auch nicht zu kurz. Gestern haben die Weiber „6 Tips“ gekriegt: *„Jede Frau kann sexy sein“* – Mauerblümchen sind selber schuld. Heute an gleicher Stelle das andere Geschlecht: *„Was Männer sexy macht“*. Nun wissen wenigstens die Frauen, was los ist, wenn Männer ihren Hintern zeigen und sich „versonnen“ geben: Sie haben einen „Bild“-Leser vor sich.

Zum Beispiel Oskar Lafontaine. Der himmelt nämlich auf dem Bild darüber, als wäre er die Illustration, seine Freundin an. So wird der Wähler mit seinen regierenden Figuren intim. Intim genug jedenfalls, um den Schwindel der Demokratie zu schlucken und das Verhältnis zwischen Regierenden und Regierten ganz überparteilich wie einen vertraulichen Blick in das Familienalbum der Obrigkeit aufzufassen. Das braucht eine lebendige Demokratie.

Was heute fehlt: Eine zündende Anti-SED-Hetze; bloß hinten die müde Serie vom *„armen Leipzig"*. Vielleicht darf das tägliche Verdammen aber auch mal Pause machen, wenn's schon so kräftig ans Zusammenwachsen geht und sogar die Volksarmisten den guten Deutschen als ihre wahre Natur heraushängen lassen und die bösen SEDler eigentlich bloß noch im FDGB überleben. Und wo „Bild" doch schon längst menschlich genug ist, DDRler umsonst an ihrem „Goldregen" teilnehmen zu lassen – diesmal hat's übrigens einen westdeutschen Rentner getroffen, der sich sonst die Reparatur eines Wasserschadens gar nicht hätte leisten können. Das spricht nicht gegen die bundesdeutschen Renten, sondern für das gute Händchen der „Bild"-Redaktion, wenn sie als Glücksfee unterwegs ist.

Freitag

Und wieder beginnt ein schwarz-rot-goldener Jubeltag: Die halbe Titelseite ist durch Unterstreichungen in die nationalen Vereinsfarben getaucht. Was ist passiert? *„Modrow kam von Gorbatschow / Beschlossen: Deutschland / Hauptstadt Berlin"*. Deutsche-Ost und Deutsche-West hören in absehbarer Zeit wieder auf dasselbe Kommando, wie zuletzt unter Hitler – wem es da nicht kalt den Rücken runterläuft! „Zwei Probleme noch", weiß der dazugehörige Artikel: „Modrow nannte keinen Zeitplan und geht von einer militärischen Neutralität der DDR und der BRD auf dem Weg zur Einheit aus." Offenbar zwei letzte Restposten östlichen Widerstrebens gegen die deutsch-nationale Wiederauferstehung. Aber die werden auch gleich glattgebügelt.

Erstens von denen, die sowieso das Sagen haben: „Kanzler Kohl: Dies widerspricht der Logik eines gesamteuropäischen Einigungsprozesses! SPD-Fraktionsvize Ehmke zur Neutralität: 'Völlig falsch'." Eine politische Begründung dafür, warum die Neutralität des deutschen Militärs verkehrt sein soll, mutet „Bild" ihren Lesern nicht zu. Auch keine Erläuterung der Kohl-Logik, wonach der „gesamteuropäische Einigungsprozeß" offenbar unbedingt eine militärische Parteinahme – *gegen wen* eigentlich? – braucht. Statt dessen soll der „Bild"-Leser lieber aus seinem geschulten nationalen Empfinden heraus per Anruf für oder gegen eine Wiedervereinigung mit Neutralität abstimmen. Daß diese Telefonaktion sowieso nichts entscheidet, verschweigt „Bild" nicht: „Das wichtigste aber ist: Im Ziel Einheit sind Kohl und Modrow endlich einig – damit ist Deutschland so gut wie beschlossen." *Beschließen* – das ist eben noch allemal das Monopol der hohen Herren über das deutsche Volk.

Außerdem stellen die Herren Tiedje und Bartels im Kommentar klar: „Die Frage der Neutralität – wie auch immer sie entschieden wird – hält die deutsche Einheit nicht auf. Denn das neue Deutschland ist, so oder so, ein unverrückbares Mitglied der westlichen Werte- und Wirtschaftsgemeinschaft. Und dieses neue, wiedervereinigte Vaterland wird ein neues Kapitel der Weltgeschichte aufschlagen: Deutschland als Herzstück des Weltfriedens in der Mitte Europas." Da ist Kohls „Logik des gesamteuropäischen Einigungsprozesses" doch mal auf den Punkt gebracht: Der Streit um die Neutralität ist deswegen in der Sache ganz uninteressant, weil das neue Deutschland die Machtverteilung in Europa (mindestens!) sowieso ganz neu aufmischt. Deutschland will „Herzstück" sein; und so ein gutes Stück schließt sich nicht irgendeiner Seite oder Partei an, es ist selbst die Hauptpartei, der die andern sich anzuschließen und unterzuordnen haben; die drüben zuerst; und das Ganze ruhig und friedlich, gefälligst! Deutschland in der Mitte, lauter Satelliten drumherum: Das ist die einzig zukunftsweisende Lösung; darüber zieht „Bild" ihre Leser ins Vertrauen und wird mit ihnen schnell einig.

Was die davon haben, ist sowieso kein Thema.

Jetzt soll man nur nicht gleich gar zu sehr den Modrow mögen. Gut, daß die Schwester-Zeitung „Welt" einen Blick in die Schnüffelakten der bundesdeutschen Geheimdienste tun durfte und den Verdacht in die Welt gesetzt hat, Modrow hätte Anfang Oktober das Vorgehen der Polizei in Dresden gebilligt: *„Gewalt-Einsatz mit Modrow abgestimmt?"* Womöglich hat der Staatsmann aus Dresden wirklich einmal getan, was westdeutsche Polizeiminister x-mal getan haben, nämlich Polizisten zum Demonstranten-Verdreschen abkommandiert – wie die Dinge einmal liegen, würde ihn das schon unmöglich machen.

Viel wichtiger ist aber daneben auf der „Seite für Deutschland" die Information: *„Honecker lernt beten"*. Auf seine alten Tage merkt dieser alte Sünder also auch, was „Bild"-Leser schon lange wissen, nämlich wo die Glocken hängen, und daß zu einem anständigen Menschen eine unverwüstliche Knechtsgesinnung gehört: *„Erbarme dich, o Gott!"*

Auch heute ist nicht bloß Deutschland passiert. Außerdem sind im Januar für 224,4 Milliarden DM Aktien gehandelt worden – das freut doch den „Bild"-Leser, der Tag für Tag mit seinem Schichtdienst dafür sorgt, daß die Aktien auch so viel wert sind. Daneben posiert eine nackte Luxus-Schwarze, *„Der Wahnsinn aus Jamaika"* – auf der letzten Seite darf man über ihre Allüren den Kopf schütteln und sich merken, daß man mit so einer auch nicht glücklich würde. Außerdem ist endlich heraus, *„Warum Menschen erröten"* – das haben die Menschen mit ihrem roten Kopf nämlich bis heute noch nicht gemerkt, daß sie sich schämen oder vor Wut so rosig anlaufen. Gottseidank gibt's in den USA noch Psychologen, die diese Menschheitsfrage ergründen, und auf der „Bild"-Titelseite ein Plätzchen für das wissenschaftliche Ergebnis.

Samstag

Gut 10 000 „Bild"-Leser haben ihre Pflicht getan, angerufen – bei „Bild" heißt das: *„Deutsche stimmten ab"* – und die Preisfrage der Woche beantwortet: *„Vereint und neutral – geht das?"*

Es geht, natürlich. Eine Mehrheit findet nichts dabei. Warum auch. „Bild“ hat doch schon klargestellt, daß Deutschland sowieso zuerst kommt und sowieso mit den stärksten Waffen und Wirtschaftsmächten gemeinsame Sache macht. Und außerdem hängt von der Abstimmerei sowieso nichts ab – „Bild“ möchte sie als kleine Dienstleistung für die wirklichen Machthaber verstanden haben: „Vielleicht ist diese Zahl den Politikern ja hilfreich.“ Ebenso wie die, die „Bild“ für Montag erfragen möchte. Da steht nämlich ein telefonisches Ja oder Nein zu der Frage an: *„Wären Sie für ein Notopfer, würden Sie mehr Steuern zahlen, um unseren Landsleuten drüben zu helfen?“* Wie ist das eigentlich: Brauchen „Bild“-Leser bloß die Steuern zu zahlen, deren Verwendungszweck sie vorher eingesehen und per TED gebilligt haben?

Voll und ganz zuständig sind „Bild“ und ihre Leser jedenfalls in der Frage, auf wen sich ab sofort das schwarz-rot-goldene „Wir“ erstreckt. Und da stehen „wir“ jetzt einigermaßen fassungslos vor dem Ergebnis der Auslosung zur Fußball-Europameisterschaft ‘92: *„Wir gegen uns – So ein Quatsch!“* So „wächst“ die Nation zusammen: Die Machthaber sortieren ihren Machtbereich neu, und das Volk macht den Fan-Club.

Das Rechtsgefühl des „Bild“-Lesers wird heute mit einer Empörung bedient: *„Viele empört: Rust frei!“* Dabei hat „Bild“ ihren einstigen Helden, den „tollkühnen Kremlflieger“, doch eindeutig fallenlassen, hat ihn nach einem Mordversuch in U-Haft geschickt, und jetzt reichen 100.000 DM Kaution, um ihn rauszulassen. Das empört „Bild“ so, daß sie ihren Kommentar ganz unbefangen den „vielen“ in den Mund legt, die durch sie erst von diesem Großereignis erfahren. Was geht die „vielen“ dieser Fall überhaupt an? Und was sagt dem Leser das Bild des frisch entlassenen Knaben mit seinen zwei Plastiksäcken? Offenbar verstehen sich „Bild“-Zeitung und Leser auch hier mal wieder ohne viel Worte: Ein Beispiel mehr für die Botschaft, daß unser prächtiger Rechtsstaat allenfalls den einen Fehler hat: er sperrt Leute, die das „Wir“ aller „Bild“-Leser nicht leiden kann, nicht hart genug ein.

So bleibt zum Wochenende nur noch eine Frage offen: Worin

liegt der Unterhaltungswert eines S-Bahn-Unglücks mit 17 Leichen und 72 Verletzten? „*S-Bahn rammt S-Bahn*" – ist das so etwas Ähnliches wie der „Quatsch" „Wir gegen uns" auf derselben Seite? Und was ist so mitteilenswert an der Mitteilung, die „Szenen" am Rüsselsheimer Bahnhof wären „grauenhaft" gewesen? Der „*Tod am Feierabend*" kriegt jedenfalls zwei dicke Schlagzeilen; und das allein ist ja auch schon eine Botschaft. Wenn man sie entziffern mag, lautet sie ungefähr so:

Was wichtig ist und was unwichtig am Weltgeschehen, das entscheidet die „Bild"-Zeitung; und sie entscheidet das vor allem danach, wie sehr es irgendwo knallt – buchstäblich und im übertragenen Sinn. Wenn die Welt aussieht wie eine unüberschaubare Kette von teils gerechten, teils unbegreiflichen Schicksalsschlägen und Glücksfällen – am gleichen Tag hat der „Goldregen" wieder einem bedürftigen 2-Personen-Haushalt 10.000 Mark beschert –, dann ist das beabsichtigte Weltbild in großen Zügen fertig. Und der „Bild"-Leser hat den Platz eingenommen, den er überhaupt einnehmen soll in unserer demokratischen Öffentlichkeit: Er ist immer in der ersten Reihe mit dabei – mit einer Neugier, der nie ein neuer Gedanke zugemutet wird, die nur immer neuen Stoff für das immer gleiche Weltbild vorgesetzt kriegt; mit ein paar moralischen Gefühlsaufwallungen, die die Zeitung gebrauchsfertig vorformuliert. So ist dafür gesorgt, daß der „Bild"-Leser sich für alles und jedes interessieren läßt – nämlich so: *Nichts* soll er als eine Angelegenheit begreifen, in die er sich mit seinen eigenen wirklichen Interessen einmischen könnte; statt dessen soll *er alles* als ein Weltgeschehen ansehen, das viel höhere Instanzen als er selbst bestimmen und zu betreuen haben, und *denen* soll er dazu Tag für Tag viel Glück und gutes Gelingen wünschen. So ist dann am Ende sogar an einem blutigen S-Bahn-Unglück das Schönste der Zufall, daß in einem heil gebliebenen Wagen ein leibhaftiger Staatsanwalt saß, der gleich begeistert das Ermitteln angefangen hat...

Fazit

Wir fassen zusammen. Wer die „Bild"-Zeitung liest, dem entgeht nichts von dem, was ein aufgeweckter, mündiger, demokratisch mitmachender deutscher Bürger mitkriegen muß. Ganz wie Herr Müller aus Plauen seiner „Bild"-Redaktion geschrieben hat: „Es ist ein ganz neues Gefühl, Zeitung zu lesen. Nicht immer nur Berichte von Erfolgen, die im Grunde gar keine waren."

Sondern?

"Bild" berichtet von den Erfolgreichen, die wirklich erfolgreich sind. Sie vertritt das deutsche Recht auf Erfolg, findet den wirklichen Erfolg der Nation oft genug viel zu klein und stellt alles an den Pranger, was ihn behindert und verkleinert. Sie kennt auch die geschädigten Interessen der notorisch erfolglosen Mehrheit im Lande und verschafft den Betroffenen Erfolgserlebnisse. Nicht nur mit ihrem „Goldregen" und der immer neuen Schilderung, wie 1000 DM einen Menschen glücklich machen können. Nicht nur mit der Bekanntgabe von Sonderangeboten und der Warnung vor Bauernfängern. „Bild" gibt ihren treuen Lesern die Gewißheit, daß alle redlichen Anliegen im freien Deutschland allemal bestmöglich aufgehoben sind – zumindest bei der „Bild"-Zeitung selbst. Die paßt nämlich auf alles auf und meldet ihre Befunde im Namen ihrer Leser mit einem ermunternden „Weiter so!" oder einem warnenden „So nicht!" nach oben, an die nationale Führung weiter. Der Leser bekommt reichlich Gelegenheit, den Zuständigen bei der Erledigung der Sachen, für die sie zuständig sind, auf die Finger zu schauen und die Daumen zu drükken. Daß es ihm um etwas anderes gehen könnte, zieht „Bild" erst gar nicht in Betracht. Was sie bedient, ist das urdemokratische Anliegen, sich *in der Phantasie* in alles *ein*zumischen, um sich *in der Wirklichkeit* aus allem *aus*zumischen. *So* ist sie ein leibhaftiger Beitrag zur Zufriedenheit ihres Publikums.

Diese Zufriedenheit zahlt sich aus. Nämlich für die Leute, für deren Interessen die Welt der Marktwirtschaft und der demokratischen Herrschaft sowieso passend eingerichtet ist.

Die Weltanschauung des „wissenschaftlichen Sozialismus“ bekennt sich zu ihrer banalen Quintessenz

Der ML – Opportunismus als Denkmethode

Der SED-Staat ist kaputt. Und die Getreuen der alten Herrschaft, die Leute mit einer geschulten Meinung und einem „sozialistischen Weltbild“, für die der „reale Sozialismus“ auf deutschem Boden immerhin die zukunftsweisende Verwirklichung aller fortschrittlichen Tendenzen der deutschen Geschichte und ein Schritt zum Kommunismus war, – die haben im Handumdrehen lauter sinntriefende Nachrufe auf Lager. Nicht bloß, daß keiner für die verlorene Sache kämpft. Nicht nur, daß keiner mehr für die bislang gültige Auffassung von der ersten sozialistischen Republik auf deutschem Boden eintritt. Gerade die, die dem alten SED-Staat geistig die Treue gehalten hatten, wissen nun gute oder wenigstens unanfechtbare Gründe dafür, daß es mit ihm gar nicht gutgehen *konnte*:

Seine Planer und Leiter hätten nie die „Ware-Geld-Beziehung“ richtig in den Griff bekommen, die „wissenschaftlich-technische Revolution“ schlechter „bemeistert“ als der Kapitalismus, also den „Widerspruch zwischen Produktivkräften und Produktionsverhältnissen“ nicht bewältigt. Im Zeichen der „stalinistischen Entstellung“ des Sozialismus wäre zuviel kommandiert, der Eigengesetzlichkeit der Marktmechanismen zu wenig Spielraum gewährt worden. Dem unwidersprechlichen nationalen Einheitswunsch des Volkes hätte die Partei sich widersetzt, statt ihm zu entsprechen. Insgesamt wäre der „reale Sozialismus“, zumindest in der DDR, als geschichtlich verfrühtes Experiment abzuschreiben, auf das man wohl in späteren Jahrhunderten als auf einen ersten Anlauf zu einem langwährenden historischen Übergang zurückblicken würde. Die Schuld der alten Führung bestände letztlich darin, diese Lage nicht rechtzeitig erkannt zu haben; so wäre sie zu Recht „vom Leben bestraft“ worden. Auf der „Tagesordnung der Geschichte“ stünde jetzt jedenfalls erst einmal die Entfaltung der Produktivkräfte sowie der „sozialistischen Ansätze“ innerhalb der schon gar nicht mehr richtig kapitalistischen, vielmehr „sozialen Marktwirtschaft“ des Westens. Wer derzeit mehr wollte, wäre zum fälligen Bündnis mit den „fortschrittlichen Kräften“ nicht bereit, also linksradikal und objektiv ein Helfershelfer der „reaktionären Kräfte“, die es irgendwie auch noch gibt... Und so weiter.

Da grüßen lauter alte Bekannte. Die Beendigung des Sozialismus auf deutschem Boden wird vor Ort geistig bewältigt mit Hilfe von Lehrsätzen, Grundsätzen und philosophischen Einbildungen aus dem Repertoire genau der „Wissenschaft“, als deren praktische Anwendung die ehemals herrschende Partei ihre Politik verstanden hat: des „Marxismus-Leninismus“.

Der Histomat

Diese „Wissenschaft“ hat sich schon immer darauf verstanden, „der Geschichte“ eine „Tagesordnung“ abzulauschen. Sie wollte nämlich Gewißheit schaffen über die Notwendigkeit eines epochemachenden Übergangs vom Kapitalismus zum Sozialismus. Und dabei ist ihr – im Vergleich zu dem, was Marx entdeckt hat und was Kommunisten wissen müssen – eine folgenreiche Verwechslung mit der logischen Kategorie der Notwendigkeit unterlaufen.

Kommunisten kennen die schädlichen Notwendigkeiten, unter die kapitalistische Produktionsverhältnisse das arbeitende Volk setzen; sie kennen die sachliche Notwendigkeit, mit der Abhängigkeit, Armut und Gewalt zum Kapitalismus gehören; daraus folgt die praktische Notwendigkeit, diese Produktionsweise insgesamt zu bekämpfen und durch eine vernünftig geplante gesellschaftliche Arbeitsteilung zu ersetzen, wenn aus den diensttuenden Klassen der bürgerlichen Gesellschaft jemals etwas besseres werden soll als die Manövriermasse des Kapitals sowie der Staatsgewalt, die für die Herrschaft des kapitalistischen Eigentums sorgt.

Der ML, die Parteidoktrin der „realen Sozialisten“, sieht diesen Zusammenhang umgekehrt. Für ihn stellt sich die praktische Notwendigkeit, eine kommunistische Revolution zu *machen*, wie die sachliche Notwendigkeit im Sinne eines Naturgesetzes dar, daß ein solcher Umbruch *eintritt*. Die für Kommunisten so ärgerliche Notwendigkeit, mit der die kapitalistischen Produktionsverhältnisse sich und ihre Herrschaft über die arbeitende Menschheit reproduzieren und ausweiten, wird umgedeutet in die erfreuliche Notwendigkeit, daß diese Produktionsweise sich auf die Dauer ihr eigenes Grab schaufeln und unter revolutionären Zuckungen wie von selbst die sozialistische Zukunft hervorbringen würde. Statt den objektiven – d.h. von niemandem bewußt so konzipierten und planmäßig eingeführten – Sachzwang zu erklären, mit dem der Kapitalismus Reichtum und Gewalt auf der einen, Armut und Abhängigkeit auf der anderen Seite akkumuliert, postuliert der ML selbsttätig wirkende Sachgesetze eines Geschichtsverlaufs aus dem Kapitalismus heraus und in den Sozialismus hinein, die von den arbeitenden Massen und „ihrer" Partei nur betätigt würden, wenn sie um die Macht kämpfen.

Auf diesem Postulat hat die „realsozialistische" Partei-„Wissenschaft" ein ganzes Lehrgebäude mit Namen „historischer Materialismus" errichtet. In dem spielt der „Widerspruch zwischen Produktivkräften und Produktionsverhältnissen" die Hauptrolle. Dabei soll es sich nämlich um die vorwärtstreibende Kraft in der Weltgeschichte handeln, die am Ende das sozialistische Gemeineigentum über die Produktionsmittel herbeizwingt. Um daran zu glauben, darf man freilich nicht auf das bißchen Inhalt achten, das dieser „Widerspruch" allenfalls hat: daß im Kapitalismus das Privateigentum mit seinem Monopol auf die gesellschaflichen Produktivkräfte immer umfänglichere Organisationsleistungen ins Werk setzt – das heißt ja bloß, daß mit der Akkumulation des Kapitals dessen Kommando über die gesellschaftliche Arbeit wächst, und das ist alles andere als eine Gewähr dafür, daß diese Kommandogewalt eines schönen Tages in sich zusammenbricht. Gerechterweise füllt der ML sein „wissenschaftliches Gesetz" vom Widerspruch, der den Kapitalismus in den Ruin treibt, auch lieber mit mehr literarischen Inhalten. Er hat eine ganze Metaphorik entwickelt, die einiges vom „Rad der Geschichte", von ihrem „Misthaufen", ihrer „sozialen Dynamik" und von „Fäulnis" erzählt. Als Histomat tritt er durch alle Zeitalter hindurch den Nachweis an, daß die Menschheitsgeschichte gar nicht so sehr eine höchst unerfreuliche Kette von Klassenkämpfen und anderen Kriegen war, sondern ein höchst sinnreicher Prozeß, in dem noch allemal die „fortschrittlichen" Produktivkräfte – wem auch immer sie gehört haben – über die jeweils „veralteten" Produktionsverhältnisse triumphiert hätten. Und eins steht außer Frage: Auch so lassen sich schöne Geschichten erzählen.

Heraus kam auf alle Fälle immer wieder der Ausgangspunkt des Ganzen: die Botschaft, daß unweigerlich und unaufhaltsam das Zeitalter der Arbeiter im Anbruch sei. Mit dieser frohen Kunde haben die Erfinder des ML in ihrer Partei und im Proletariat Optimismus und Aufbruchsstimmung stiften und zum Umsturz der alten „faulenden" Verhältnisse ermuntern wollen. Das ist ihnen zwar öfters geglückt, steht aber trotzdem in Widerspruch zu dem Vorhaben, die Gewalt kapitalistischer Verhältnisse zu brechen und dahin zu gelangen, daß die Manövriermasse des alten Systems sich die Welt für ihren Nutzen einrichtet. Denn wenn es um den Dienst an einem ohnehin fälligen Menschheitsfortschritt geht, dann sind die wirklichen materiellen Interessen der Arbeiter eine matte Sache, die Aufklärung über deren sachgesetzliche Beschränkung im Kapitalismus ist viel zu banal, und um deren vernünftige Durchsetzung zu kämpfen, ist unter der Würde der vorgegebenen historischen Mission, an die da geglaubt werden soll. Statt für einen zielstrebigen Materialismus zu agitieren und für die klare Kenntnis der Feinde jeden revolutionären Vorhabens und ihrer Mittel zu sorgen, haben die Parteigelehrten mit einem Abhängigkeitsgedanken Mut machen wollen, nämlich für Vertrauen auf so geschichtsphilosophische Ideale wie eine naturwüchsige „Haupttendenz" des Weltenlaufs zum Guten geworben.

Das alles sind *antirevolutionäre* Einfälle und Standpunkte. Es ist daher kein Wunder, daß die ML-Parteien nicht mehr und nicht weniger hingekriegt haben als in ein paar Fällen das, was sie sich zugetraut und vorgenommen haben: die Einführung des Standpunkts obrigkeitlicher Arbeiterbetreuung in die Politik bis hin zu fortschrittlich gemeinten Staatsgründungen in Abhängigkeit von geschichtlichen Gelegenheiten, die sich dazu infolge der Schwäche ihrer Gegner ergeben hatten. Verwunderlich ist eher, daß in Rußland so viel Revolution daraus geworden ist – vor allem für die dafür verantwortliche Partei selbst, die sich theoretisch mehr mit der Frage gequält hat, ob ihr Vorgehen überhaupt das geschichtlich fällige war, als mit der Planung einer sozialistischen Arbeitsteilung. Ins Recht gesetzt sah sich dann doch, durch den anhaltenden Erfolg des „Sozialismus in einem Lande“ und erst recht durch Stalins erfolgreiche Truppen, der Glaube an den unaufhaltsamen Siegeszug des Sozialismus. Damit war der ML mit seiner Lehre von der proletarischen Zeitenwende dann aber auch nicht mehr als die Erfolgsideologie der Sowjetmacht.

Oder doch noch etwas mehr: Für die parteiideologische Verarbeitung von Fehlschlägen und Mißerfolgen hat er auch immer schon getaugt. Er konnte nämlich immer mit der „wissenschaftlichen“ „Schlußfolgerung“ aufwarten, daß ein Unternehmen, weil gescheitert, dann wohl auch nicht auf der historischen Tagesordnung gestanden hatte und folglich scheitern *mußte*. Um die sachliche Aufdeckung von eigenen Fehlern und Stärken des Gegners ging es damit nicht mehr. Statt dessen waren ausgerechnet die praktischen Durchsetzungsprobleme der Partei in den Rang „wissenschaftlicher“ Ermittlungsaufträge erhoben; die „Einschätzung“ des „Kräfteverhältnisses“, nämlich zwischen Fortschritt und Reaktion, wurde zur Frage der theoretisch korrekten Parteilinie und der Treue zur verbindlichen Weltanschauung. Dabei hatte die Partei-„Wissenschaft“ in Wirklichkeit nie mehr beizusteuern als eben die extrem billige Behauptung, es hätte so, wie es kam, kommen müssen. Teuer zu stehen kam diese Dummheit dann diejenigen, die etwas probiert und verloren hatten: Die mußten sich nachsagen und gelegentlich den Prozeß dafür machen lassen, daß sie das „Wissen“ der Partei um den Fahrplan der Historie mißachtet und verraten hätten. „Säuberungen“ waren der praktische Beweis, daß die Partei im Prinzip doch noch über die wissenschaftlich korrekte Linie verfügte. So waren auch Niederlagen sinnstiftend und parteidienlich eingeordnet in das unverdrossen optimistische Geschichtsbild des Histomat.

So ähnlich bewährt sich diese Lehre auch heute in der DDR: Da schreibt die sozialistische Staatspartei ihren gesamten Arbeiter- und Bauernstaat ab, macht ihrer alten Führung wegen eklatanter Fehleinschätzung der geschichtlichen Lage den – mangels Macht „bloß" moralischen – Prozeß und ist sich schon wieder sicher, genau damit den Anschluß an den Gang der Geschichte und „das Leben" wiedergefunden zu haben, dem sie doch ohnehin nie vorgreifen oder hinterherlaufen, sondern entsprechen wollte. Mit was für einem Scheißprogramm die Partei gescheitert ist, gerät da ebensowenig in den Blick wie der Imperialismus, an dem die DDR zugrundegegangen ist. Aber das ist für geschulte MLer auch überflüssig. Ins Reine kommen müssen sie nur mit ihrem Glauben an die Geschichte. Und das ist mit dem leeren Gedanken, daß es wohl so kommen mußte, wie es kam, schon geregelt. Wo der Sozialismus scheitert,bewährt sich der Histomat mit all seiner Widerspruchsdialektik als trostreiche Ideologie der Anpassung an das, was – nicht nach dem optimistischen Geschichts*bild*, sondern in der Wirklichkeit – ohnehin passiert. Er überdauert als aufgeblasenes Geschwätz rund um die Grundüberzeugung jedes Opportunisten, daß der Erfolg dem Recht gibt, der ihn hat.

Die „Wissenschaft der Planung und Leitung"

Woran der SED-Staat gescheitert ist, wollen die Anhänger der „wissenschaftlichen Weltanschauung" des Sozialismus schon längst gewußt haben: Die Partei hätte die Ökonomie nicht bemeistert und die „wissenschaftlich-technische Revolution" erst recht nicht so gut wie der Kapitalismus. Da kennen sie sich nämlich aus: Daß „das Wirtschaften" eine Sache vertrackter Eigengesetzlichkeiten wäre, das ist überhaupt das Kernstück der „Wissenschaft", die die Parteien des „realen Sozialismus" praktiziert haben. Um so banale Dinge wie die

Ermittlung von Bedarf und Aufwand und die Einteilung der gesellschaftlichen Arbeit ist es ihnen eben nie gegangen, wenn sie die – wie sie sagen – „Kommandohöhen der Volkswirtschaft" erklommen haben. Deswegen kommen sie auch nie auf die Idee, naturwissenschaftliche Erkenntnisse und technologische Fortschritte als sachdienliche Hilfsmittel der Produktion und ihrer Planung zu schätzen; sie stellen sich dazu als zu einem Problem eigener Art, das der Kunst der „wissenschaftlichen" Wirtschaftslenkung Höchstleistungen abverlangt – als wäre die Funktionsweise der Ökonomie, die sie selbst eingerichtet haben, ein einziges Rätsel.

Allerdings: *So haben* sie ihre Ökonomie eingerichtet. Mit der größten Selbstverständlichkeit sind sie davon ausgegangen, daß das, was man „Wirtschaft" nennen darf, ohne Geld und Preise, ohne Kaufen und Verkaufen gar nicht stattfindet. *Sie* haben in der Geldzirkulation das ökonomische Geheimnis vermutet, das die Waren dorthin lenkt, wo sie gebraucht werden; das zugleich dafür sorgt, daß die Waren produziert werden, die gebraucht werden, und zwar in der passenden Menge; und das zu allem Überfluß auch noch wie von selbst die Mittel für die beständige Erweiterung der Güterproduktion herbeiströmen läßt. Diesem „Sachgesetz" wollten sie dienen. Und weil das Geld unter ihrer Leitung dieses Wirtschaftswunder gar nicht gewirkt hat, haben sie nur immer erbitterter nach Methoden seiner kunstgerechten Handhabung gesucht und an den Geld-„Hebeln" ihrer Staatsökonomie herumreformiert, um endlich den ersehnten selbsttätigen Wirtschaftslenkungsmechanismus herbeizumanipulieren.

Von Marx und den kommunistischen Grundkenntnissen über Ware, Geld und Kapitalzirkulation her beurteilt, sind die „realsozialistischen" Planungs- und Leitungs-Experten hier wieder einer tragischen Verwechslung der logischen Kategorien zum Opfer gefallen: Was Marx in seiner *Kritik* der politischen Ökonomie als das verrückterweise dingliche, dem planenden Bewußtsein und Wollen der Beteiligten entzogene, „hinter ihrem Rücken" wirkende Gesetz der arbeitsteiligen Produktion und der Verteilung des Reichtums *kapitalistischer*

Gesellschaften ermittelt hat, das haben sie wie ein *Rezept*buch für die Konstruktion jeder und erst recht einer erfolgreichen *sozialistischen* Ökonomie genommen. Ihnen ist nicht einmal aufgefallen, daß schon die Notwendigkeit, „Gesetze“ der gesellschaftlichen Produktion und Güterverteilung wissenschaftlich herauszufinden, der betreffenden Gesellschaft das denkbar schlechteste Zeugnis ausstellt: So etwas ist ja nur dann vonnöten, wenn die ökonomischen Tätigkeiten eben gar nicht das absichtsvoll so konzipierte freie Werk der Gesellschaftsmitglieder sind, sondern ein System blinder Sachzwänge darstellen, das gegensätzliche gesellschaftliche Interessen schafft und zugleich begriffslos voneinander abhängig macht. Mit der Revolution, für die Marx agitiert hat, wird dieser gesamte dingliche Zwangszusammenhang zerstört, der Weg freigemacht für eine planmäßige Arbeitsteilung ohne die „Eigengesetzlichkeit“ einer „unsichtbaren Hand“, an deren Wirken die bürgerliche Ökonomie irgendwie noch heute glaubt.

Kaputtgemacht hat ja sogar die „realsozialistische“ Staatsgewalt das Privateigentum, damit den privaten Charakter der gesellschaftlichen Produktion, die Zwangsgesetze der Konkurrenz und die Herrschaft des Kapitals über die Arbeit der Gesellschaftsmitglieder – also alle Grundlagen des begriffslosen Funktionierens der „Marktwirtschaft“. Um so verrückter, daß die herrschenden sozialistischen Parteien sich sogleich ausgerechnet die Aufgabe gestellt haben, in eigener Regie eine *Analogie* zum abgeschafften Kapitalismus zu konstruieren. Statt die Befreiung der Gesellschaft von der Privatmacht des Geldes fertigzumachen und das Produzieren und Verteilen zu planen, haben sie ihre gesamte Lenkungstätigkeit unter das Vorzeichen einer prinzipiellen Unfreiheit gestellt, nämlich einer unaufhebbaren Abhängigkeit allen Wirtschaftens vom Geld-„Mechanismus“. Marx hat das Geld als „Fetisch“ der bürgerlichen Wirtschaftsweise beschimpft, weil es als der bornierte Zweck aller Beteiligten den ganzen Laden beieinander hält. Seine falschen Anhänger, die Wirtschaftsexperten des ML, haben gemeint, es wäre das Allerbeste, das beim planenden Staat monopolisierte Geld zum „Fetisch", zum begriffslosen Zweck aller Betriebe und aller Individuen, zu *machen*. *Planung* ausgerechnet durch den *Markt* – so hat sich das Lenin gedacht, der seine Bolschewiken zu den Krämern der Nation in die Lehre schicken wollte, damit sie „das Wirtschaften" lernten; so hat das Stalin angeordnet, der seinen Planungsbehörden bei jedem Mißerfolg das zuwenig beherzigte „Wertgesetz" um die Ohren gehauen und die kapitalistischen Weltmarktpreise als Vorbild für eine sachgerechte Gestaltung der Geldzirkulation vorgeschrieben hat; so denken die „Marktwirtschaftler" der Perestroika konsequent weiter.

Tatsächlich haben die Praktiker des ML in ihren Staaten eine Wirtschaftsweise hingekriegt, in der das, was sie für das Marx'sche „Wertgesetz" im Sinne einer praktikablen Gebrauchsanweisung gehalten haben, das Wirtschaftsleben beherrscht. Freilich nicht so ganz automatisch, sondern nur, weil und soweit die Staatsgewalt dieses „Gesetz" wirklich als Gesetz verhängt und auf seine Befolgung geachtet hat. Die erhofften Wunder der Selbstregulierung sind ausgeblieben. Das hat die sozialistischen Fetischisten des Wertgesetzes mit steigender Bewunderung auf den Kapitalismus blicken lassen, den sie doch mit der „bewußten Anwendung" *seines* „Gesetzes" überbieten wollten, der aber *ohne* solches Bewußtsein viel automatischer funktioniert. Das ist zwar wirklich kein Wunder; im Kapitalismus kommt eben ökonomisch gar nichts anderes zustande, als was sich lohnt fürs Geschäft; so sieht es am Ende trivialerweise so aus, als hätte das Rentabilitätskriterium die schönsten volkswirtschaftlichen Ordnungsdienste geleistet. Diesen Schein verehren die ML-Wirtschaftsgelehrten als ihr Vorbild – und sind in jüngster Zeit zu dem interessanten Eingeständnis gelangt, daß letztlich doch niemand eine „Marktwirtschaft" so effektiv hinkriegt wie die Kapitalisten selber, die wirklichen Nutznießer und Vollstrekker des Wertgesetzes.

Seit die DDR kaputt ist, ist das jedenfalls im Nu zur herrschenden Lehrmeinung des ML geworden, daß es gerade im

Sinne einer durchgreifend verbesserten „Ware-Geld-Beziehung auf den sozialistischen Märkten" längst fällig war, die eigene staatliche Planung und Leitung Konkurs anmelden zu lassen. Als Einwand blieb bloß das kleine Problem, die arbeiterfreundliche Betreuungsabsicht des eigenen Unternehmens vor dem Konkurs zu bewahren. Aber auch das ging ganz leicht. Schließlich hatte der ML ja nie das kommunistische Ziel vertreten, die Arbeiter sollten so frei sein und ihre Lebens- und Arbeitsverhältnisse selber vernünftig in die Hand nehmen. Versprochen hatte er nicht mehr und nicht weniger als die bewußtere und dadurch erfolgreichere Anwendung ökonomischer Sachgesetze. Und wenn *das* der „reale Sozialismus" sein soll: ist dann nicht am Ende im Kapitalismus mit seiner weltweiten Effektivität viel mehr Sozialismus real als in den Ländern des „sozialistischen Lagers"? *„Haben wir eigentlich schon ernsthaft untersucht, was davon noch kapitalistisch ist und was über ihn bereits hinausgeht? Wissen wir, wo im modernen Kapitalismus in neuer Form Übergänge zu einer gewissen Art Sozialismus geschaffen werden?" (M. Schmidt, Probleme des Friedens und des Sozialismus, 3/90)* Dankbar greifen die Getreuen der Parteidoktrin die bundesdeutsche Sprachregelung von der *„sozialen* Marktwirtschaft" auf, erklären ihren verflossenen SED-Staat zu *deren* Vorstufe – und vollenden so endlich ihre absurde Suche nach einem schlagkräftigen Sachzwang für ihre Volkswirtschaft: Sie stellen wahrhaftig fest, daß das, was Marx am Kapitalismus *kritisiert* hat, tatsächlich nirgends so gelungen *realisiert* ist wie im Kapitalismus selbst.

So erweist sich der ML als der welthistorisch längste theoretische Umweg, um eine Produktionsweise, die mit den Arbeitern nach unbegriffenen Sachgesetzen als abhängiger, unfreier Manövriermasse umspringt, schlicht deswegen zu *befürworten*, weil sie *das effektiv* tut. Mit dem Gemeinplatz, über den noch jedes bürgerliche Hirn verfügt: „Wie soll's denn sonst gehen?!" wäre dieser „Schluß" zumindest flotter gegangen.

Die Lehre von „Sein und Bewußtsein"

Nach ihrer Auffassung geben die ML-geschulten Köpfe mit ihrem Entschluß, ihren Fortschrittsglauben von der kaputten SED-Republik auf den Bonner Bundesstaat zu übertragen, dem Willen und Einsichtsvermögen des Volkes die Ehre. Auch das ist alles andere als eine geistige Wende. In der Partei-„Wissenschaft" hat das Volk schon immer diese prominente Rolle gespielt: als Berufungsinstanz für die jeweils anberaumte Politik.

Das ist auf den ersten Blick seltsam für eine Partei, die die gesellschaftlichen Verhältnisse umwälzen will, zeitweise sogar von einem „neuen Menschen" geredet hat, den sie „schaffen" wolle. Denn wer so gründliche Änderungen anstrebt, der geht ja wohl davon aus, daß das nicht schon von selbst passiert und die Massen nicht ohnehin schon mit Umwälzen im gewünschten Sinn befaßt sind; der kritisiert mit den Verhältnissen, in denen die Leute eingehaust sind, allemal auch deren schlechte Gewohnheit, sich im eigenen Schaden einzurichten. Eine revolutionäre Partei ist darauf angewiesen, daß genügend Leute sich dazu bewegen lassen, ihre Lage neu und vernünftig zu betrachten und sich etwas vorzunehmen, was sie bislang nie gewollt haben, nämlich einen Umsturz – nichts anderes heißt „Agitation". Deswegen sind Kommunisten auch immer damit konfrontiert, daß ihre *Gegner* das Volk, wie es geht und steht, gegen „Besserwisserei" und „Bevormundung" in Schutz nehmen und für schwer in Ordnung erklären: Das ist der konservative Standpunkt, der – mag sich ansonsten ändern, was will – die Massen auf alle Fälle in der Rolle des Volkes festhalten will, das sich seit jeher auf alles einstellt, was ihm als Massenbasis der Nation zugemutet wird.

Genau diesen antirevolutionären Standpunkt zum Volk haben seit jeher die Parteien des „realen Sozialismus" eingenommen; allerdings im Namen einer gar nicht konservativen Deutung des Volkes: Sie haben den kapitalistisch eingewöhnten Werktätigen eine naturwüchsige revolutionär-fortschrittliche Gemütslage angedichtet, die sie bloß noch zu bedienen und anzuleiten bräuchten. In Wirklichkeit mußten zwar auch sie jede Einigkeit der Massen mit ihrem Programm erst herstellen; an diese Aufgabe sind sie aber stets mit dem fatalen Vorurteil herangegangen, im Prinzip wäre diese Einigkeit eine vor jeder Agitation feststehende Tatsache.

Als Inhaber einer „wissenschaftlichen Weltanschauung" haben sie sich für diesen widersprüchlichen Standpunkt einen eigenen Lehrsatz zur Begründung zurechtgelegt. Der besteht in einem Zitat aus dem Werk von Marx: „Das gesellschaftliche Sein bestimmt das Bewußtsein" – und erfüllt im Verhältnis zu seiner Quelle wieder den Tatbestand einer Verwechslung. Im Original geht es nämlich, wie bei Marx meistens, um die Kritik gesellschaftlicher Verhältnisse, die sich wie ein naturwüchsiger Sachzwang gegen die Leute geltend machen und ihr Denken und Wollen auf die Bewältigung der vorgegebenen Probleme des Durchkommens, also auf Anpassung verpflichten. Die „realsozialistische" Kopie will davon: von der praktischen Nötigung der Leute zu falschem, affirmativem Denken, gar nichts wissen. Sie weiß stattdessen erstens von einer sachlich unausweichlichen Festlegung des Denkens, und zwar zweitens nicht auf einen Fehler, einen falschen Anpassungswillen, sondern auf die Rolle, die die jeweilige gesellschaftliche Klasse nach dem Weltbild des Histomat in der Geschichte zu spielen hat; im Falle des Proletariats also auf kämpferischen Fortschritt ins Reich der sozialistischen Tugend.

Mit dem ersten Teil dieses Mißverständnisses haben sich Generationen von ML-Denkern an den Universitäten die Zeit vertrieben: Sie haben die widersprüchliche Idee eines durch seine „Lage" und seine Objekte determinierten Bewußtseins zu einem Nebenstrang der bürgerlichen Erkenntnistheorie, Metaphysik und Psychologie ausgebaut. Sie haben so profunde Dienstanweisungen entwickelt wie die, der wissenschaftliche Verstand hätte gefälligst von den Tatsachen auszugehen. Den reaktionärsten Metaphysikern des Irrationalismus haben sie den Widerspruch eines *Glaubens* an materialistische *Wissenschaft* und das Bekenntnis entgegengesetzt, „das

Sein“ käme in jeder Hinsicht „vor“ „dem Bewußtsein“ und nicht umgekehrt; übrigens in der ebenso irrigen wie idealistischen Meinung, ohne dieses Bekenntnis käme nie im Leben wissenschaftliches Forschen in Gang. Das Ganze haben sie „dialektischen Materialismus“ genannt und zum Katechismus für ihr lernunwillige Jugend erhoben, die seitdem keine Religion mehr braucht. Und dieser Unsinn wird auch jetzt, nach dem Ende des Kulturstaats, der ihn gepflegt hat, freilich auf eine interessante Lehrmeinung unter anderen heruntergestuft, sein Plätzchen im pluralistischen Wissenschaftsbetrieb finden.

Aus der zweiten Hälfte ihrer Täuschung über gesellschaftliches Sein und Bewußtsein haben die Dichter und Denker des ML das für ihre Parteien verbindliche optimistische Bild vom in seinem Herzen zutiefst sozialistischen Proletariat abgeleitet. Die wirklichen Sitten und Gebräuche, die die Lohnarbeiter der verschiedenen Nationen sich im anpaßlerischen Umgang mit ihrer Abhängigkeit vom Kapital zugelegt haben, wurden ideologisch auseinandersortiert in Symptome einer wahrhaft sozialistischen Menschennatur auf der einen Seite, so nach dem Muster „hart, aber herzlich“, „arm, aber redlich“, „rauh, aber solidarisch“, „gemeinsam stark“, und was die Klamottenkiste des bürgerlichen Moralismus für „kleine Leute“ sonst noch an Tugenden hergeben wollte. Alles von diesem „sozialistischen Realismus“ abweichende Verhalten kam aufs Sündenkonto der kapitalistischen Unterdrücker, die angeblich immerzu damit beschäftigt sind, die tugendhafte Natur der Lohnarbeiter zu korrumpieren oder mit Gewalt zu brechen, damit die von der Revolution, ihrem eigentlichen Lebenssinn, die Finger lassen. Sich selbst haben die Aktivisten des „realen Sozialismus“ in diesem idealistischen Welttheater die Aufgabe zugeschrieben, das gute Volk in seiner Gutheit zu bestärken, seine „schöpferischenKräfte“ freizulegen, mit ihm zusammen aus schlechten Erfahrungen zu lernen und aus guten Erfahrungen Mut zu schöpfen, seine gelegentlich unvermeidlichen Kämpfe um Lohn und aushaltbare Arbeitsbedingungen „anzuleiten“ und in Fortschritte zur

Revolution umzuinterpretieren, auch wenn bloß Niederlagen zu verzeichnen waren: auch das waren „nützliche Erfahrungen".

So haben die ML-Sozialisten das arbeitende Volk bestärkt in seinen Bemühungen, den Kapitalismus auszuhalten; sie haben ihm im Namen seiner „historischen Mission", von der mancher Lohnarbeiter gern hat erzählen hören, zu seinen „Kämpfen" gratuliert. Daneben freilich mußten sie sich selbst die Frage stellen – und haben sie sich mit vorwurfsvollem Blick auf die angeblichen Manipulationskünste der Kapitalisten und ihrer Helfershelfer beantwortet –, warum von der „eigentlichen" revolutionären Natur der geschätzten Arbeiterklasse in Wirklichkeit so verdammt wenig zu entdecken war und ist.

Diesen letzten, peinlichen Punkt konnten sie streichen, wo sie an die Macht gelangt waren. Dort hatten sie ja die Macht, die Einigkeit zwischen sich und dem Proletariat vom Parteidogma zur Bürgerpflicht zu erheben. Und dabei kamen sie erst recht ohne Agitation der Leute gegen die Notwendigkeiten des Kapitalismus und für die Freiheit kommunistischer Planung aus. Sie hatten ihrem Volk im wesentlichen mitzuteilen, im Namen welchen Idealbildes von ihm sie mit ihm und seiner Anpassungsbereitschaft überaus zufrieden waren – ein wenig aufmarschieren und jubeln mußte das Volk natürlich schon, um dem Bild des ML von seinem Schöpfertum sichtbar zu entsprechen. Damit legte die Parteidoktrin im SED-Staat und anderswo ihre Bewährungsprobe als Staatsideologie ab: als Beschönigung der Staatsgewalt, die nun exklusiv die gesellschaftliche Arbeit benutzte und kommandierte.

Damit ist es nun vorbei. Und ohne sich groß umstellen zu müssen, ziehen sich die Staatsideologen von gestern auf den Standpunkt zurück, daß das Volk sowieso – unagitierbar, aber fortwährend durch gute wie schlechte Erfahrungen belehrt – seinen Weg geht. Demgegenüber wäre es Sache der Sozialisten, darin da Sozialistische aufzudecken und den Massen dazu zu gratulieren, aber vorsichtig, damit man sich nicht allzu weit von ihrer momentanen Fassungskraft entfernt.

Selbstbezichtigungen – oder genauer: die Bezichtigung der alten SED-Führung –, das Volk bitter enttäuscht zu haben, retten den unverzichtbaren Glauben an die „eigentlich“ sozialistische Seele des Volkes, das gerade zum bundesdeutschen Kapitalismus überläuft und schon das Wort „Sozialismus“ nicht mehr hören kann; sie erlauben es den vereinsamten Anhängern der „sozialen Sache“, sich unverdrossen mit denen einig zu wissen, die sich von ihnen abwenden. Und wenn das Volk mit seinen bitteren Erfahrungen mit Honecker & Co nichts besseres weiß, als den Nationalismus auf die „Tagesordnung“ zu setzen: ein MLer kritisiert da nicht herum, sondern beweist *seine* „Lernfähigkeit“.

Manchmal kann dann doch auch ein „realsozialistischer“ Arbeiterfreund nicht umhin, seinerseits von den überlaufenden Werktätigen enttäuscht zu sein. Dann kann er sich an die alten Erklärungen dafür erinnern, daß vom revolutionären Volk so wenig Revolutionäres ausgeht: Wieder einmal haben die Kapitalisten die Massen von ihrer historischen Berufung zu einem moralisch höherwertigen Menschentum abgebracht; diesmal mit der Verführungskraft ihrer glitzernden Warenwelt für die niederen Konsumbedürfnisse. MLer halten eben die Arbeiterklasse für *unagitierbar*, stattdessen grenzenlos *manipulierbar* – wenn irgendetwas, dann merken sie sich das von ihrem Lehrsatz über das „gesellschaftliche Sein“, das „das Bewußtsein bestimmt“. Das können sie nämlich allemal auch dann gut brauchen, wenn sie den Absprung in ein endgültig reaktionäres Menschenbild machen und am Volk gar nichts anderes mehr entdecken als den „niederen Materialismus“, den sie ihm übel nehmen.

Fazit

Die DDR ist kaputt, ihre „marxistisch-leninistische“ Staatsdoktrin stellt sich um. Ihren bisherigen Inhalt, die Feier des schwarz-rot-goldenen Sozialismus als höchste Errungenschaft der deutschen Geschichte, legt sie ab, um als Methode, als Manier der Weltbetrachtung zu überleben. Dabei zieht der ML sich auf die ihm wesentliche Quintessenz zusammen, die eine von den Autoren nicht beabsichtigte, dennoch unverkennbare Ähnlichkeit mit einigen zeitlos lebendigen Gemeinplätzen des opportunistischen Bürgergemüts aufweist: Was sein muß, muß sein, und was kommt, das hat ja wohl so kommen müssen, man hat es ja schon kommen sehen; das Marktwirtschaften sollte man am besten den Profis mit dem dicksten Portemonnaie überlassen; und das Volk braucht so seine Zeit, um nach und nach aus Erfahrung klug zu werden. Diese profunden Grundsätze des historischen Materialismus, der sozialistischen Planungs- und Leitungswissenschaft und der dialektisch-materialistischen Volkspsychologie sprechen derzeit fürs vereinigte Großdeutschland. So brauchen auch die geschulten Geister der alten SED-Republik am Sinn der wirklichen Geschichte nicht zu verzweifeln.

Diesen Trost lassen sie sich am allerwenigsten von Kommunisten madig machen, die einfach meinen, sie hätten auch und gerade dem ins kapitalistische Gesamtdeutschland überlaufenden Volk der DDR stichhaltige Argumente gegen die Lohnarbeit, gegen den Nationalismus, gegen den imperialistischen Erfolgskurs der erneuerten Nation und gegen die schädliche Dummheit des Mitmachens mitzuteilen, damit *dagegen* eine Opposition zustande kommt. Erfahrene MLer hören einer kommunistischen Erklärung des Geschehens genau so lange zu, wie sie darin irgendwie ihr Vorurteil bestätigt finden, daß es so hat kommen müssen; also solange es ihnen gelingt, die eigenartige Logik der friedlichen Eroberung ihres Ladens durch die kapitalistische BRD als unausweichlichen Gang der Geschichte mißzuverstehen. Deswegen gefällt ihnen schon sehr bald der unverkennbare Ton der *Kritik* am Zeitgeschehen nicht mehr; denn Kritik stört den Willen, sich mit den Realitäten hoffnungsvoll abzufinden. Da müssen sie den kommunistischen Kritikern dann schon mal deutlich sagen, daß gegen „die Realitäten“ erstens sowieso kein Kraut gewachsen ist, Kritiker also von vornherein auf verlorenem Posten stehen und das Volk wahrscheinlich nur in Niederlagen und Resignation treiben wollen. Zweitens käme es darauf an, „die Welt nicht bloß zu interpretieren, sondern zu verändern“, was am besten dadurch geht, daß man sie erst einmal gar nicht erklärt; das ist nämlich „bloß Theorie“. „Praxis“ bedeutet demgegenüber drittens, daß man an den Realitäten unbedingt auch die guten Seiten entdecken muß und nicht alles schlecht machen darf, weil Oppositionelle sonst nämlich überhaupt keine Chance haben, sich in den kritiklosen Opportunismus des Volkes einzuschmeicheln. „Das Volk“ ist überhaupt ein prima Argument; denn für alles, was man selbst nicht akzeptieren oder erst gar nicht einsehen will, kann man sich darauf berufen, daß *„die“* sowieso nie auf einen so kritischen Standpunkt zu bringen wären. Mit unangenehmen Wahrheiten, das weiß ein MLer ganz genau, ist ein Bewußtsein nie zu erreichen, das durch das gesellschaftliche Sein bestimmt wird. Man verschreckt es höchstens, verhindert breite Fortschrittsbündnisse und arbeitet den Rechten zu – so daß man sich als historischer Materialist schon mal fragen muß, welcher reaktionäre Hintermann eigentlich diese pentranten kommunistischen Kritikaster bezahlt. Anschließend legt man sie als frisch bekehrter parlamentarischer Demokrat mit der Frage nach dem Wahlerfolg aufs Kreuz und verlangt ihnen „machbare Alternativen“ ab. Die gibt es nämlich gar nicht, weil man die Gegenfrage, *wozu* es denn die Alternative sein soll, erst gar nicht versteht.

Die Partei-„Wissenschaft“ der „realen Sozialisten“, der ML, hat also auch in der Nach-SED-Zeit noch ihre staatsdienliche Aufgabe: Sie ist *Antikommunismus für Linke*. Aber das ist auch nichts Neues.